미술 기반 미술치료 슈퍼비전

이미지를 통한
치료적 통찰력 수련

ART-BASED SUPERVISION
Cultivating Therapeutic Insight Through Imagery

Barbara J. Fish 저
정여주
박인혜
장정자
조정은
홍우리
공 역

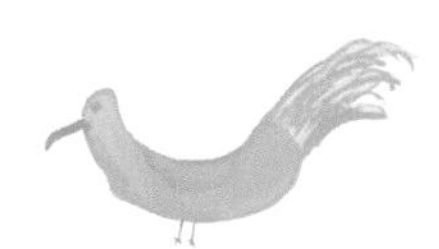

학지사

Art-Based Supervision: Cultivating Therapeutic Insight Through Imagery
by Barbara J. Fish

역자 서문

미술치료 슈퍼비전에 관한 저서가 거의 없는 상황에서 이 책을 발견한 우리는 반가운 마음으로 바로 번역에 들어갔다. 미술치료 전공생은 자신의 임상에 대한 슈퍼비전이 필요하고, 졸업한 후에 정식 치료사가 되어도 마찬가지인데, 경력을 쌓은 후 슈퍼바이저가 되기 위해서도 슈퍼비전은 필수적인 수련 과정이다.

이 책의 저자 바바라 피시(Barbara Fish) 교수는 슈퍼비전은 '치료의 치료'이며 '메타테라피'라는 Calisch의 견해에 동의하면서 그 의미를 책 전반에 걸쳐 제시한다. 치료의 치료, 메타테라피인 슈퍼비전은 사실 어려운 과정을 통해 발견되고 이해될 수 있다. 치료사는 치료과정 중에 길을 잃은 느낌과 좌절에 빠졌을 때, 슈퍼비전으로 안전하고 강한 도움의 손을 내밀고 동행해 주는 안내자이자 동반자인 슈퍼바이저를 만나게 된다.

슈퍼비전은 치료의 치료로서 많은 책임과 전문성을 요구하는 중요한 과정이다. 미술치료 슈퍼바이저는 슈퍼비전을 위해 미술치료와 관련 학문에 대한 이론적 기반과 임상 실습 및 수련 과정 경력을 인정받아야 하며, 슈퍼바이지의 내담자 문제, 치료사의 역전이와 임상 현장 정보를 잘 파악하고 있어야 한다. 또한 슈퍼바이저는 사회적 · 문화적 · 역사적 이슈와 더불어 자신의 인격 수양, 가치관, 인생관, 세계관까지 항상 점검하며 치료사의 치료사로서 성숙한 길잡이가 되어야 한다.

미술치료에서 슈퍼비전을 받지 않는 치료사는 상상할 수 없다. 미술치료사 슈퍼바이지는 언제, 어디서든 자신이 신뢰할 수 있는 슈퍼바이저를 만나 정기적으로 슈퍼비전을 받으면서 자신의 치료 상황을 객관화하고 조망할 수 있는 통찰력을 길러야 한다.

미술 기반 미술치료 슈퍼비전은 이미 슈퍼비전의 일부로서 사용되는 방법이다. 그러나 슈퍼바이지와 슈퍼바이저의 이미지 제작을 중심으로 시도한 미술 기반 미술치료 슈퍼비전은, 저자의 말대로 미술치료만이 할 수 있는 고유한 영역이면서 이 영역에만 한정되지 않고 타 전공의 슈퍼바이지에게도 효과적으로 적용할 수 있는 창의적 · 통합적 슈퍼비전의 형태로 발전하고 있다.

저자는 이 책의 제목을 '미술 기반 슈퍼비전(Art-Based Supervision)'이라고 했지만, 미술치료사를 위한 슈퍼비전 내용이 주를 이루기 때문에 우리는 '미술 기반 미술치료 슈퍼비전'으로 번역하여 미술치료 슈퍼비전의 이해를 돕고자 하였다. 이 책은 저자가 미술치료사 및 슈퍼바이저 경력을 바탕으로, 미술치료사 또는 다른 분야의 전공자들과 함께 이미지 제작을 하면서 진솔하고 공감적인 의사소통을 통해 다양하고 섬세하며 창의적으로 슈퍼비전하는 모습을 모범적으로 보여 준다.

이 책은 슈퍼바이저인 역자에게도 많은 자극과 성찰을 주었으며, 번역에 동참한 박사과정 학생들에게는 현실적인 지식의 꾸러미뿐만 아니라 위안과 공감을 전해 주었다. 우리는 함께 번역하는 과정을 통해서 많은 것을 느끼고 배웠으며, 슈퍼바이저와 슈퍼바이지의 경험도 할 수 있었다.

슈퍼바이저와 슈퍼바이지는 슈퍼비전에서 이론 기반과 임상 실습 전략에 대해 항상 도전을 받으며, 관계의 진정성을 체험하게 된다. 이 책의 독자가 치료의 치료인 슈퍼비전을 통해 개인적으로나 상호관계에서 보다 성장하여 자신과 내담자를 더 깊이 이해할 수 있게 되기를 바란다. 또한 이 책이 미술치료 슈퍼비전 저서에 목말라 있던 미술치료 전공 학생과 미술치료사들에게 치료적 통찰력을 개발하고 자신들의 잠재력과 자원을 발견하는 데 이바지하리라 기대한다. 이를 통해 치료사가 미술치료 임상 현장에서 안전하고 단단한 기반을 다지고 자신만의 창의적 작업을 함으로써, 치료적 성찰뿐만 아니라 자기 계발 또한 할 수 있을 것으로 믿는다.

슈퍼비전에서의 다양한 사례와 심리적 갈등, 치료의 어려움, 성장의 기쁨을 생생하게 전해 주는 이 책이 미술치료사와 슈퍼바이저뿐만 아니라 다른 영역의 수련생 및 슈퍼바이지에게도 많은 자극과 창의적 아이디어를 줄 수 있기를 바란다.

2020년 10월

역자 일동

권두언

『미술 기반 미술치료 슈퍼비전: 이미지를 통한 치료적 통찰력 수련(Art-Based Supervision: Cultivating Therapeutic Insight Through Imagery)』은 슈퍼비전 관계에서 미적 탐구 과정을 설명하고 민감성과 상상력으로 그 과정의 본보기를 제시한다. 이 책 전반에서 볼 수 있는 이미지들과 그것을 제작하는 과정의 모든 요소는 직선적이고 서술적인 언어만으로는 접근하기 어려운 방식인 정서, 형과 형태와 표현이 나타나도록 하는 방법에 관한 수련을 포함한다.

이 책은 미술치료 슈퍼비전을 단독으로 다룬 최초의 미술치료 저서로서, 슈퍼비전과 치료의 명확한 구분에 대한 의문을 제기하지 않으며, 미술치료 실습과 창의적 표현에 토대를 마련한 새롭고 중요한 작업으로 여겨진다. 치료와 슈퍼비전의 맥락과 관련된 목적과 전문적인 책임은 다르지만, 미술치료에서 미적 탐구 과정은 크게 다르지 않을 수 있다. 미술치료의 실제 영역은 다른 영역에 훌륭한 아이디어와 방법을 제공한다. 관습과 전문성에는 엄격한 분리와 경험의 저장고가 있다고 주장하더라도, 현실에서까지 그것을 지켜야 할 의무는 없다.

나는 저서인 『창의적 미술치료사 교육(Educating the Creative Arts Therapist)』에서 미술치료사는 "미술에 기초한 슈퍼비전 방식을 시작해야 한다."(McNiff, 1986, pp. 163-164)라고 말했으며, "슈퍼비전은 치료의 치료법이다. 다시 말해, 메타치료다."(Abroms, 1977, p. 82)라는 아이디어를 언급했다. 나는 미술치료와 관련하여 바바라 피시(Barbara Fish)가 이러한 문제들을 포괄적이고 영감을 주는 방식으로 다루는 것을 보고 매우 기뻤다.

나는 슈퍼비전과 치료 사이에 분리의 여지가 있다는 데 동의하면서, 슈퍼비전은 치료가 아니라 슈퍼비전임을 다시 한번 확인하는 기회를 갖고 싶다. 수련과 치료의 일반적인 구분도 마찬가지다. 우리가 전문적으로 하는 모든 일은 맥락적 목적에 따라 결정된다. 우리가 하는 역할 그리고 우리가 일하는 곳과 계약 관계에 대한 임무는 무엇이 치료인지 아닌지를 정의한다. 그러나 이 모든 것은 다른 것과 연결되어 있으며, 미적 탐구의 핵심 과정은 맥락을 초월하는 특성이 있다. 그것은 나에게 광범위한 삶의 상황에 적용될 수 있는 메타프로세스다.

이 책의 가장 기본적이고 중요한 특징은 미술치료 경험에서 생겨나는 것을 완벽하게 이해하기 위해 저자와 다른 사람들이 다른 영역의 전문가가 있는 곳에서 개인의 미적 표현 과정, 즉 미술치료 실제를 규정하는 세부 특징을 사용하는 방법이다. 피시는 작품활동이 통찰력을 어떻게 더 향상시키는지 간결하게 말한다. "나는 치료사로서 최초의 경험을 한 후로 나의 임상 실습을 이해하기 위해 이미지를 사용했다. 나는 어떤 사건이 내게 강하게 다가와 압도당하거나 혼란스러워하거나 지나치게 강렬해 보이거나 내가 상황에 맞지 않는 반응을 보일 때, 그에 반응하는 이미지 작업을 한다. 이미지 작업으로 내가 그 사건을 받아들여 형태를 만들 수 있기 때문에 내가 겪는 사건을 거리를 두고 볼 수 있게 된다."

미술치료를 성찰하기 위해 미적 표현을 통한 '선천적 지식'에 접근하는 데 초점을 맞추는 것은 미술치료 과정의 논리적 확장형태이며 확인 과정이다. 내가 지속적으로 질문하는 것은 다음과 같다. 미술치료를 이해하기 위한 기본 방법으로 우리가 그림을 그리지 않고 어떻게 완전하고 일관성 있게 그것을 논할 수 있는가? 미적 표현이 말로 접근할 수 없는 통찰력을 준다고 믿는다면, 왜 우리는 슈퍼비전에 언어를 전적으로 사용하는가? 우리가 직접 경험하고 그 과정을 적극적으로 실험하지 않는 한, 어떻게 미술에 대해 알 수 있을까? 우리가 그림을 직접 그리지 않으면서 어떻게 남에게 그리라고 요구할 수 있겠는가?

그러나 많은 사람이 개인적으로 미술 실습에 참여하지도 않고 미술을 슈퍼비전, 교육 및 연구 분야에서 기본 지식으로 사용하지도 않는 미술치료사의 미술치료는 분명한 차이가 있다. 미술치료의 전통적이고 지배적인 인식은 미적 과정을 이해하고 수용하기 위해 결국 심리적 개념으로 변환될 필요가 있다고 가정한다. 전문적인 미술치료 발표와 출판물은 그들이 보여 주는 거의 모든 것을 사회과학 형식으로 채택했기 때문에, 미술치료 학문이 지닌 실습의 고유한 특성을 내가 경험했던 것처럼 보고 느끼고 목소리를 내지 않는다(McNiff, 2014). 미술과 심리학 사이의 불균형을 바로잡고 미술이 항상 이차적이기보다는 이 관계에서 수시로 일차적 요소가 되어 어떻게 이끌어 갈 수 있는지 보여 주는 것이 이 책의 가장 큰 기여라고 본다.

나는 나의 미술 작업 경험을 통해 과정과 떠오르는 이미지가 성찰적 마음보다 항상 몇 걸음 앞서 있다는 것을 거듭 발견한다. 미술치료에서 생각과 말은 중요한 위치를 차지하고 있지만, 이상적으로 우리는 안심하고 처음부터 끝을 알고, 불확실성을 받아들이며, 판단과 선입견 없이 전체적인 과정을 안내하고 지속시키려는 목적을 가진 창조적인 표현 방법을 증명하는 더 나은 작업을 배울 필요가 있다.

이 책은 경험을 이해하기 위한 미적 표현의 사용으로 미술치료는 물론 간호 및 아동 보호에 이르기까지 다양한 전문가와 함께 미술 기반 미술치료 슈퍼비전 회기에서 일어나는 일에 대한 통찰을 제공하는 다양하고 생생한 삽화로 설명에 힘을 더한다. 이 책의 저자와 슈퍼바이지들이 만든 작품에는 경험이 풍부한 미술가들의 미적으로 정교한 작품들과 초보자의 진솔하고 섬세한 작품들이 실려 있다. 미술작품의 전반적인 표현은 독자인 나에게 강한 영향을 미치며, 논쟁의 여지가 있지만, 언어로 설명하는 것만큼 그 과정의 가치와 호소력에 대해 많은 것을 전한다. 나는 어떤 식으로든 상호 보완적인 언어적 대화와 설명에 의문을 제기하지 않는다. 그것은 문제가 되는 미술 기반 직업에조차도 널리 퍼져 있는 일방적인 주도권 다툼이다. 미술은 다른 형태의 사고와 의사소통에 의한 분석을 위해 '데이터'와 원자료를 공급하는 것 이상의 힘을 지닌다. 그것은 피시가 말했듯이, 경험을 이해하는 방법이며 혼란스러운 감정들을 연민으로 끌어들이는 고유한 능력이다. 6장 '해로움의 접촉: 우리는 목격한 것에 어떻게 영향을 받는가'에서는 미술 기반 미술치료 슈퍼비전이 '치료의 강도 및 영향'을 통해서 치료적 실습에 계속 참여하는 많은 사람이 다른 사람들의 고통과 혼란을 흡수하는 경향에 도전하는 창의적인 수행 방법을 보여 준다.

피시는 복잡한 과정과 표현에 대해 학문적 형식에서 자유롭고 간결한 방식으로 글을 쓰는 특별한 능력이 있다. 나는 그녀의 예술적인 면에서도 똑같이 미묘하고 예민한 직감과 정교함을 본다. 그녀의 글은 독자에게 매우 잘 맞추어져 있는 것 같다. 이는 의심할 여지없이 그녀가 슈퍼비전하는 사람들과 그들의 예술과 함께하는 방법의 확장이라고 본다. 이 책은 피시가 자신의 예술을 보여 주는 것이 유용할 때와 그 과정을 개입할 수 있었을 때를 반영하는 부분에서 이러한 주의력을 명쾌하게 보여 준다. 나는 그녀가 모든 것을 주의 깊게 목격하고 어떤 일을 시작하든 특별한 상황을 더 발전시키는 데 도움이 된다는 것을 확신하려는 노력을 이 책에서 발견한다.

내가 최근 경험한 피시는 우리가 박사 수료생의 업무를 감독하고 있던 곳에서 미적 탐구 과정이 실습, 수련, 임상 슈퍼비전 및 연구를 포함하여 치료에서 어떻게 작용하는지를 구체화하려고 했다. 멤피스 미술박물관에서 일하는 미술치료사 사라 해밀(Sarah Hamil)은 박물관 환경에서의 미술치료에 대한 일련의 인터뷰를 해석하기 위해 개인적인 미술 표현을 어떻게 사용할지 의문을 품고 있었다. 다른 중요한 체험처럼, 인터뷰들은 여러 가지 다양한 해석을 할 수 있는 '복합체'였으며, 어떤 것들은 다른 것들보다 의미와 새로운 이해 가능성을 파악하는 데 더 많은 능력이 있다. 구두 토론, 그리고 경우에 따라 숫자는 해석에 없어서는 안 될 방식일 수도 있지만, 대안적인 경로와 지식의 민감성 내에서 작동하는 보다 미묘한 과정을 모호하게 할 수도 있다. 설득력 있는 답변은 특정 규칙을 따르고 다른 내용이 아닌 특정 내용을 선택함으로써 의사소통을 향상하는 서술 구조를 따른다. 표현, 의사소통 그리고 이해를 증가시킬 수 있는 능력은 예술이 치료에 존재하게 된 주요한 이유 중 하나지만, 앞에서 말했듯이 회기에서 우리가 할 수 있는 것과 경험한 것에 대해 반영하고 우리 생각에 일어난 것에 관해 대화하는 방법 사이에는 분명한 차이와 모순이 존재한다.

사라는 텍스트 분석의 해로운 측면과 현대 사회과학에 침투하는 단어와 구에 대해 문자 그대로 받아들이는 정량적 코딩의 한계를 알고 있었다. 또한 그녀는 자신이 신랄한 단어, 구 및 문장으로 간주한 것을 미학적으로 조직된 형태로 복원하는 방법을 고안했다. 이는 우리가 물질과 표현에 대해 '느낌'이라고 부르는 것과 관련하여 구성되었다(McNiff, 2015, p. 58). 그 방법에는 연구자가 텍스트를 주의 깊게 계속 읽는 것도 포함된다. 그러나 개인적 · 감정적 해석의 반응들을 무시하기보다는 그들의 운율, 강조, 그리고 수많은 감각적 차원으로 기억 속에 살고 있었던 인터뷰들을 이해하는 많은 방법의 하나로 극대화되었다.

그러나 이 해석적 방법조차도 여전히 말로만 한정되어 있었다. 사라 역시 작품을 반영하기 위해 시각 미술 제작 과정을 이용하고 싶었지만, 어떻게 해야 할지 잘 몰랐다. 피시는 이에 대해 이해를 함양하려는 의도로 특별한 목적 없이 인터뷰를 진행하고 성찰하는 과정과 병행하여 정기적으로 미술 작업을 할 것을 제안했다. 나는 이 제안이 어떻게 미적 탐구의 가장 근본적인 특성들을 주장하고 또 이러한 특성들이 더 직선적 · 논리적 · 언어적인 분석과 어떻게 다른지에 놀랐다.

사라가 안내하는 것과 같이 모든 삶의 상황 또는 탐구의 과정은 생각, 기억, 감정, 희망과 포부, 도전과 어려움, 그리고 내면과 외면의 의식에 대한 풍부한 인식과 다양하게 혼합되어 있다. 우리가 어떤 경험으로 일어났다고 생각하는 이야기들은 모두 중요한 과정을 강조하고 다른 것들을 의식 밖으로 내보내지 않는다. 더 많은 통찰력을 얻기 위해 개방적이고 자율적인 미적 표현을 사용함으로써 해석 가능성의 범위를 확대한다. 그것은 불분명한 분석을 보완하고 더 전통적인 사고 과정이 차단되거나, 얽히거나, 그들 자신의 외부 관점에 개방될 수 없는 경우에 필수적인 대안을 제공한다.

피시가 제공한 직접적이고 기본적인 예술적 조언은 치료, 연구 또는 다른 형태의 전문적 실험이 사전에 확립되고 그 자체가 활동의 주요 결과일 수 있는 허가된 기술적 절차를 수반해야 한다는 일반적인 가정과 대조된다. 이와 유사하게, 나는 더 많은 이해를 하기 위해 미술을 이용하는 것을 고려하고 있는 사람들조차도(McNiff, 1998) 주어진 상황과 관련하여 단순한 미술 작업보다 격식을 차린 기술적 방법에 대한 필요성을 느낀다는 것을 발견한다. 통제와 그들 외부의 어떤 것도 침범하지 못하도록 막는 고정된, 단계별 작업을 따르는 것이 너무 많이 강조된다.

개념적 확실성은 우리의 궁극적인 목적에 가장 도움이 되지 않는 양식을 굳힘으로써 창의적 과정을 제한할 수 있다. 팻 앨런(Pat Allen)은 고전에 해당하는 그녀의 저서 『미술은 앎의 한 방식이다(Art Is a Way of Knowing)』(1995)에 대한 반응으로, 오늘날에도 "미술은 알지 못함의 한 방식이다."라고 말하고 있다(개인적 대화, 2013년 2월 21일). 우리가 알지 못하는 것을 받아들이는 것은 어쩌면 선천적으로 우리의 의식 속에서 조직되고 제시되는 새로운 방법을 찾는, 보이지 않는 현재의 경험을 통해 움직이는 힘에 좀 더 완전히 개방적이 되도록 도와준다.

『미술 기반 미술치료 슈퍼비전: 이미지를 통한 치료적 통찰력 수련』은 독자에게 이미 확립되어 있고 종종 이미 알려진 방식에 대한 변화와 위협을 막는 꽉 막힌 사고 구조를 벗어나 의미를 떠오르게 하는 상상적 탐구 방식을 목격하고 실천할 기회를 준다. 이것은 미술치료사나 이런 방법에 개방된 다른 학문을 위한 슈퍼비전에서 자유로운 미적 표현들이 발견의 과정, 창조적 변화, 그리고 실습의 완성을 어떻게 확실하게 지원할 것인지 처음부터 끝까지 보여 준다. 피시는 미술치료가 슈퍼비전 과정에서 미술의 본질적인 방법을 실천함으로써 어떻게 그것을 완성하는지 제시하여 이 분야의 미래와 그것이 세계에 미치는 영향에 역사적인 공헌을 한다.

Shaun McNiff*

---

*숀 맥니프(Shaun McNiff)는 매사추세츠주 케임브리지 소재 레슬리 대학교(Lesley University)의 교수이며, 『행동의 상상력(Imagination in Action)』, 『연구로서의 미술(Art as

참고문헌

Abroms, G. (1977). Supervision as metatherapy. In F. W. Kaslow (Ed.), *Supervision, consultation, and staff training in the helping professions* (pp. 81–99). San Francisco: Jossey-Bass.

Allen, P. (1995). *Art is a way of knowing: A guide to self-knowledge and spiritual fulfillment through creativity*. Boston: Shambhala Publications.

McNiff, S. (1986). *Educating the creative arts therapist*. Springfield, IL: Charles C Thomas

McNiff, S. (1998). *Art-based research*. Philadelphia, PA: Jessica Kingsley Publishers

McNiff, S. (2014). Presentations that look and feel like the arts in therapy: Keeping creative tension with psychology. *Australian and New Zealand Journal of Arts Therapy*, *9*(1), 89–94.

McNiff, S. (2015). *Imagination in action: Secrets for unleashing creative expression*. Boston: Shambhala Publications.

Research)』, 『치료의 예술 통합(Integrating the Arts in Therapy)』, 『치유의 미술(Art Heals)』, 『의학으로서의 미술(Art as Medicine)』, 『과정 신뢰: 예술가의 놓아주기 안내서(Trust the Process: An Artist's Guide to Letting Go)』 등 많은 미술치료 저서의 저자다.

서문

나는 첫 수련 만남을 논의하기 위해 간호학과 학생들이 꽉 차 있는 강의실로 들어갔다. 내가 수련 업무의 일부로 자신들의 경험을 관리하는 데 도움이 되는 반응 미술을 할 것이라고 말했을 때, 학생들은 나를 정신 나간 사람처럼 바라보았다. 세미나가 끝난 후, 나는 아버지의 임종 과정에 호스피스 병실에서 가족과 함께 앉아 있던 간호사의 이야기 중 하나를 그리면서, 그들의 경험을 공유했던 일을 되돌아보았다. 다음 주에 내가 그린 것을 간호학과 학생들에게 보여 주고 설명을 해 주자, 그들은 미술 재료들을 집어 들고 자기들의 경험을 표현하기 위해 적극적으로 이미지를 표현하기 시작했다.

우리는 미술 활동을 함으로써 각자의 아이디어, 우리 서로와 자신을 이해할 수 있는 기회를 가졌다. 창의력과 상상력은 모든 사람이 이용할 수 있는 자원이다. 이미지는 손에 있는 재료로 만든 빠른 표현에서부터 완전히 표현된 작품까지 다양할 수 있다. 미술 기반 미술치료 슈퍼비전은 수련 중인 치료사, 초보 전문가 그리고 슈퍼바이저를 창조적인 과정에 참여시킨다. 슈퍼비전에 대한 이러한 접근은 미술 활동이 깊은 지식을 뒷받침한다는 믿음에 뿌리를 두고 있다. 이미지는 우리가 그것을 탐구하고 이해할 기회를 제공하며, 우리의 반응을 보여 줄 수 있다. 미술 기반 미술치료 슈퍼비전은 이미지 기반 탐색과 비판적 토론을 지원하여, 이론적 개념을 현실화하는 데 도움을 주고 이론을 실제로 통합한다.

미술치료 텍스트는 내담자가 만들어 낸 이미지를 논의하면서 사례를 제시한다. 비록 그 일이 슈퍼비전의 중요한 부분이기는 하지만, 이 책은 슈퍼바이지와 슈퍼바이저의 창조적인 탐구에 중점을 둔다. 미술 기반 미술치료 슈퍼비전은 치료에 반영하기 위해 이미지 활용을 도입하여 치료의 지원을 위한 새로운 자원을 제공한다. 이러한 방법은 임상 문제를 은유로 변환하고, 매체를 통해 물리적으로 처리하며, 담아낼 공간을 제공함으로써 임상 문제의 탐색에 관여할 방법을 제공한다.

이미지는 단어와 마찬가지로, 탐색과 의사소통을 위한 도구다. 미술 기반 미술치료 슈퍼비전은 슈퍼바이저와 슈퍼바이지 모두의 역전이를 탐색하도록 돕는 동시에 치료 작업을 구성하는 사람, 장소 및 상호작용에 대한 미묘한 이해를 지원하면서 자기성찰을 위한 수단을 제공한다. 이미지를 제작하는 동안, 그리고 표현이 완성된 후에, 슈퍼바이저와 초보 치료사는 그것을 치료와 관련된 문제를 고려하기 위한 자원으로 활용할 기회를 얻는다. 이러한 자료의 사용은 새로운 조망과 탐색을 위한 풍부한 자원을 제공한다. 이 방법은 그들의 상상력을 이용하여 그들의 실습을 탐구하려는 참가자에게 기회를 준다.

나는 30년 이상 미술치료사로 일하면서 나의 실천을 탐구하고 이해하기 위해 창의적인 과정과 그 과정에서 나오는 이미지를 활용했다. 대학원 교육 및 대학원 과정 동안 학생들에게 슈퍼비전을 하는 업무 외에도, 나의 슈퍼비전은 정신과 병원, 치료적 주거 프로그램과 학교 내의 학제 간 환경에서 이루어진다. 이것은 심상을 사용하여 여러 분야의 정보와 관심사를 탐색하고 공유할 기회를 준다. 미술에 기반을 둔 지식이 나의 실습의 기본이다. 나의 조카가 미술치료사는 무엇을 하는지 물었을 때, 나는 부서진 상상력을 고치는 데 도움을 준다고 대답했다.

슈퍼바이저로 나의 업무에 이미지를 가져오는 것은 치료사로서 실습에 매우 유용하기 때문에 자연스러운 일이다. 슈퍼비전에 참여하면서, 창의성과 상상력을 활용하면 치료적 통찰력도 길러진다. 슈퍼비전에서 나는 미술 기반 탐색을 열심히 보여 주며 이미지를 제작하는 것에 모델링을 해 준다. 나는 슈퍼바이지가 그들의 실습에서 미술 작품을 계속 활용하는 것을 지원하면서 그 가치를 인식하도록 돕는다. 슈퍼비전에서 이미지를 활용하는 선례가 있지만, 실무를 지원하기 위한 슈퍼바이저의 이미지 가치에 대해서는 거의 주의를 기울이지 않았다.

인간을 위한 서비스와 관련된 영역에서 이루어지는 슈퍼비전의 대화는 전통적으로 언어였다. 상담, 사회사업 및 심리학과 같은 분야에서 이는 놀라운 일이 아닐 수도 있지만, 이것은 종종 미술치료에서도 마찬가지였다. 언어는 미술에 기반한 탐색과 담론을 통해 의사소통을 심화시키고 관계와 치료 작업의 내용에 대한 이해를 넓힐 수 있는 엄청난 잠재력이 있다. 미술치료의 실습과 같은 이미지를 통한 대화는 고민거리들을 상호작용하고 탐색하는 데 보다 널리 사용되는 언어적 방법에 대한 대안을 제공하는 이점이 있다. 이미지는 감지는 되나 알려지지 않은 것을 위한 공간을 보유할 수 있다. 이미지는 말 그대로 참을 수 없는 것을 포함하고, 말할 수 없는 것을 나타낼 수 있다. 미술치료와 마찬가지로, 슈퍼비전에서 만들어진 미술작품은 종종 인지적 의미에서 아직 의식되지 않거나 '알려지지' 않은 정보를 표현한다. 이러한 방법의 가장 훌륭한 점은 슈퍼비전의 전개 과정이 슈퍼바이지의 이해력을 촉진한다는 것이다. 그 이미지는 슈퍼바이지가 감정적으로나 지적으로 그 의미를 완전히 파악할 준비가 될 때까지는 도전적인 내용을 포함할 수 있다.

사례 자료를 탐색하기 위한 이미지 작업은 인턴십 경험과 복잡한 인간관계에 대한 다양한 관점을 제공하는 미술 기반 미술치료 슈퍼비전의 필수 부분이다. 미술 기반 미술치료 슈퍼비전에서는 과정 기반 탐색 형식인 반응 미술을 이용하는 것이 중요하게 여겨진다. 이미지와 함께 작업하는 이 방법은, 잘 정의된 목적으로 사용될 때 경험을 풀어내고 그에 대해 효과적으로 탐색하고 소통하는 데 도움이 될 수 있다. 그것은 자기성찰, 비판적 탐색, 그리고 미묘한 차이가 있는 교훈 및 대인관계 자료를 인식하는 데 도움을 준다.

이 책은 미술치료를 수행하는 방법에 대한 책이 아니다. 미술치료 작업은 매체의 사용과 그 적용에 대한 광범위한 교육을 포함한다. 이러한 작업 방식은 높은 수준의 예술적 기술이나 훈련이 필요하지 않지만, 이를 제공하는 사람은 자신이 다른 사람에게 제공하는 매체에 익숙해야 한다. 매체의 본질적인 특성은 그들이 내담자에게 영향을 미칠 수 있는 것처럼 치료사 역시 안정시키거나 동요시킬 수 있다는 것이다. 치료사가 다른 사람에게 도움이 될 수 있다고 제안하기 전에 매체에 대한 개인적인 경험을 하는 것이 중요하다. 슈퍼비전 과제도 마찬가지다. 이러한 자원을 제공할 수 있는 능력은 슈퍼바이저가 자신의 작업에서 이미지와 은유를 사용하는 것에 익숙해짐으로써 알 수 있다.

슈퍼바이저인 우리는 우리 분야의 수련 및 전문적 기준 범위 안에서 일해야 한다. 미술 기반 미술치료 슈퍼비전은 우리에게 익숙한 매체를 선택하여 치료를 더 완전히 이해하는 데 도움이 되는 상상력과 창의적인 자원을 자극하는 데 사용하도록 요청한다.

이 책은 초보 실무자부터 경력자에 이르기까지 모든 수준의 슈퍼바이저를 대상으로 한다. 『미술 기반 미술치료 슈퍼비전』은 치료 작업을 탐색하고 관리하기 위한 새로운 자원을 제공한다. 그들의 이해를 넓히기 위해 노력하는 노련한 임상가에게 이미지를 사용하는 것은 그들의 실습을 반영하기 위한 새로운 렌즈가 될 것이다. 또한 이 책은 실무를 연마하고 심화시켜 미래에 슈퍼비전을 제공하며, 기본적인 정보와 창의적인 접근 방식을 제공하길 기대하는 전문가에게도 도움이 될 것이다. 처음으로 슈퍼바이지를 맡게 될 치료자들이 이 책을 사용하여 그들의 작업을 창의적 자원으로 가득 채울 것을 상상해 본다. 수련 과정 초기에 소개된 미술 기반 미술치료 슈퍼비전의 실습은 초보 치료사가 창의적인 표현이 어떻게 자신의 작업을 쉽게 할 수 있는지에 대한 인식을 하도록 돕는다. 학생과 초보 치료사는 또한 이 복잡하고 중요한 관계에서 자신이 기대할 수 있는 정보를 찾을 것이다. 나는 교사와 슈퍼바이저가 그들의 슈퍼바이지와 함께 이 책을 읽고, 토론과 창의적인 탐색을 위한 발판으로써 이용하는 것을 마음에 그려 본다.

차례

상처난 상상력을 회복해 주기 위해 일하는 치료사들과
그들의 임상실습을 안내하는 슈퍼바이저들을 위하여

Chapter 01

슈퍼비전의 기본원칙

슈퍼비전의 열쇠

나에게 슈퍼비전을 받은 적이 있는 치료사가 만성 정신질환이 있는 성인들을 위한 주간 치료 프로그램 관리자로서의 새로운 역할에 어려움을 겪으면서 나를 찾아오곤 했다. 직원을 슈퍼비전하는 그녀만의 효과적인 방식을 찾기 위해 나와 이야기를 하는 동안, 그녀는 열쇠를 들고 있는 손을 그리기 시작했다. 다음 주에 그녀가 그 주제를 계속 다루기 위해 왔을 때, 그녀는 '성공의 열쇠'([그림 1-1])라는 또 다른 그림을 가져왔다. 그녀는 자신이 겪는 어려움을 계속 탐구하면서 슈퍼비전 후 집에서 이 그림을 그렸다.

치료사가 그린 수채화와 잉크 그림에는, 다른 사람들을 효과적으로 슈퍼비전하는 데 필요한 능력으로 분류한 일련의 열쇠가 묘사되었다. 그것은 자신의 강점을 기억하고 강점에 접근하여 그녀가 관리하는 사람들과 성공적인 작업을 하도록 지원하는 '열쇠' 이미지였다. 우리가 함께 그림을 그리고 이야기를 나눌 때, 그녀는 자신이 필요로 하는 관리자로서의 자질이 있다는 것을 깨닫기 위해 노력했다. 그녀의 도전은 자신감을 찾고, 자신의 능력에 대한 신뢰를 기억해 내는 작업이었다.

치료와 슈퍼비전 사이에는 유사점이 있다(Wilson, Riley, & Wadeson, 1984). 둘 다 중요한 경계 및 지침과 밀접한 관계가 있다. 이 장은 미래에 슈퍼비전을 고려하고 있는 슈퍼바이저와 이러한 중요한 관계로부터 어떤 것을 기대하는지 알고 싶어 하는 슈퍼바이저에게 명확하고도 기초적인 정보를 제공할 것이다.

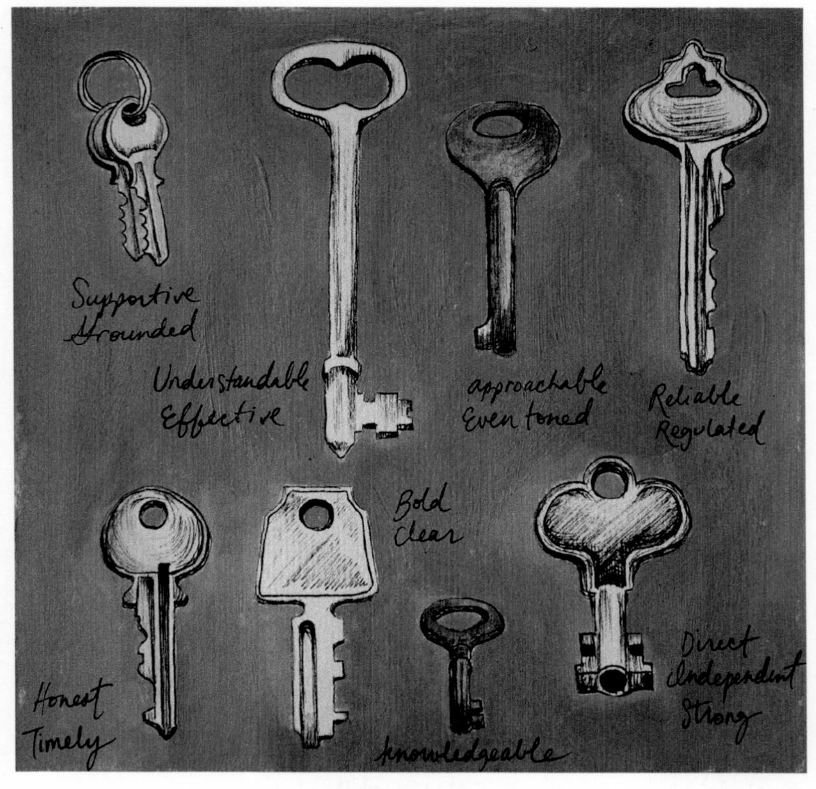

[그림 1-1] 성공의 열쇠

익명

슈퍼비전은 모든 정신건강 전문인에게 제공되는 지원 및 관리의 한 형태다. 우리는 수련을 시작하면서 업무를 인도하고 지시하는 더 많은 경험이 있는 동료에게 의존하는 것을 배운다. 숙련된 전문가는 종종 자신의 실무를 명확하게 보장하기 위해 자신의 경력을 통해 슈퍼비전을 재검토한다.

전문적인 관계가 발전함에 따라, 과거에 제자였던 학생들은 슈퍼바이지, 동료 그리고 종종 친구가 된다. 초보 치료사 시절에 나의 길을 찾는 데 도움을 준 슈퍼바이저들은 지금까지도 나의 자원이 되어 준다.

슈퍼바이저 수련

슈퍼비전에는 몇 가지 측면이 있다. 숙련된 임상가는 자신의 초기 작업을 성찰함으로써 초보 치료사의 경험에 공감할 수 있다. 슈퍼바이저로서 치료계획의 복잡성을 이해하고, 대인관계 역동을 탐구하며, 치료에 영향을 미치는 체계적 문제를 조사하기 위해 진지한 작업을 지원하는 것은 기쁜 일이다. 그러나 초보 슈퍼바이저에게 덜 분명할 수도 있는 이러한 다면적인 실행에는 책임이 존재한다.

슈퍼비전의 본질적인 평가 요소는 초보 치료사가 내담자에게 하는 치료의 질에 대한 책임이다. 이는 슈퍼바이저가 슈퍼비전의 문제, 전략과 절차 준수 그리고 실무기준을 다룰 때 분명하게 제시한다.

과거에 치료사는 안내자로서의 경험만으로 슈퍼바이저 역할을 맡았다. 최근 상담과 치료와 같은 직업은 학위 취득의 필수 요소로 슈퍼비전 교과과정을 포함하기 시작했다. 주 자격심사위원회는 치료사 및 상담사 자격 면허 유지를 위해 공식적인 슈퍼바이저 교육을 이수하도록 하는 요구 사항을 제시하고 있다. 일부 기관은 '숙련된' 슈퍼바이저에 대한 자격 인증을 제공할 뿐만 아니라 경력, 수련 및 수년간의 슈퍼비전 업무를 감독한다. 교육기회를 통해 이 역할의 당면 과제와 복잡성을 해결하고, 내담자에게 지속적으로 양질의 돌봄을 제공하는 최고의 방법에 대한 지침을 제공할 수 있다.

문자 그대로 '감독하기'를 의미하는 슈퍼비전은 복잡한 기술을 필요로 한다. 슈퍼바이저는 정식으로 획득하거나, 경험을 통하거나 또는 직관적으로나 이러한 슈퍼비전 기술을 정교하게 연마할 수 있다. 슈퍼바이저는 더 나은 기술 개발을 위해 정식 교육 프로그램과 지역 및 국가 전문가 협회가 제공하는 세미나와 기타 교육기회를 이용할 수 있다.

전문 자격증

슈퍼바이저의 책임은 전문적인 요구 사항과 기준을 통해 초보 치료사를 안내하고, 그들의 기대치에 맞는 정보를 제공하며, 슈퍼비전 이용에 대해 건전하고 전문성을 지닌 정보 소비자가 되도록 돕는 것이다. 대학원 교육을 하는 슈퍼바이저는 지식이 풍부해야 하며, 해당 전문 협회 및 자격 증명 기관이 승인하여 수립한 교육 지침과 대학원 자격 사항 정보를 학생에게 제공할 수 있어야 한다.

해당 전문 협회 또는 주 면허위원회는 수련을 제공하는 많은 프로그램을 승인하거나 평가하며, 교육과 모범 사례의 질을 보장하기 위해 수립된 지침을 준수할 수 있도록 정기적으로 검토한다. 대학원 과정에서는 슈퍼바이저의 자격증, 현장실습 수업 시수, 주기적으로 내담자와 함께 보내는 시간, 슈퍼비전에 걸리는 시간을 포함하여 현장 및 교수진의 슈퍼비전에 대한 기대치가 규정된다. 자격증 요건은 주마다 다르므로, 슈퍼바이저는 자신의 교육 프로그램이 슈퍼바이지에게 도시 및 국가 전문가 협회의 교육기준을 충족하는지 여부를 알아보도록 정보를 주어야 한다.

초보 치료사는 졸업 후 전문직의 초임기 동안 전문 자격증 및 면허 취득을 목표로 슈퍼비전 기회를 찾는다. 특정 분야의 요구 사항에 정통한 슈퍼바이저는 초보 치료사가 이러한 전문화된 기준의 탐색을 쉽게 할 수 있도록 돕는다.

자격증 취득 자격은 전문 분야와 지역에 따라 다르다. 예를 들어, 미술치료사는 국가규정을 통해 자격증을 취득할 수 있으며 주에 따라 면허가 부여될 수 있다. 미술치료 자격 지원자는 미국미술치료협회(American Art Therapy Association: AATA)가 승인한 미술치료 교육 프로그램을 이수하고 1,000시간의 슈퍼비전 후에 미술치료 등록(Art Therapy Registration: ATR) 및 미술치료 자격증 위원회(Art Therapy Credentials Board: ATCB)의 공인 자격증(Board Certificion: BC)을 신청할 수 있다. 승인되지 않은 미술치료 프로그램을 이수한 사람은 ATR을 취득하기 위해서 대학원 과정에서 2,000시간 슈퍼비전을 이수해야 한다.

면허증, 자격 요건 및 수련은 슈퍼바이저에 대한 요구 사항과 마찬가지로 주마다 다르다. 초보 치료사는 슈퍼비전 시간이 자신의 자격증 취득 요건에 적합한지 알기 위해 자신이 선택한 슈퍼바이저가 그에 해당하는 자격증명을 가지고 있는지 확인해야 한다.

또한 초보 치료사가 대학원 경험을 쌓는 방법에 대한 구체적인 규율 및 특정 지침이 있다. 주 법에 따라서 임상 수련생이 자격을 취득한 전문가가 될 때까지 치료사로 일하는 것이 금지되는 경우가 많다. 그때까지 치료사는 기관의 직원으로 일하면서 자격 취득에 필요한 시간을 쌓도록 해야 한다. 이는 내담자를 보호하기 위한 것이다. 치료사는 시간

단위로 급여가 지급되며 자신이 책임을 져야 하는 독립 계약자다. 대부분의 상담자는 자격을 갖춘 전문가로 독립적인 실습에 대비하여 수년 동안 대학원에 재학하며 슈퍼비전을 받는다. 기관 직원이 된 치료사는 기관의 감독하에 일하는 동안 기관의 정책, 절차 및 관행을 준수할 책임이 있다. 어떤 직종에서는 자격을 갖춘 전문가가 슈퍼바이지에게 슈퍼비전을 제공하는 한, 자격증 취득을 위한 자원봉사 경험 시간도 인정된다. 다른 직종들은 그렇지 않다.

슈퍼비전의 기능

슈퍼바이저는 내담자 돌봄의 질을 관리하고 초보 치료사의 전문성을 촉진하는 문지기며 안내자다. 초보 치료사의 업무를 관리하는 슈퍼비전의 두 가지 주요 기능은 임상과 행정이다. 이러한 작업들은 상호 보완적이지 않다. 슈퍼바이저는 업무를 지도하고 평가하며, 확실한 실습을 보장하고, 서비스의 문서화를 슈퍼비전한다. 슈퍼바이저는 전문적인 기준을 준수하면서 지원, 지침 및 평가를 제공한다. 동시에 그는 기관 내의 초보 치료사를 지지하고 옹호하는 동료다.

☑ 임상 슈퍼비전

임상 슈퍼비전은 치료 업무의 이해를 넓히는 새로운 전문가 및 내담자와 함께 일하는 것의 미묘한 차이에 중점을 둔다. 여기에서 슈퍼바이지는 자신의 일에 대한 정보를 가지고, 제공되는 서비스에 대한 이해를 더 깊이 있게 하기 위해 논의한다.

슈퍼비전에서 이러한 측면의 가장 중요한 목표는 윤리적 임상 작업을 촉진하는 것이다. 임상 슈퍼비전의 초점은 매우 다양하다. 한 가지 전략은 회기 후에 제기된 질문이나 위기를 검토할 수 있는 광범위한 관점을 취하는 것이다. 좀 더 심층적인 접근 방식으로 일정 기간 동안 하나의 어려운 사례나 집단을 추적할 수 있다. 슈퍼바이저는 슈퍼비전의 전략이 무엇이든, 슈퍼바이지의 건설적인 초점을 유지하기 위해 그들의 요구에 적합한 방법을 적용하는 것이 가장 좋다. 슈퍼바이지의 기술과 요구가 발전함에 따라 슈퍼바이저는 이 접근법을 주기적으로 재평가한다.

임상 치료의 계획 및 개입 요소 외에, 관계의 어려움은 정신건강 실천의 핵심 차원이다. 치료 과정에서 내담자와 동료에 대한 역전이나 기타 개인적인 반응이 슈퍼바이지에게 자주 발생한다. 이러한 어려운 과제를 해결하기 위해 슈퍼바이지를 돕는 것은 대인관계의 장애를 제거하고 명료함을 가져올 수 있다. 임상 슈퍼비전의 이러한 측면은 치료에 가장 근접하지만, 권력 문제의 민감한 탐구 및 직업적인 경계에 대한 인식에 필요한 것은 바로 친밀감이다.

슈퍼비전에는 다양한 형태들이 있다. 예를 들면, 미술치료 수련 슈퍼비전은 현장 슈퍼바이저와 교수 슈퍼바이저의 두 가지 유리한 관점을 제공한다. 이러한 패러다임 안에서 현장 슈퍼바이저는 근접성을 가지고 치료를 직접 관찰할 수 있다. 현장 슈퍼바이저는 내담자의 직접적인 경험과 환경을 바탕으로 지원, 피드백 및 지침에 필요한 필수적인 자원이 될 수 있다. 교수 슈퍼바이저는 학생이 슈퍼비전에서 무엇을 기대하는지 이해하고, 학업 내용을 실무에 쉽게 적용할 수 있는 수업 형태의 슈퍼비전을 제공한다. 이러한 장에서 학생 치료사는 대안적인 관점을 가지고 현장에서 발생하는 다양한 범위의 내담자, 조직 및 대인관계에 대한 작업을 접하게 된다.

이러한 업무 방식은 대학원 졸업 후에 재연될 수 있다. 일부 초보 치료사는 치료에서 발생하는 관리 및 임상 문제에 초점을 맞출 수 있는 현장 슈퍼비전에 참여한다. 많은 초보 치료사가 자신의 지식과 기술을 보완하고 심화시켜 자신의 직업적 목표를 달성하기 위해 기관 외 전문가에게 추가적인 슈퍼비전을 구한다. 이런 상황은 종종 현장에 수석 미술치료사가 고용되지 않은 경우에 해당된다. 사실, 미술치료사는 자신의 등록 자격을 취득하기 위해 대학을 다니는 동안에도 많은 시간을 전문 미술치료사에게 슈퍼비전을 받아야 한다.

이것은 전문적인 슈퍼비전 모델 중 하나다. 여러 분야에 걸쳐 일하는 것은 유리한 점이 있다. 그러나 전문적 임상 실무 범위와 미묘한 임상적 차이에 대한 인식 능력은 같은 직업계열의 슈퍼바이저를 통해 가장 잘 지원받고 개발될 수 있다.

☑ 행정 슈퍼비전

행정 슈퍼비전은 정보의 전달에 중점을 두고 있으며, 전문적인 실무 기준과 기관의 정책 및 절차를 준수하는지 확인한다. 행정 슈퍼비전에는 일정, 예산 및 프로젝트를 논의하고, 피드백 제공, 지침 전달, 문서 검토와 성과 평가를 한다. 치료사가 수련을 받는 동안, 현장 슈퍼바이저는 행정적 방향을 제시하고, 초보 치료사를 기관에 소개하며 발전하는 업무 관계를 지원하고, 갈등을 조정하며 타인과 성공적인 협력을 촉진하는 데 중심 역할을 한다. 졸업 후 기관에서 일하는 초보 치료사는 일반적으로 행정 슈퍼비전을 제공하는 특정 직원에게 배정된다. 이 직원은 임상 감독을 제공할 수도 있고 그렇지 않을 수도 있다.

행정 슈퍼바이저는 동료와 전문적인 협업을 보여 주는 본보기다. 또한 슈퍼바이저는 초보 치료사의 전문성 개발을 지도하고, 전문 기관에 대한 참여를 촉진하며, 초보 치료사가 현장 외부에서 동료 지원 및 기타 자원을 찾도록 격려하고, 지속적인 교육, 회의와 다른 전문 활동 참여를 지원한다. 슈퍼바이저는 실무와 관련된 독서, 수련기회 및 콘퍼런스에 참여할 것을 권장하며, 종종 직업 선택과 전문적 자격에 관한 조언을 한다. 일반적으로 행정 슈퍼바이저는 면허 또는 자격인증 절차의 일부로서 임상 실적을 문서화하는 데 공식적인 임무를 수행할 것을 요청받는다.

슈퍼비전의 범위

치료사 수련과 대학원 과정에서 슈퍼비전 기대에 대한 열린 토론은 슈퍼비전 발전을 촉진한다. 이러한 슈퍼바이저와 슈퍼바이지의 복잡한 관계를 명확히 하기 위해서는, 각자가 이 독특한 관계에서 기대할 수 있는 것을 협의하고, 상호 책임을 이해하는 것이 중요하다.

대학원생 인턴이 수련 중 기관에 배치되면, 교육 기관과 현장 기관 간에 슈퍼비전 협정이 체결된다. 이 서면 계약서는 인턴, 학교, 슈퍼바이저, 기관에 대한 역할과 기대 사항을 명확하게 한다. 이것은 학교와 기관 사이의 슈퍼비전 협력관계를 반영하고, 슈퍼비전 빈도와 기간, 그리고 현장 슈퍼바이저, 교수 슈퍼바이저, 인턴의 주요 책임 기준을 설정한다. 이 협정은 학생의 학업 일정과 인턴 과정 시간 요건을 명확히 한다. 이는 평가 및 관찰 방법을 명시하고 평가서를 위한 양식과 일정을 포함한다. 또한 이는 현장 슈퍼비전의 기간과 빈도에 대한 기대치를 서술한다.

대학원 슈퍼비전을 제공하는 전문가는 자체 서면 계약서를 작성하여 상호 기대치를 기술하고 그들의 업무에 대한 기준을 상세히 작성한다.

이 문서에는 각 미팅 시간과 구조, 보수와 취소 방침, 평가의 방법 및 빈도, 비밀유지의 한계와 같은 세부 사항이 포함된다. 이것은 슈퍼바이저의 수련과 자격을 증명하고, 역량의 영역을 명시하며, 슈퍼바이저의 이론적 접근 방식을 확인하고, 불만 사항이 있을 시 연락 정보를 제공한다. 이런 협의는 초보 치료사가 내담자와 관여하는 정보에 입각한 동의 절차의 중요성과 유연성을 이해하는 데 도움이 된다.

대학원 교수와 수련생은 직업윤리와 학문의 실습기준, 슈퍼바이저의 지도하에 근무하는 기관의 일상적인 방침과 절차를 따를 것으로 예상된다. 여기에는 학대와 방임을 보고하는 임상 절차, 복장 규정 방침, 병가를 내거나 휴가를 미리 정하는 것도 포함된다. 전문직 초보 수련생에 대한 책임은 슈퍼바이저에게 있다. 이들은 슈퍼바이저에게 업무와 관련한 중요한 피드백을 지도 · 관리 · 평가받음으로써 내담자의 안녕을 보장하는 책임을 진다. 이러한 기대 사항들을 효과적으로 전달하는 것은 중요하다. 따라서 초보 치료사를 지도하는 데 도움이 되기 위해서 개별 학습 목표와 목적이 일찍 확립되어야 한다.

평가

슈퍼바이저는 초보 치료사가 내담자에게 제공하는 치료의 질을 보장하고 전문성을 높이도록 격려하기 위해 그의 수행능력을 평가할 책임이 있다. 지속적인 평가와 건설적인 논평은 슈퍼바이지의 향상되는 능력을 지지하면서, 그의 강점과 약점을 강조한다. 형성적 평가는 관찰, 피드백 및 방향 제시를 포함하여 지속적으로 이어진다. 총괄적 평가는 공식적이며, 정해진 간격을 두고 서면 양식으로 제공된다. 수련 프로그램은 보통 매 학기 인턴을 위한 중간 및 기말 인턴과정 평가 양식을 제공한다. 대학원 슈퍼비전을 제공하는 교수는 해당 기관에서 만든 양식을 사용하거나 자체 평가 도구를 개발한다.

효과적인 평가는 판단적이지 않고 서술적이다. 이는 새로운 학습을 인정하는 것뿐만 아니라 기능과 역량에 대한 피드백을 포함하여 초보 치료사의 실력 기반과 그들의 지식을 발전시키는 것에 초점을 맞춰야 한다. 평가는 진행 중인 실습에 대한 통합된 피드백이 되어야 한다. 초보 치료사는 사전 경고와 개선을 위한 적절한 시간을 갖지 못한 채 공식적인 평가에 부정적인 피드백을 받아서는 안 된다. 슈퍼바이저가 인턴과정 평가를 지원하기 위해 임상 관찰을 제공하는 방법으로는 공동 진행 회기, 역할 놀이 참여, 진행 기록 및 과정 메모 읽기, 오디오 테이프 듣기, 비디오 보기, 비참여적 관찰이 포함된다. 또한 피드백의 한 형태인 반응 미술 작업은 귀중한 자원이 된다.

평가 양식 기준이 명확한지 확인하기 위해 슈퍼비전 초기에 초보 치료사와 슈퍼바이저가 함께 검토한다. 슈퍼바이지는 연속적인 자체 평가에 참여하고 서면 평가에 공식적인 자료를 제공함으로써 평가에 참여해야 한다. 슈퍼바이저와 슈퍼바이지는 토론을 장려하기 위해 함께 평가를 완료해야 한다. 슈퍼바이저의 피드백에 대한 슈퍼바이지의 방어적인 반응이 나타날 때, 그들은 지속적인 대화를 통해 공개적으로 탐구해야 한다. 슈퍼바이지는 자신의 수행평가에 대한 반대 의견을 서면으로 제시할 기회를 얻어야 한다.

슈퍼바이저는 개인 학습 방식과 현재 수련 및 경험 수준에 부합하는 방식으로 초보 치료사의 발전을 기대하고 평가하는 것이 중요하다. 슈퍼바이저는 초보 치료사가 동기를 얻고, 또 불안하지만 기본적인 실력과 지식에 집중한다는 것을 명심해야 한다. 업무 초기에 그들의 자각은 제한적일 수 있다. 종종 초보 치료사인 슈퍼바이지는 자신이 얼마나 알고 있는지 인식하지 못한다. 초보 슈퍼바이지는 흔히 문제 및 개입의 중요성을 깊이 이해하지 못한 채 타인과의 교류와 해석을 통해 규정된 답을 찾곤 한다. 더 숙련된 치료사는 내담자를 더 깊이 이해하고 이론이 실습을 어떻게 뒷받침하는지를 명확하게 표현할 수 있다. 그들은 내담자에게 다양한 치료 접근을 할 수 있으며, 임상적으로 반응하는 것을 배웠다. 노련해진 슈퍼바이지는 더욱 독립적으로 일하고 슈퍼바이저의 피드백에 대해 덜 방어적이 된다.

비밀유지

비밀유지의 한계는 슈퍼비전 초기에 신중하게 설명되어야 한다. 비밀유지의 보안은 공공의 안전이 필요할 시에 정지된다. 만약 내담자, 치료사 또는 슈퍼바이지가 자신 또는 다른 사람이 위험에 빠진다면 비밀유지를 깰 수 있는데, 이는 학대나 방치의 증거가 있거나 법원이 공개를 명령하는 경우다. 슈퍼바이저와 슈퍼바이지는 내담자, 슈퍼바이지 또는 다른 사람에게 심각한 위협이 있는지를 결정해야 한다. 이런 경우, 슈퍼바이저는 기관의 보고 절차를 통해 초보 치료사인 슈퍼바이지를 안내해야 한다. 예를 들어, 경고 의무가 있는 경우, 슈퍼바이지는 취해진 법적 조치를 내담자에게 알려야 하며, 미성년자의 경우 해당 기관과 피해 대상자 및 부모에게 통보해야 한다.

윤리적 고려사항

슈퍼바이저가 초보 치료사의 전문적인 감독을 맡으면, 그들의 업무에 대한 윤리적 · 법적 책임을 진다. 이러한 이유로 슈퍼바이저는 법적 대리 책임이 발생하면 자신의 의료과실 사고보험이 그들을 보호해 주는지 확인해야 한다. 어떤 잠재적인 책임 문제가 발생한 경우, 슈퍼바이저와 치료사 모두는 신고 및 상담을 포함한 그들의 반응을 문서로 기록해야 한다. 문제가 확인된 경우, 권장사항은 무엇이며, 어떤 조치를 했는가, 그리고 문제가 예상되었는지 아닌지를 반드시 슈퍼비전에서 전달해야 한다. 슈퍼바이저는 자문하고 그것을 문서로 기록해야 한다.

권한, 특권 및 기관

문화적으로 능숙한 슈퍼비전은 유능한 치료법을 지원한다. 슈퍼바이저는 다문화 슈퍼비전과 다문화 치료의 복잡성에 대해 알고 있어야 하며, 자신의 문화적 배경, 권한과 특권에 대한 인식을 유지하고 이러한 것들이 관계에 어떤 영향을 미치는지 계속 인지해야 한다. 슈퍼바이저는 대학생의 사회문화적 배경과 그러한 맥락들이 그들의 경험에 어떠한 영향을 미치는가에 민감해야 한다. 슈퍼바이저는 문화적 감수성에 대한 장벽을 알아차리고 해결하며, 전문적이고 문화적인 수련에 계속 참여하고, 초보 치료사에 대한 깊은 인식과 문화적 역량을 지도해야 한다. 다음 장에서는 슈퍼비전의 이러한 기본적인 관점에서 자기 탐색과 의사소통을 위한 이미지 작업의 사례를 제공한다.

어려운 이슈

슈퍼비전에서 다뤄져야 할 어려운 이슈들이 있다. 치료사의 수련이나 전문적인 업무의 어떤 시점에서라도, 그들은 대학원 과정이나 심지어 현장 밖에서 상담해야 할 수 있다. 이는 초보 치료사가 전문적이거나 윤리적인 지침을 무시하거나 성공적인 치료를 제공하는 데 필요한 성숙한 정서적 안정을 보여 주지 않을 때 발생할 수 있다. 또한 초보 치료사가 직업 기준을 위반하거나 기관 정책을 무시함으로써 수련 기간이나 고용 상태에서 해고될 수 있다. 위반 사례로는 현장에서 불안정하고 신뢰할 수 없는 행동, 음주 상태 출근 및 내담자와의 부적절한 교류가 해당된다. 슈퍼바이저는 그러한 문제들을 다룰 때 기관의 방침을 따라야 한다.

심각한 문제에 맞서 절대 혼자서 해결해서는 안 된다. 인턴과 함께 문제를 다루는 현장 슈퍼바이저는 반드시 정보, 상호작용 및 개입을 문서로 만들어 인턴과 기관 내에서 정보를 교류해야 한다. 그는 학교가 그 상황에 대해 알게 되고 추가적인 지원과 방향을 제공할 수 있도록 교수 슈퍼바이저와 긴밀히 접촉해야 한다. 가장 심각한 상황을 제외한 모든 상황에서, 슈퍼바이저는 피드백을 주고 변화를 보여 줄 기회를 제공하기 위해 노력해야 한다. 수련 중, 시정할 행동에 대한 조치는 학생에 대한 경험을 상담하는 현장 슈퍼바이저, 교수 슈퍼바이저 및 다른 교수진이 함께 결정한다.

대학원 과정에서, 슈퍼바이저는 초보 치료사의 임상적 또는 윤리적 문제행동의 세부 사항을 가장 먼저 알고 있을 것이다. 슈퍼바이저는 자신의 권위를 효율적으로 사용하는 데 주의해야 한다. 어떤 경우에는 문제와 방향 수정에 주의를 기울이면 초보 치료사의 잘못된 행동이 변하도록 지원할 수 있다. 진행 중인 평가는 문제, 변화 및 개선 사항을 문서로 기록한다. 문제의 치료사와 함께 일할 때, 슈퍼바이저는 자신의 관찰 내용의 명확성과 선택된 행동 방침의 필요성을 확실히 하기 위해 동료 전문가, 슈퍼바이저, 기관 행정부와 긴밀한 접촉을 유지해야 한다. 심각한 위반이 발생할 경우, 슈퍼바이저는 자격증이 있는 전문 치료사를 전문 자격 증명 기관과 전문 규제 위원회에 보고해야 한다.

관심의 질

슈퍼비전의 가치는 양 당사자들이 가지고 온 관심의 질에 달려 있다. 초보 치료사는 적절한 시기에 슈퍼비전을 받을 책임이 있으며, 사전 상호작용, 현재의 질문 및 우려 사항에 대한 최신 정보 업무를 준비해야 한다. 그들은 휴대전화기나 다른 사람의 방해 없이 회기에 집중해야 하고, 자신들의 일에 대해 논의할 수 있어야 한다. 초보 치료사는 환경에 적절하게 관여하고, 자신이 우려하는 것을 제기하며, 피드백과 지시를 받고 통합할 수 있는 능력을 증명하는 등의 신뢰할 수 있는 전문적 행동으로 책임을 져야 한다. 슈퍼바이저는 그와 같은 주의집중에 같은 책임이 있다.

나는 미술치료 인턴과정 기간에 정신과 병동의 성인 입원환자들과 미술치료 회기를 진행하는 동안, 매주 졸고 있던 나의 슈퍼바이저에 대해 내가 어떻게 느꼈는지 기억하고 있다. 나는 미술치료가 처음이었고 드디어 수련하게 되어 신이 났다. 나는 정신건강의학과 의사인 나의 슈퍼바이저와 환자 작품을 공유함으로써 미술치료에 관해 이야기하기를 간절히 고대했다. 그가 졸고 있는 것을 보면서 내가 잘못하는 것이 아닌가 하고 생각했다. 나는 강하고 열정적인 학생이었지만, 슈퍼바이저의 행동이 내 자신의 신뢰를 흔들어 놓았다. 나의 걱정거리를 학교 슈퍼비전 수업으로 가져올 용기를 내는 데 오랜 시간이 걸렸다. 학교 동료들의 지지 덕분에 슈퍼바이저에게 도전하고 그가 내 작업에 관심을 기울여 줄 것을 부탁할 수 있었다.

이 경험은 기본적인 기대를 불러일으킨다. 슈퍼바이저는 초보 치료사에게 집중적인 관심을 기울이고 치료 업무를 지도하기 때문에 모든 자원을 가져와야 하는 임무가 있다. 초보 치료사의 치료적 관계와 체계적 문제에 대한 협상을 지지하면서, 그들 자신의 행동을 감독하면서, 이러한 관계에 내재한 권력의 불평등한 분배를 인식하는 것은 슈퍼바이저의 의무다. 초보 치료사 시절 나는 그 상황에 당황하여 내가 뭔가 잘못했다고 생각했다. 내가 학교에서 현장 실습 수업을 받을 때, 교수 슈퍼바이저와 동료들은 내 잘못이 아니고 현장 슈퍼바이저의 문제라는 것을 분명히 하는 데 도움을 주었다. 나는 내 일에 대한 그의 성실한 관심을 기대할 권리가 있다는 것을 깨달았다. 나는 현장으로 돌아와서 나의 우려 사항들을 현장 슈퍼바이저와 함께 직접 이야기하면서 학우들이 준 지지를 느꼈다. 내가 현장 슈퍼바이저에게 말하자 그는 나에게 사과를 했고, 내가 하는 작업에 관심을 가지고 앞으로 더욱 관심을 기울일 것이라고 약속했다.

안전

효과적인 슈퍼비전은 심리적 안전과 안정적인 환경을 마련하는 데 달려 있다. 슈퍼바이지의 업무에 초점을 맞춘 일관되고 신뢰할 수 있는 슈퍼비전은 심층적인 실습에 도움이 되는 환경 조성 발판을 마련해 준다. 집단 슈퍼비전이든 개별 슈퍼비전이든 이러한 관계는 정해진 기간 동안 초보 치료사의 업무를 지원하고 지도하는 데 중점을 둔 의도적인 약속이다.

☑ 구조

치료와 슈퍼비전의 회기는 모두 시작과 중간, 종결이 명확해야 한다. 시작은 초보 치료사가 슈퍼비전 과정으로 들어가는 것을 돕는다. 시작은 점검하는 시간이 될 수 있으며, 우려되는 점을 확인하고, 행정 업무를 관리하는 시점이 될 수 있다. 중간 단계에서 슈퍼바이지는 회의에 참여하고 자신의 업무를 논의하고, 문제를 해결하면서 이해가 깊어진다. 집단의 경우, 슈퍼바이저는 각 슈퍼바이지가 자신의 관심사에 대해 토의할 수 있는 충분한 시간을 가질 수 있도록, 상호 문화를 발전시키는 데 도움을 주어야 한다. 종결은 끝맺음을 제공하고 치료사가 치료 회기 밖의 세상으로 갈 수 있도록 돕는다. 이것은 엄격한 규정은 아니다. 이러한 단계들을 돕는 것은 회기 시작 때 차를 한 잔 제공하거나 마지막에 다음 만남의 일정을 잡는 것만큼 간단할 수 있다. 나는 이것이 아무리 간단하더라도, 이처럼 슈퍼비전 회기의 구성요소에 대해 의식적으로 주목하는 것은 예측을 가능하게 하고 심층적인 작업을 구조화하는 데 도움된다는 것을 알게 되었다.

시간 정하기는 슈퍼비전의 중요한 구성요소로, 치료 회기에서 정해진 시간에 시작하고 끝내는 것처럼 관련 참여자들의 약속된 시간 계획을 상호 존중한다. 지각하거나 빠진 회기의 이유를 탐구하는 것은 치료나 슈퍼비전 관계와 관련된 참여자의 감정에 관한 중요한 정보를 제공할 수 있다. 시간 정하기에 초점을 두는 이러한 관심은, 치료 회기에서 이처럼 중요한 요소를 어떻게 이해하고 사용하는지 본보기가 된다.

☑ 경계

명확한 경계는 치료에서와 마찬가지로, 슈퍼비전에서도 중요하다. 비록 이러한 독특한 관계가 종종 친근하고 공식적인 슈퍼비전이 끝난 뒤 직업적인 유대나 우정으로 변할 수도 있지만, 이중 관계는 좋지 않다. 슈퍼비전의 목적은 내담자 치료에 대한 초보 치료사의 자질을 확보해 주고 전문성 개발을 지원하는 것이라는 점을 기억하는 것이 중요하다.

책임감 있는 슈퍼바이저는 초보 치료사에게 이 서비스를 제공하고자 하는 동기와 그들의 대인관계가 슈퍼비전에 미치는 영향을 항상 의식한다. 슈퍼바이저와 슈퍼바이지의 관계에는 내재된 힘의 차이가 있다. 기관 직원으로 근무하는 슈퍼바이저는 종종 그의 후배 관리와 평가에 책임을 진다. 그러나 이러한 책임이 고용에 직접적인 영향을 미치지 않을 수 있는, 독자적으로 일하는 슈퍼바이저의 경우도 평가와 윤리적 책임이 있다. 이 때문에, 전문적 경계가 중요하다. 슈퍼바이저는 초보 치료사에게 자기 개방의 정도를 알려야 한다. 슈퍼바이지는 종종 슈퍼바이저가 갖는 부담스러운 이슈에 도움이 되길 바라서 그것을 떠맡을 수 있다. 개인적인 정보는 신중하게 공유해야만 한다.

슈퍼바이저가 우정 또는 다른 이중 관계의 위험 부담을 가질 때, 슈퍼비전 목적의 명료성이 모호해진다. 데이트와 성적 관계가 슈퍼비전에 부적절하다는 것은 말할 필요도 없다. 슈퍼바이저는 비판적 평가서를 작성하거나 초보 치료사가 현장에서 상담할 수 있는 전문적인 기준을 유지해야 한다. 슈퍼바이저는 최악의 상황에, 슈퍼바이지가 그의 지시나 피드백을 받아들이지 않거나 환경에 부적절한 태도를 취하는 경우에, 슈퍼바이지를 해고하거나 슈퍼비전 관계를 종결해야 한다고 생각할 수 있다.

분명하게 전달된 기대, 경계 그리고 지속적인 슈퍼바이저의 피드백은 슈퍼바이지가 슈퍼비전에서 방향과 기초를 다지는 데 도움이 된다. 이러한 것은 슈퍼바이지가 개인적이고 전문적인 차원의 치료를 하는 것에 대한 취약성을 감수할 수 있을 만큼 충분히 편안해지는 데 필수적 요인이다. 신뢰할 수 있고 지지적인 슈퍼비전 관계는 치료사가 치료하는 내담자에게 반응하는 것과 치료사의 반응이나 역전이를 살피는 내담자를 탐색하는 작업에 중요하다. 그들의 일에 개인적 의미를 크게 갖는 치료사는 이러한 도전적인 문제를 해결할 때 더 집중적으로 지원받을 수 있도록 집단보다 개인 슈퍼비전을 선택할 수 있다.

대부분의 대학원 프로그램은 학생에게 자기분석을 받을 것을 권장한다. 이 경험은 귀중한 자원이 된다. 자기분석은 학생 치료사에게 내담자로서의 역할에 통찰력을 줄 뿐만 아니라, 자신의 문제를 반영하여 그들의 일에서 개인적인 감정이 올라오는 것을 이해하는 데 도움을 준다. 슈퍼비전은 초보 치료사가 내담자를 위해 탐색할 수 있는 것과 개인적인 문제를 구별할 수 있도록 돕는다. 치료에 영향을 미치는 슈퍼바이지의 개인 문제를 슈퍼비전에서 다루는 것은 중요하다. 일로 인해 동요된 그들의 걱정을 자기분석에 포함하는 것이 중요하다.

나는 대학원 시절 수련을 위해 슈퍼비전과 자기분석을 모두 받았다. 학교에서 수련을 시작하는 첫날, 나도 극심한 두려움에 시달렸다. 그것은 초보 슈퍼바이지의 불안보다 더 컸다. 나는 경직되어 물밀 듯이 밀려오는 불안을 느꼈다. 나는 슈퍼비전 과정에서 나의 걱정을 말한 후, 그것을 자기분석에서 다루었다. 이 내용은 나의 불안이 내가 초등학교 때 괴롭힘을 당했던 기억에서 시작되었다는 것을 이해하는 데 도움이 되었다. 일단 내가 나의 역전이를 깨달았을 때, 나는 더 이상 힘없는 아이였던 과거의 경험 때문에 균형을 잃지 않았고 아동과 함께하는 성인의 태도를 되찾았다. 나는 계속해서 나의 인턴사례들을 슈퍼비전 받았고, 치료에서는 나의 과거 개인적인 문제들을 다루었다.

슈퍼바이저 또는 슈퍼바이지의 선택

슈퍼비전은 여러 가지로 구성된다. 그것은 집단이나 개인 회기의 현장 또는 밖에서 일어날 수 있다. 그것은 대학원에서 수련을 받는 학생, 자격증과 면허증의 취득을 원하는 초보 치료사, 그리고 경력을 쌓은 숙련된 전문가에게 유용한 자료다. 슈퍼비전을 하는 이러한 각각의 방식에는 다양한 도전과 책임이 따른다. 이것은 전문적인 지원을 선택하는 과정에 영향을 주는 기본적인 고려사항들이다.

이처럼 잠재적으로 풍성한 관계의 시작은 수련을 지원할 이론적 철학과 전문지식을 가진 사람을 찾는 것에서 이루어진다. 이것은 슈퍼바이저와 슈퍼바이지 모두의 일을 지원하기 위한 기대를 설명하는 것이다. 이것은 매우 흥미롭고 보람찬 경험이 된다. 그러나 현명하지 못한 선택으로 부가적인 일, 좌절, 심지어 직업적으로 곤란한 상황까지 갈 수 있다. 무책임하거나 부적절한 슈퍼바이지는 수련을 위해 인턴을 선발하거나 치료사를 고용한 슈퍼바이저에게 잘못된 반응을 할 수 있다. 슈퍼바이저의 선택 또한 슈퍼바이지의 관점에서 중요하다. 좋은 슈퍼바이저의 선택은 치료적 기량을 촉진하는 생산적이고 교육적인 경험으로 이어질 수 있다. 현명하지 못하거나 성급한 선택은 초보 치료사에게 지지나 방향 제시가 없이 건설적이지 못한 비판으로 느껴질 수도 있다.

슈퍼비전을 위한 현명한 선택은 학생이든 초보 치료사든 모두에게 중요하다. 치료사가 초기에 개발한 기술과 습관은 그의 전체 경력 동안 지속할 수도 있다. 이 결정을 내릴 때 많은 것들을 고려해야 한다. 당신이 학생 인턴 또는 수습 직원을 인터뷰하거나, 인턴십 사이트를 조사하거나, 인턴십 현장을 조사하거나 일자리를 찾고 있든 간에, 슈퍼비전 관계를 선택하는 것은 집단과 환경을 선택하는 것만큼이나 중요하다.

슈퍼바이저를 위한 인터뷰 조언

슈퍼비전을 원하는 이유에 대해 스스로 자각하는 것이 가장 중요하다. 만약 당신이 슈퍼바이저로 기관에 고용된다면, 왜 당신 측에서 인턴과 직원들을 슈퍼비전하기를 원하는가? 당신은 이 문제에 대해 선택의 여지가 있는가, 아니면 인턴과 직원을 훈련하고 감독하는 것이 당신 책임의 일부인가? 수련생이 당신의 기관에 가져올 수 있는 이점과 과제는 무엇인가? 슈퍼비전이 당신에게 당신의 경험을 공유하고 이 분야에 이바지할 기회인가? 인턴을 통해 더 많은 내담자에게 치료를 제공하고, 당신의 업무 가치를 높일 수 있는가? 만약 당신이 당신의 규율에 따라 다른 사람들과 함께 작업하지 않는다면, 인턴이 당신의 고립을 감소시키고 당신의 업무를 도울 것인가? 당신은 인턴에게 도움이 될 만한 자신의 슈퍼비전을 통해 무엇을 배웠는가? 슈퍼바이저로서 하지 말아야 할 것을 가르친 적이 있는가? 인턴을 늘리는 것이 그 기관에서 당신의 권력과 위신을 높일 것인가?

직장에서 잠재적 인턴 또는 직원을 인터뷰하는 슈퍼바이저로서, 당신은 내담자와 당신의 기관에 대한 그들의 가능한 가치뿐만 아니라 당신의 감독과 피드백으로부터 이익을 얻을 수 있는 잠재적인 능력을 평가하고 있다. 내가 처음으로 잠재적인 슈퍼바이저를 만났을 때, 나는 그 사람의 개입이 내담자, 우리 팀, 그리고 슈퍼바이저로서 나에게 유익할 것인지를 결정하기 위해 우리 상호작용의 모든 측면을 검토한다.

나는 지원자들에게 이력서, 글쓰기 작업의 샘플과 그들의 미술작품을 제출하도록 한다. 이러한 요청은 지원자가 유용한 과거 경험이 있는지, 의사소통과 서류 작업을 쉽게 할 수 있는지, 혹은 우리 업무에 계속 초점을 둘 수 있는지를 확인하기 위해서다. 나는 슈퍼바이지에게 왜 그가 이 분야에 관심을 두는지 이유를 묻고 자기 인식의 수준과 자기 결정을 위한 생각의 정도를 확인한다. 나는 인터뷰 대상자가 자신을 어떻게 표현하는지, 그리고 이 분야에 대한 나의 기대치와 일치하는지 확인한다. 나는 지원자가 시간을 지키는 것과 적절한 복장을 착용하는지 확인한다. 나는 이 인터뷰에 대한 지원자의 관심과 열정을 알아본다. 지원자는 인터뷰에서 의사소통을 잘하고 있는가? 나는 치료사를 채용하고서, 시간 관리와 복장 규정 같은 기본 작업 습관을 위해 슈퍼비전 시간을 낭비하고 싶지 않다. 임상 작업에는 더 핵심적이고 흥미로운 부분들이 많이 있다. 나는 시간이 지남에 따라 근무지에 대한 기대치를 확실히 전달하는 것을 배웠다.

몇 년 전 나는 장기 입원 청소년 환자 병동에서 일하면서 슈퍼바이지를 할 수 있는 20대의 미술치료 전공 학생을 인터뷰했다. 이 여학생은 정각에 맞춰 정장 바지와 맞춤형 셔츠를 입고 인터뷰에 왔다. 그녀는 내가 요청한 문서들을 가지고 왔고, 우리는 특히 성 소수자 청소년과 관련된, 성 문제를 이해할 수 있도록 도와주려는 그녀의 의도에 대해 활발한 토론을 했다. 우리는 성적 학대를 견뎌 온 아동들이 겪는 혼란과 그것이 그들의 발달에 미치는 있는 영향에 대해 이야기했다. 그녀는 환자의 경험에 관한 미묘한 차이에 민감했다. 그녀의 서류를 검토한 후, 나는 우리가 함께하기를 기대했던 인턴십을 그녀에게 제시했다.

그 인턴은 병원에 출근하는 첫날 카키색 바지, 단화, 그리고 파란색 면 셔츠를 입은 편안한 차림으로 왔다. 그녀는 셔츠를 안으로 집어넣지 않고 단추가 풀린 흰 티셔츠를 드러내고 있었다. 이후에 우리가 슈퍼비전을 위해 만났을 때, 나는 그녀에게 수련 장소에서는 좀 더 전문가처럼 옷을 입어야 한다고 말했다. 그녀는 아무 말 없이 피드백을 들었다. 다음에 내가 그녀를 보았을 때 그녀는 눈에 띄게 화가 나 있었다. 그녀는 나처럼 치마를 입고 일하는 것이 불편해서 수련 과정을 그만둘 것이라고 말했다. '전문가처럼'이 의미하는 것에 대한 그녀의 해석에 깜짝 놀란 나는 그녀가 나처럼 옷을 입어야 한다는 의미가 아니라고 말했다. 나는 격식을 차리지 않은 그녀의 옷차림을 말하고 있었다. 의료진의 일원으로서 그녀는 어떤 옷을 입어야 하는지 그리고 어떻게 하면 병원에 있는 동안 그녀 스스로 전문성을 표현할 수 있는지를 고려할 필요가 있었다. 나는 그녀의 오해가 전적으로 그녀의 잘못이 아니라는 것을 깨달았다. 그녀의 슈퍼바이저로서 나는 적절한 복장이라는 것이 무엇인지를 명확하게 전달해야 했다. 우리가 의사소통의 실수에 대해 논의할 때, 나는 그녀에게 만약 그녀가 인터뷰할 때 입었던 옷을 입는다면 괜찮을 것이라고 말하자 오해가 풀리고, 그녀는 계속 수련하게 되었으며, 복장은 더 이상 문제가 되지 않았다.

슈퍼바이지를 위한 인터뷰 조언

수련 중 인턴십 방법의 선택은 학과와 학교에 따라 다르다. 미술치료학과 학생은 집단과 개인 슈퍼비전에 모두 참여한다. 현장 슈퍼비전은 보통 개인적으로 제공되지만, 작은 집단 작업은 학업을 위한 기본원칙이다. 현장 슈퍼비전은 대부분 같은 분야 또는 관련 분야의 석사 학위를 소지한 임상가가 개별 회기로 제공한다. 이 임상실습은 인턴이 같은 내담자와 체계에 관여하고 있는 슈퍼바이저와 함께 현재 당면한 쟁점에 집중할 수 있도록 한다. 일부 수련 프로그램에서는 학생 인턴을 특정 슈퍼바이저와 분야에 배정하고, 어떤 프로그램에는 학생이 그들의 관심 분야와 현장 슈퍼바이저와 공감하는 힘을 바탕으로 인턴십을 선택할 수 있도록 한다.

학술 프로그램은 보통 매주 한 학기 수업 수강생들과 집단 슈퍼비전을 제공하며, 필요에 따라 개인 슈퍼비전을 계획할 수 있다. 일부 프로그램에서는, 학생들이 교수를 선택하고, 알고 있는 수강생의 능력과 동료들 간의 편안한 관계를 토대로 학생들이 결정하여 집단을 구성한다. 어떤 학생은 수련 기간 동안 슈퍼비전의 방법을 체험하며 수업을 바꿀 수 있다. 이것은 그들에게 다양한 경험을 제공하고, 그들이 무엇을 기대해야 하는지 배우고, 대학원 과정을 위한 슈퍼비전 기준을 개발하는 데 도움이 된다. 또 다른 학생은 긴 기간의 업무 관계를 발전시키면서, 그들이 함께 업무를 잘하는 슈퍼바이저와 계속 남아 있는다. 같은 슈퍼바이저와 함께 하는 것은 새로운 관계에 적응하는 데 시간을 들이지 않고 임상적 쟁점을 해결하기 위해 심도 있는 지원 가능성이 있다.

슈퍼비전을 받으려고 하는 많은 초보 치료사가 자신이 일하는 곳의 슈퍼바이저나 관련 수련에서 지침을 찾는다. 슈퍼바이저는 내담자와 동료를 알고 있으므로, 기관의 정책과 절차, 그리고 개인 경험에서 알게된 체계의 역동성을 바탕으로 만들어진 이러한 슈퍼비전 관계는 새로운 치료법에 대한 이상적인 학습 경험일 뿐만 아니라 고용에도 충분한 이점이 될 수 있다. 그러나 적절한 슈퍼비전이 현장에서 이루어지지 않을 때, 초보 치료사가 자신이 일하는 기관이 아닌 외부에서 개인 또는 집단 슈퍼비전을 구할 수 있도록 한다.

슈퍼바이지는 현장에서 슈퍼비전이 제공되지 않으면 고용주와 의논해야 한다. 만약 기관 직원 중에 필수 자격 증명을 가진 슈퍼바이저가 없는 경우, 일부 기관은 자격증으로 이어지는 슈퍼비전 비용의 일부 또는 전부를 부담해야 한다. 기관은 초보 치료사에게 근무 시간 외에 슈퍼비전을 받을 수 있는 여유 시간을 주어야 한다. 일부 고용주는 자격시험과 면허 수수료를 지급할 것이다. 또 다른 사람은 자격증 취득 시

표준 급여 인상을 받는다. 비록 현장에서 이전에 이런 종류의 지원을 제공하지 않았어도, 전문 자격증이 현장에 미치는 장기적인 가치가 있다고 강조한 전문적인 슈퍼비전 요청은 그러한 실습에 도움이 될 수 있다. 기관마다 업무를 다르게 처리한다. 만약 당신이 묻지 않는다면 그들이 당신을 돕기 위해 무엇을 할 것인지 결코 알 수 없을 것이다.

초보 치료사는 같은 분야의 자격증을 소지한 전문가가 없거나 기관에서 슈퍼비전에 대한 접근이 충분하지 않으면 외부 대학원에 슈퍼비전을 요청한다. 외부 대학원에서 슈퍼비전을 찾을 때, 사람들은 다양한 방법으로 지원을 받는다. 전문적인 경험에서 관계를 발전시키거나, 인턴십 또는 전문적인 경험이 있는 슈퍼바이저를 선택한다. 다른 이들은 강사나 동료의 권고를 따르거나, 전문적 참여, 프레젠테이션 및 출판물을 통해 슈퍼바이저를 찾는다. 슈퍼바이저를 선택할 때 신중하게 고려하는 것이 중요하다. 슈퍼바이저는 당신이 일하는 곳의 환경에 대해 잘 알고 있는가? 슈퍼바이저에게 쉽게 이야기할 수 있는가? 슈퍼바이저는 당신이 일하고 있는 곳의 인구, 그들의 관심사, 그리고 그들의 문화를 이해하는가? 슈퍼바이저의 슈퍼비전 방식은 무엇인가? 예를 들면, 나는 미술 기반 미술치료 슈퍼비전을 한다. 치료사와 임상 작업에 대한 이해를 높이기 위해 이미지와 상상력을 사용하는 데 관심이 있는 사람은 나와 협업할 수 있다.

누군가가 대학원 슈퍼비전과 관련하여 나에게 연락하면, 먼저 만나서 우리가 잘 맞는지 판단한다. 우리가 만나기 전에, 나는 지원자에게 글쓰기 샘플과 이력서를 요구한다. 슈퍼비전의 매개 변수를 설명하는 협의를 명확히 하는 것 외에도, 이 장의 앞부분에서 설명한 것처럼, 우리는 그가 일하는 곳과 내 경험의 범위가 어떤 것인지 이야기한다. 나는 대화하면서 슈퍼바이지가 훌륭한 교육을 받았는지 알아내려고 노력한다. 나는 새로운 전문가가 피드백을 찾고 통합할 의사가 있는지 평가하려고 한다. 그는 전문적인 발전을 위해 일하려는 동기가 있는가? 나는 미술 기반 미술치료 슈퍼비전을 하고, 나의 접근 방식이 그 혹은 그녀가 일하고 싶어 하는 방식과 일치하는지 묻는다.

인턴과정 또는 전문직에서 당신이 인터뷰를 하고 있든 아니든 간에 당신은 인터뷰할 때 잠재적 슈퍼바이저를 만날 수 있다. 면접관 및 기관과 관계를 맺고 있다는 것을 기억해야 한다. 인터뷰에 대비하도록 해야 한다. 가기 전에 현장에 대한 정보를 확인해야 한다. 기관의 임무는 무엇인가? 얼마나 많은 사람이 봉사하는가? 자신을 어떻게 표현하는지 주의해야 한다. 기관에 인터뷰를 하러 갈 때 약속된 시간에 가야 하고, 인터뷰를 위한 복장을 고려해야 한다. 이력서나 글쓰기 샘플과 같은 모든 요청된 서면 자료를 인터뷰에 가져가야 한다. 학습 기회에 대한 이해를 명확히 하는 데 도움이 되는 슈퍼바이저 및 기관에 대한 정보를 도출할 수 있는 질문 목록을 만들어야 한다. 현장에 관한 관심을 이야기할 준비를 해야 한다. 슈퍼바이저의 경험, 내담자의 성향, 그리고 당신의 업무가 수반할 일 등에 대해 무엇을 알고 싶은가? 개별적으로 일하는가 또는 집단으로 일하는가? 만약 당신이 집단으로 하면 얼마나 큰 집단인가? 그 일을 위해 지정된 공간이 있는가? 재료를 위한 예산이 있는가? 프로그램 개발, 치료, 다른 분야와 협업을 위한 기회가 있는가? 다른 인턴이나 치료사가 있는가? 만약 당신이 인턴십에 합격한다면 당신의 일정은 어떻게 될 것인가?

당신은 인터뷰를 하는 동안 기분이 어땠는지 점검해야 한다. 슈퍼바이저가 당신을 만날 준비가 되어 있고 당신의 시간을 존중했는가? 슈퍼바이저는 대화에 주의를 기울였는가 아니면 주의가 산만하고 몰두하지 못했는가? 슈퍼바이저가 당신의 관심영역을 잘 알고 있는가? 슈퍼바이저의 이야기는 쉬웠는가? 인터뷰에서 공감할 수 있는 관계를 느꼈는가? 슈퍼바이저는 해당 분야의 요구 사항과 일치하는 유효한 자격증을 보유하고 있는가?

인터뷰 이후, 당신은 이메일 또는 서면으로 감사 인사글을 보내야 한다. 모든 의사소통에는 제시간에 응답해야 한다. 당신은 요청된 결정, 자료, 의료 허가 및 교육에 대한 마감일을 반드시 준수해야 한다. 당신은 전문적이어야 한다. 유능한 슈퍼바이저와 함께한 경험을 되짚어 보아라. 만약 당신이 그들에게 접근할 수 있다면, 이전의 인턴들이 쓴 현장 평가를 확인하라. 교수들과 동료들에게 기관 및 유능한 슈퍼바이저의 경험에 관해 물어보라. 결정을 내리기 전에 고려하고 있는 다른 현장에서의 경험을 비교해야 한다. 기억하라, 이 모든 것은 슈퍼바이저와 당신 관계의 시작이다.

집단 슈퍼비전

전문적으로 일을 시작하려는 사람은 집단 혹은 개인 슈퍼비전 중 하나를 선택해야 한다. 이 결정은 종종 새로운 슈퍼바이저의 이전 경험을 통해 알 수 있다. 당신은 집단이나 개별 회기에서 스스로 도전할 수 있다고 느끼는가? 당신이 원하는 슈퍼바이저와 함께 집단을 선택할 수 있는가? 집단의 다른 사람들은 당신의 일부분 및 임상적 관심사를 공유하는가? 집단 내에서 개인적 관심사와 역전이를 공유하는 것이 편한가? 다른 사람의 일에 대해 듣는 것이 당신의 시간과 관심사를 나누는 것보다 더 좋은가? 비용에 차이가 있는가? 당신의 슈퍼바이저가 차등제로 당신과 함께 일할 것인가?

집단 슈퍼비전은 개별 업무와는 다른 기회를 제공한다. 그것은 성격, 임상 현장, 풍부한 경험의 조합을 바탕으로 한 대화를 제공한다. 이러한 작업 방식으로 초보 치료사는 경력상 오랜 자원을 가진 동료의 가치에 익숙해진다. 집단 슈퍼비전은 진행이 구조화되어 공유되기 때문에, 개인의 작업에 관한 토론 시간은 제한된다.

원격 슈퍼비전

일부 초보 치료사는 대학원 수업을 위해 원격 슈퍼비전을 선택한다. 온라인 자원 덕택에 대인관계의 미묘한 차이에 대한 원격 슈퍼비전이 더 쉬워졌지만, 이러한 슈퍼비전 방식이 모든 분야에서 인정받을 수 있는 것은 아니다. 그러나 초보 치료사가 자격증 취득에 사용될 수 있는 업무로 슈퍼비전을 받는 경우, 실무 분야에 전문지식을 가진 사람과 슈퍼비전을 추가하는 것은 유용하고, 치료 업무에 대한 지원과 통찰력을 추가할 수 있다.

슈퍼비전 종결하기

대학원 슈퍼비전의 많은 관계들이 전문적 관계와 공동 상담으로 발전한다. 슈퍼비전의 경계는 치료의 경계와 다르지만, 공식적인 슈퍼비전의 종결은 치료의 종료 단계와 유사하다. 양쪽 모두 초기 참여와 신뢰 구축에서 지정된 목표에 대한 협업 작업으로 전환하고 종결한다.

이러한 전문성 개발 단계에 의미를 부여하는 것은 안전하며 슈퍼비전 시작을 위한 예측 가능한 여지가 된다. 종결은 슈퍼비전을 검토하고 확인할 수 있는 기회다. 슈퍼비전 종결의 목적으로 긍정적인 작별을 모형화하는 것은 초보 치료사가 내담자와의 종결 가치를 평가하는 데 도움이 된다.

결론

전문적인 슈퍼비전 지원을 받는 것은 믿을 만한 실습의 한 부분이며, 어려운 치료 작업에 참여할 때 필수요건이다. 슈퍼비전의 기본에 신중한 주의를 기울이면 협력 관계의 토대가 마련된다. 슈퍼비전 내에서 명확하게 전달된 기대치는 적절한 구조와 경계를 강화하며, 심층적인 조사와 치료의 개념화를 쉽게 한다.

〈나에게 필요한 것(What I Need)〉(2007)은 슈퍼바이지가 슈퍼바이저에게서 무엇을 찾는지 설명하는 시다. 이 시는 미술치료 전문가 집단이 인턴 때의 경험을 반영하여 작성하였다. 이들은 슈퍼비전의 관계에 대한 슈퍼바이지의 바람을 표현하기 위해 미술치료 슈퍼비전 심포지엄에서 시를 발표했다.

나에게 필요한 것

나에게 필요한 것은
당신이 내 수련에 전념해 주길
나에게 필요한 것은
당신이 인턴이었을 때의 모습을 기억해 주길
나에게 필요한 것은
당신이 나의 역할모델이 되어 주길
나에게 필요한 것은
당신이 역설하는 대로 실천하고 당신 자신의 미술 작업을 하길
나에게 필요한 것은
당신이 나를 도와준다고 믿을 수 있길

나에게 필요한 것은

당신이 나에게 기대하는 것을 알 수 있길

나에게 필요한 것은

당신이 나에게 기대하는 것을 솔직히 말해 주길

나에게 필요한 것은

당신이 미술치료의 훌륭한 토대를 가지길

나에게 필요한 것은

당신이 내 학습을 최우선으로 해 주길

나에게 필요한 것은

내가 직접 하면 긴장할지도 모르니

당신이 내가 누군지 사람들에게 알려 주고 소개해 주길

나에게 필요한 것은

당신이 시간을 지키길

나에게 필요한 것은

당신이 내가 치료팀에 속하도록 해 주길

나에게 필요한 것은

당신이 잘난 척하지 않길

나에게 필요한 것은

당신이 인내심을 가지길

나에게 필요한 것은

당신이 내가 두려워할지도 모른다는 걸 알아주길

나에게 필요한 것은

당신이 내가 누군가에게 상처를 줄까 걱정한다는 것을 알아주길

나에게 필요한 것은

당신이 내담자의 미술작품에 관해 물어보아 주길

나에게 필요한 것은

내가 경계에 대해 배우도록 도와주길

나에게 필요한 것은

나에게 웃어 주길

나에게 필요한 것은

고마워해 주길

나에게 필요한 것은

내가 성장할 공간이 있길

나에게 필요한 것은

나에게 때때로 손을 잡아 주길

나에게 필요한 것은

당신이 침묵을 채워 주길

나는 열정이 필요해요

나에게 필요한 것은

당신 자신의 건강을 챙기길

나에게 필요한 것은

당신이 소진하지 않길

나에게 필요한 것은

나는 때때로 휴식이 필요해요

나에게 필요한 것은

내가 어떻게 지내는지 물어봐 주길

나에게 필요한 것은

내가 더 멀리 갈 수 있다는 것을 알았을 때 나를 밀어 주길

나에게 필요한 것은

내가 성장하도록 도와주길

나에게 필요한 것은

나는 내 아이디어를 실험할 기회가 필요해요

나에게 필요한 것은

당신의 불만을 나에게 털어놓지 말길

나에게 필요한 것은

나의 작업을 지지해 주길

나는 비움이 필요해요

나는 지침이 필요해요

나는 지원이 필요해요

나에게 필요한 것은

내가 변화하고 있다는 것을 알려 주길

점심시간이 필요해요

나는 때로는 집에 일찍 가고 싶어요

나 자신의 작품을 하라고 말해 주길

내가 아플 때 하루 정도 쉬어도 되길

나는 안심할 필요가 있어요.

나에게 필요한 것은

가끔 내 판단을 믿어 주길

나를 방해하지 않길

나는 독립이 필요해요

나에게 필요한 것은

나의 아이디어와 통찰력을 소중하게 여겨 주길

나는 구조가 필요해요

나는 유연성이 필요해요.

나와 내 경험에 당신이 얼마나 중요한 존재인지 인식하길 나는 당신이 필요해요.

[해더 미셸 리들(Heather Michel Riddle), 개인적 소통, 2007년, 허가받아 게재함.]

슈퍼비전에서 다루는 치료 내용은 슈퍼바이지와 슈퍼바이저 모두에게 개인적이고 전문적인 문제를 제기한다. 슈퍼비전의 경계는 명확하게 전달되고 지원되어야 한다. 슈퍼비전과 관련된 주제들과 개인 치료를 구별하는 것이 중요하다. 나는 치료사가 자신의 경력 전반에 걸쳐 필요에 따라 슈퍼비전과 건강한 치료를 지원하고 개인적인 문제를 관리할 것을 권장한다. 슈퍼바이저는 자신이 제공하는 서비스와 자기 자신의 행복을 돕기 위해 동료, 자신의 슈퍼비전, 개인 치료 그리고 자기 관리를 통해 자신의 업무를 철저히 조사하고 탐구해야 한다.

슈퍼비전에서 이미지를 사용하는 것은 일반적으로 거의 사용되지 않는 귀중한 자원이다. 슈퍼바이저와 슈퍼바이지는 구두로 하는 슈퍼비전 관계에서 그들의 자원을 결합하여 내담자를 위한 건강한 치료를 이해하고 지시한다. 반면, 미술 기반 미술치료 슈퍼비전은 치료의 복잡성을 분류하기 위해 이미지와 다른 표현 양식을 사용하여, 그들의 창조적인 자원도 적극적으로 발휘하게 한다.

환자 및 내담자와 한 작업은 의사소통과 임상적 성찰을 위한 이미지의 가치를 나에게 가르쳐 주었다. 나는 수년 동안 일했던 병원의 미술실 문을 열 때 사용했던 것을 표상하기 위해 '열쇠'([그림 1-2])를 그렸다. 그 공간에서, 환자와 나는 함께 이미지를 만들고 탐색하는 것을 통해 안전한 방법으로 우리의 상상력을 모험했다. 이 장의 시작 부분에서 고군분투하는 슈퍼바이저와 그녀의 '열쇠'([그림 1-1]) 그림에 관한 이야기를 썼을 때, 나는 나의 이 작품을 떠올렸다.

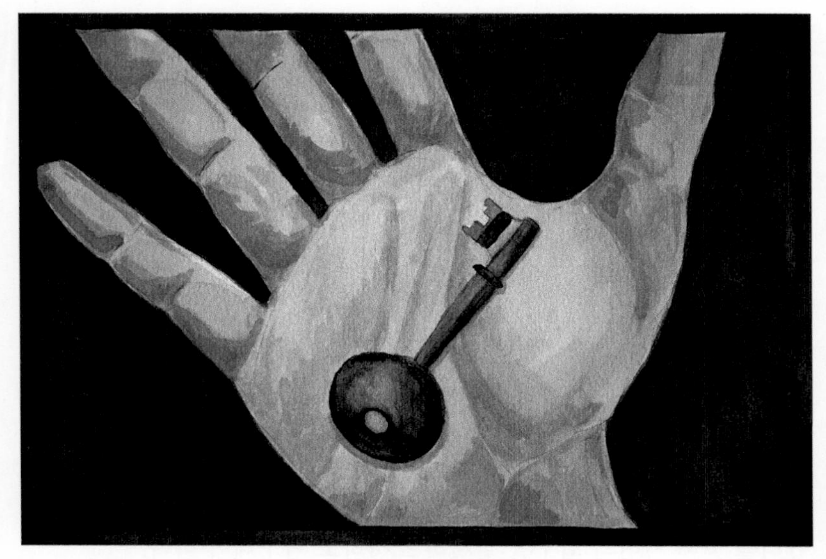

[그림 1-2] **열쇠**

바바라 피시

이 책은 슈퍼바이저와 초보 치료사가 그들의 작품을 이해하고 관리할 수 있는 미술 기반 미술치료 방법을 탐구할 것이다. 이어지는 장들은 임상 업무의 복잡성과 슈퍼바이저와의 관계 과제를 지원하는 더 많은 미술 기반 방법에 대해 논할 것이다. 나는 이 대화들이 새로운 자원들을 열어 주고 경험, 가치, 그리고 슈퍼비전의 효율성을 심화시키는 열쇠가 되기를 바란다.

참고문헌

Wilson, L., Riley, S., & Wadeson, H. (1984). Art therapy supervision. *Art Therapy: Journal of the American Art Therapy Association, 1*(3), 100-105.

Chapter 02

미술 기반 미술치료 슈퍼비전의 역사

도입

미술 기반 미술치료 슈퍼비전의 명확한 목적은 치료 및 슈퍼비전에서 이미지가 위험한 방해물이 아닌 효과적인 도구로 사용되도록 보장하기 위해 이미지 사용을 중점적으로 안내하는 것이다. 1장에서 논의하였듯이, 슈퍼바이지의 전문성 개발을 지원하는 동시에 건강한 치료를 감독하고 보장하는 것은 슈퍼바이저의 임무다. 말키오디와 라일리(Malchiodi & Riley, 1996)는 언어 지침이 있어야 하는 임상 자료를 다루는 슈퍼바이저의 책임을 강조한다. 미술 기반 미술치료 슈퍼비전에는 전달 보급력을 지닌 구성요소가 있다. 그것은 실천 강령, 윤리 지침, 사전 동의, 경고 의무, 목표 설정 및 문서를 포함한 내용을 제공하는 것으로 구성된다.

슈퍼비전에서 이미지의 사용을 이해하기 위해 미술치료 역사의 뿌리를 살펴보자. 심리학 이론이 미술치료의 바탕이 되기 때문에 회기 내용과 그것을 지원하는 슈퍼비전은 다른 형태의 치료 및 상담과 유사하다.

이미지 제작과정과 작품이 미술치료 작업의 중심에 있으므로 나는 미술 기반 미술치료 슈퍼비전에 관한 지적 맥락을 제공한다. 이는 진단, 평가, 치료 또는 역량 강화 프로그램 및 사회 정의 작업을 포함한 전통적인 치료 문제를 해결하는 데 사용되는지와는 상관없이 사실이다. 이러한 이유로 나는 미술치료에서 미술 기반 미술치료 슈퍼비전의 뿌리에 초점을 맞추고 있다.

이 분야의 초기 시작부터 미술치료사들은 치료사의 통찰력과 대인관계 이해를 위해 이미지 사용을 논의해 왔다(Allen, 1995; Case, 2007b; Fish, 1989; Franklin, 1990; Henley, 1992; Henzell, 1997; Jones, 1983; Kielo, 1991; Kramer, 1971, 1979; Malchiodi & Riley, 1996; Moon, 1998; Naumburg, 1973, 1987; Robbins, 1973; Robbins & Seaver, 1976; Rubin, 1978, 1999; Wadeson, 1980; Wolf, 1990). 미술치료사는 은유를 통해 그들의 강점을 지원하면서 어려움을 탐색하고 극복하는 방법으로 내담자의 창의적인 표현을 촉진한다.

미술작품 제작 과정과 작품은 모두 통찰과 탐구를 위한 수단이다. 치료사가 치료의 틀 또는 공간을 확보하고, 내담자와 대인관계를 형성하며, 지지적 · 예술적 인생 상담가와 증인으로 활동하는 동안 치료관계 내에서 작업이 완성된다. 치료사는 회기 중에 제작된 이미지를 슈퍼비전에 가져온다. "치료 안에서 만들어진 그림, 드로잉 또는 조각은 …… 회기의 중요한 조직에 해당한다. 미술작품들을 통해 사건 자체는 물질적인 대상으로 살아남는다."(Henzell, 1997, p. 71)

울먼(Ulman, 1961)은 이 독특한 복합형 분야에서, 본질과 이미지의 역할을 설명하는 미술치료의 정의를 내렸다.

치료 과정은 회기 자체보다 오래갈 성격이나 삶의 바람직한 변화를 지

> 원하기 위해 고안된 것이다…… [이미지 제작의 동기부여가 되는] 힘은 성격에서 나온다. 그것은 혼란스러운 감정과 내부의 충동, 무감정에서 오는 당황스러운 감정들의 덩어리에서 질서를 끌어내는 방법이다. 그것은 자아와 세상을 발견하고 둘 사이의 관계를 수립하는 수단이다. 완전한 창조과정에서, 내적 · 외적 현실은 새로운 실체로 융합된다.
>
> (pp. 19–20).

미술치료 작업에서 본질적인 의미작업 기능에 관한 묘사는 치료를 개념화하고 안내하는 슈퍼비전에서 반응 미술의 사용에 적용될 수 있다.

많은 미술치료사가 미술치료를 다른 치료법과 차별화하기 위해 노력해 왔다. "미술은 실로 미술치료의 핵심이다. 그것은 별도의 훈련으로 존재하는 유일한 진짜 이유다. 따라서 미술은 미술치료사가 전이와 역전이를 처리하는 방법을 결정하는 시금석이다"(Agell, Levick, Rhyne, Robbins, Rubin, Ulman, Wang, & Wilson, 1981, p. 6). 미술치료사는 미술치료에서 이미지 사용이 본질적인 차이라는 것을 분명히 함으로써, 치료양식으로서 다른 치료 형태와 미술치료의 유사성을 확인한다. 미술치료에서 창의적인 반응으로 사용되는 이미지는 슈퍼비전을 위해서도 가치가 있다.

비록 초기 미술치료는 유럽의 정신의학 및 프로이트(Freud)와 융(Jung)의 분석적 작업에 뿌리를 두지만, 미술치료의 영역은 전통적인 심리치료의 범위를 넘어 확대되었다. 현재의 미술치료는 정신건강의학과 치료 및 지역사회 기반 업무에 이르는 현장에서 내담자에게 서비스를 제공하면서, 정신건강의학과 및 의학 문제는 물론 재활과 개인 성장에 대한 이미지 사용을 포함할 정도로 성장했다(Vick, 1996).

미술치료의 뿌리

미술치료는 심리학과 미술 분야에 깊은 뿌리를 둔 20세기 중반에 시작되었다(Rubin, 1999; Vick, 2003). 미술치료는 1940년대에 미국과 유럽에서 정신분석과 미술교육의 이론으로 성장하면서, 1969년 미국 미술치료협회(American Art Therapy Association) 설립과 함께 미국에서 미술치료 분야로 공식화되었다(Vick, 2003).

공식적인 미술치료 수련이 발전하기 전에, 초기 미술치료사는 현장에서 사회복지사, 심리학자 또는 정신건강의학과 전문의를 포함한 숙련된 임상가에게 지도를 받으면서 그들의 기술을 배웠다(Case, 2007b). 미술치료가 시작된 이래로, 초보 치료사들은 내담자가 만든 작품을 경험이 많은 실무자에게 가져와 내담자와 협력할 수 있는 지원과 방향을 요청했다.

미국 미술치료협회는 수련 기준뿐만 아니라 전문적인 직업 기준도 확립했다. 미술치료 등록(ATR) 분야의 대학원 자격증은 1970년대 초에 만들어졌다. 교육 훈련 프로그램의 표준화 및 승인이 뒤따랐다(Junge & Asawa, 1994). 그 후 전문 규제기관들은 형식을 갖춘 슈퍼비전을 학술 및 대학원 교육의 일부로 제공할 것을 요구했다.

1980년대에 미국과 유럽의 미술치료 문헌은 이러한 새로운 관심을 슈퍼비전에 반영하기 시작하였다(Calisch, 1994, 1995; Malchiodi & Riley, 1996; Moon, 1992; Robbins, 1988a, 1988b; Schaverien & Case, 2007; Wilson, Riley, & Wadeson, 1984). 슈퍼비전에 대한 이러한 강조는 미술치료 대학원 교육의 기본으로 자리 잡았으며 대학원 미술치료 등록(ATR)에 필요했다.

그 당시 슈퍼비전 담론은 주로 내담자 작업의 탐구와 수련 중인 치료사의 역전이를 살피는 데 초점을 맞추었다(Fish, 1989; Kielo, 1991; Linesch, Holmes, Morton, & Shields, 1989; Robbins, 1973, 1988a, 1988b; Wadeson, 1980; Wolf, 1990). 그 이후 슈퍼비전 논의는 치료를 제공하는 동안 맞닥뜨리는 포괄적인 문제들을 지원하기 위한 것으로 확대되었다(Franklin, 1999; Malchiodi, 1998; Malchiodi & Riley, 1996; Moon, 1998, 2000; Schaverien & Case, 2007).

치료사들은 미술치료의 시작부터 임상 과정과 진전에 대한 논의와 사례발표의 토대로 슈퍼비전 회기가 진행되는 동안 내담자가 제작한 이미지를 가져왔다. 이러한 방법으로 사용된 내담자 작품의 탐구는 미술치료 문헌 전체에서 논의된다(Brandoff & Lombardi, 2012; Henzell, 1997; Malchiodi & Riley, 1996; Wakeman, 2013). 치료 일부로 제작된 이미지는 가치를 가지나 종종 다른 학문 분야의 슈퍼비전에는 잘 활용되지 않는다.

이미지 수련

경험을 통한 학습은 미술치료 수련의 핵심 구성요소며 슈퍼비전의 필수요소다. 그것은 초보 치료사가 교훈적인 자료로부터 지식을 습득하고 확인하며 자기성찰에 참여하도록 돕는다(Malchiodi & Riley, 1996). 척과 우드(Schuck & Wood, 2011)는 슈퍼비전에 대한 전통적인 교수법 접근이 강사로서 교육자 또는 슈퍼바이저의 역할에 중점을 두며, 성인 학습자의 참여적 역할을 고려하지 않기 때문에 한계가 있다고 생각했다. 이들은 교사가 자료의 내용과 보급을 통제하는 교육학과 반대로 학생의 자기 주도 방향을 지원하는 학습 접근법을 제안했다(Knowles,

1973). 이 접근법은 학생이 지식을 습득하고 종합하면서 자신의 경험에 대한 소유권과 책임을 부여하며 적극적으로 콘텐츠에 참여하도록 요구한다. 디버와 쉬플렛(Deaver & Shiflett, 2011)도 미술 기반 미술치료 슈퍼비전에 대한 논의에서 교육 이론을 포함했다.

> 성찰적 실천인 미술 작업은 창작을 수반하는 아이디어와 과정을 상징하는 미술작품을 만들어 낸다. 더구나 미술작품은 우리 자신의 외부에 있는 대상으로, 성찰의 초점이 될 수 있다(Dahlman, 2007; Eisner, 2001). 이것은 슈퍼바이지가 제작한 미술작품을 슈퍼비전할 때 발생한다.
>
> (p. 260)

치료사 수련 및 전문성 개발에 대한 이러한 접근법은 의사소통을 효과적으로 지원하며 미술 기반 미술치료 슈퍼비전의 의도와 일치한다. 이 자료는 슈퍼바이저와 슈퍼바이지가 임상 작업의 반응으로 만든 자신의 이미지를 담론에 추가하여 치료에 대한 이해와 그것과의 관계를 심화하도록 권장한다.

미술치료사 케이스(Case, 2007a, 2007b)와 디버와 쉬플렛(2011)은 슈퍼비전의 이미지 역사를 철저하게 조사했다. 케이스는 미술 심리치료 슈퍼비전에 중점을 두었다. 디버와 쉬플렛은 미술치료사, 상담사, 교육자 및 간호사의 업무와 사례 개념화, 역전이 처리, 자기 관리를 위한 적용을 검토하였다. 그들은 미술 기반 미술치료 슈퍼비전에 대한 이러한 패러다임이 매체와 상징의 사용을 보는 효과적인 방법이며, "…성찰하는 과정에 참여함으로써 지식 개발의 개념을 받아들인다."(p. 259)라고 주장했다. 나는 당신이 그들의 소중한 작업을 보기를 권한다. 나는 미술 기반 미술치료 슈퍼비전 토론에서 그들 실습에 이바지한 다른 사람들을 추가하면서, 언급한 저자 중 일부를 강조할 것이다.

슈퍼비전에서 이미지 사용을 다루는 많은 문헌은 치료사 수련의 가치에 중점을 둔다. 자신의 작업에 대한 초보 치료사의 첫 경험은 강력하며 다층적인 처리의 이점을 누린다. 로빈스와 시버(Robbins & Seaver, 1976)는 대학원 교육 및 대학원 슈퍼비전에 표현 방식을 도입한 초기 제안자였다. 그들은 임상 자료와 치료사의 영향에 대한 초보 치료사의 반영을 지지하기 위한 창의적인 표현을 옹호했다.

> 여러 면에서, 미술치료는 교육과 심리치료에서 부족한 부분을 제공할 수 있다. 과거의 두 분야는 그들의 접근 방식에서 점차 실용적이고 행동 지향적으로 변했다. 이러한 경향은 순수하고, 종종 단순하며, 심리 역동 이론의 적용에 대한 이해할 수 있는 반응이다. 그러나 이 반응에는 내적 존재의 발전과 관련된 방향의 긍정적인 가치를 간과할 수 있는 잠재적 위험이 있다. 증상 발산, 숙달된 기술, 효과적인 행위는 자기 내면의 탐색을 배제하지 않아도 되지만 동반할 수도 있는 목표들이다.
>
> 행위와 자기개발 세계는 너무 자주 분리되었다. 임상 증거는 오랫동안 감각, 지각 그리고 인지적 성장 사이의 확고한 관계를 보여 왔다(Arnheim, 1969). 계몽된 미술치료 실습은 이러한 여러 분야에 대해 스스로 다룰 수 있으며 환자가 바깥세상은 물론 내면 세계를 효과적으로 다룰 수 있는 경험을 제공한다.
>
> (Robbins & Seaver, 1976, p. 253)

후에 로빈스(1988a)는 치료사 수련에 "정신분석적"(p. 98) 접근법을 제안했으며, 학생이 치료법과 그에 대한 반응을 개념화할 수 있도록 표현 연습을 제공했다. 로빈스는 "치료 전담의 하위 흐름에 대한 처리와 그에 대한 반응에서 각 치료사의 독특한 미적 스타일의 발전을 촉진"하는 "역전이 교육"(p. 98)을 주창했다. 로빈스(1988b)는 "치료사가 자신의 사건과 감정적으로 연결되어 있는 것은 사실 치료의 기본 도구"라고 말했다. 그는 이어서 "당신의 무의식을 믿으라, 그것은 직선적 논리의 세계를 우회하는 창조적인 해결책을 앎지를 수 있기 때문이다."(p. 11)라고 말했다.

라하드(Lahad, 2000)는 치료, 개입 및 지원의 과정을 이해하는 데 도움이 되는 우뇌 반구의 꿈과 유사한 메커니즘의 유용성을 강조했다. 그는 인본주의적 접근과 표현적 접근 모두를 결합해, 문자 그대로의 접근과 은유적인 슈퍼비전에 관한 토론을 제공하였다. 그의 이야기와 창조적인 연습은 초보 치료사들의 작업을 지원하는 데 사용되었고, 대화를 이용했으며 그의 슈퍼바이저 실습에 기본이었다.

웨이드슨(Wadeson, 1980, 1987, 2003)은 학생의 자기 인식(self-awareness) 개발을 미술치료 수련의 중요한 부분으로 보았다. 그녀는 학생들에게 자신이 그린 이미지를 임상 업무와 관련된 개인적인 문제와 동기를 이해하고 서로에게 피드백을 제공하는 강력한 도구로 사용하도록 주장했다. 개인 치료에 대한 학생들의 참여를 지원하면서, 자신의 작품이 실습과 관련된 자기 인식을 얻는 데 중요한 자원이라고 믿었다. 울프(Wolf, 1990)는 치료에 대한 치료사의 반응 작품의 사용에 주로 의존하여 임상 자료를 조사하기 위해 이미지 활용을 장려했다.

……우리는 환자와 우리 자신의 비언어적인 부분에 끊임없이 도달하고 있는 우리의 비언어적인 힘을 계속해서 보여 준다. 학생들은 자기 이미지의 힘과 이차 과정 방어를 초월하는 능력에 매우 민감해진다.

(p. 64)

울프(1990)는 슈퍼바이지인 치료 실습생들에게 임상 발표에 대한 피드백을 서로 주고받기 위해 수업에서 자발적인 이미지를 만들도록 요청함으로써 자신들의 이미지의 유용성을 확장할 것을 촉구했다.

> 이 기법은 발표자가 제공하는 비언어적 의사소통 수준에서 동일 집단이 어떻게 집중할 수 있는지를 보여 주었다. 슈퍼바이저는 환자와 담당 치료사인 발표자의 무의식적인 과정에 반응하여 발생하는 이미지를 탐구하기 위해 결과론적인 논의를 구조화한다.
>
> (p. 64)

카펜데일(Carpendale, 2011)은 치료 과정과 내용을 반영하는 독특한 능력을 검토함으로써 치료사의 경험을 통합하기 위해 슈퍼비전에 사용된 이미지의 잠재성을 설명했다. "미술은 미술치료 회기의 본질을 유지하거나 반영할 수 있으며 물질적인 대상으로 회기에서 살아남는다. 이미지는 담론 또는 구두의 의사소통에서 불가능한 동시성의 가능성을 유지한다."(p. 25)

대학원 교수는 경험적 학습을 쉽게 하려고 미술치료 과정에 이미지 작업을 통합한다. 말키오디와 라일리(1996)는 미술치료사, 슈퍼바이저, 임상가 대상의 비공식 설문 조사에서 "응답자의 약 절반이 미술 제작은 슈퍼비전 중에 얼마 동안 사용했던 방법이라고 지적했다"(p. 99). 그들은 슈퍼바이지의 이미지를 임상적이고 전문적인 자원으로 지원하는 것이 슈퍼바이저의 역할이라고 묘사했다.

> 객관적으로 작품을 볼 수 있는 것이 가장 큰 도움이 될 수 있으므로, 많은 초보 슈퍼바이지는 내담자와의 작업 및 그 발전하고 있는 그들의 정체

> 성과 관련하여 그림이 그려진 민감한 지점을 존중한다. 종종 수련생에게 자신의 이미지 제작 과정을 말하게 하는 것만으로도 토론을 위한 충분한 아이디어와 질문을 끌어낼 수 있다. 만약 미술치료사들이 미술치료에서 미술 작업 과정 동안 많은 학습과 성장이 이루어진다고 믿는다면, 신중하게 선택되고 정의된 시각적 과제와 그 결과에 대한 세심한 참관을 통해 많이 알게 될 것이다.
>
> (pp. 101-102)

의사소통을 지원하기 위해 슈퍼비전에 활용된 초기 이미지의 예가 페라치, 더킨, 램지어와 손태그(Perach, Durkin, Ramseyer & Sontag, 1989)의 연구다. 그들은 미술치료 인턴 및 슈퍼바이저의 양자 관계에 대한 수련 경험을 살펴보고 작품을 만들고 문서화에 참여함으로써 실습을 반영하는 방법을 개발했다. 이런 형태의 성찰적인 경청은 그들이 의사소통을 명확히 하는 데 도움이 되었다. 그들의 창조적인 탐색은 슈퍼비전 경험에 더하여, 그들이 내담자 그리고 다른 사람과 함께 그들의 일을 되돌아보는 것을 도왔다. "양자 관계에서 의사소통 능력이 대폭 향상됨에 따라, 전문적인 성장과 학습이 이루어지는 보다 생생한 관계 구조가 형성되었다."(p. 429) 케이스는 "알려진 바에 따르면, '슈퍼비전에 활용된 이미지의 예'는 치료사와 내담자 관계보다 미술을 통한 슈퍼비전의 관계를 탐구하는 데 있어서 독특하다."(Case, 2007b, p. 13)라고 언급하였다.

칼리쉬(Calisch, 1994)는 학습, 교수 및 슈퍼비전에서 중요하지만, 충분히 활용되지 않는 도구인 이미지 사용을 지지했다. 그녀는 "이미지 사용은 정보처리 능력이 향상되고 변화되어 창의성과 통합성이 향상된다."(p. 34)라고 주장했다. 윌킨스(Wilkins, 1995)는 치료사와 내담자 관계를 탐구하기 위해 심리극과 그림 작업에 슈퍼바이지들을 참여시켰다. 그는 자기의 방법이 치료적 관계에 대한 통찰력을 가져다주었다고 주장했다. 이 방법은 "다른 접근 방식을 허용하지 않는 방식으로 더 큰 자발성과 개인적으로 심오한 의미를 전달할 기회를 제공한다"(p. 256).

아일랜드와 와이즈먼(Ireland & Weissman, 1999)은 인턴이 회기 이후에 그들의 만남에 대한 경험을 처리하기 위해 이미지 제작을 권장했다. 인턴이 슈퍼비전 과정에서 자신들의 작품을 탐색하는 것은 자신들의 전이와 역전이 반응을 포함한, 임상 작업에 대한 이해의 폭을 넓혔다. 아일랜드와 와이즈먼은 이러한 이미지의 유용성에 관해 설명했다.

> 처음에는, 치료사의 그림들이 회기에서 야기된 견딜 수 없는 감정의 동요일지 모르지만…… 그러한 경우에도 슈퍼바이저는 그림을 사용하여 수련생이 생각할 수 있을 때까지 자신의 감정적 반응을 유지하는 가치를 교육한 다음, 임상 개입을 알릴 수 있다.
>
> (p. 83)

브라운과 마이어로위츠와 라이드(Brown, Meyerowitz, & Ryde, 2007)는 학생 치료사가 슈퍼비전 집단에서 제작한 이미지와 경험적 미술 집단에서 제작한 이미지를 구분한다.

> 그것을 구분하는 것은, 임상 작업의 관점에서 집단 내의 모든 의사소통을 이해하는 것에 초점이 맞춰져 있다. 이미지는 슈퍼비전의 맥락에서 존재한다. 학생의 무의식 변형은 치료 과정에서 철회되고 활용될 수 있다. 리스(Rees)가 말했듯이, "치료 상황에서 그렇게 효과적으로 활용된 강력한 이미지 제작 과정이 미술치료 슈퍼비전 시나리오의 일부로 자주 이용되지는 않는다"(Rees, 1998, p. 237). 우리의 임상 연구에 대한 이해를 심화

시키기 위해 슈퍼비전 과정에서 우리 직업의 도구를 사용하는 것은 매우 논리적으로 보인다.

(pp. 179-180)

이미지 탐색

미술치료사는 임상 실습에 정보를 제공하기 위해 슈퍼비전에서 분석적 이미지를 탐색하기 위한 상상적 방법을 사용하도록 권한다.

> 적극적(active imagination) 상상에 대한 융학파 이론은 치료에서 미술 탐구에 몰두하게 하는데(Schaverien, 2005), 이 아이디어를 확장하면 슈퍼비전은 적극적 상상의 공유 형태로 여겨질 수 있다. 그것은 내담자와 그림에 대한 치료사 경험의 본질을 불러일으킴으로써 치료사와 슈퍼바이저 사이에서 드러난다.
>
> (Schaverien, 2007, p 45).

케이스(2007b)는 치료와 슈퍼비전에서 이미지와 판타지의 활용을 탐구했던 맥래건(Maclagan, 1997)의 작업을 서술했다.

> 맥래건이 서술한 것은 판타지를 탐구하는 기술인 융(1937)의 '적극적 상상'과 유사하다. 맥래건은 상상적 정교화에 있는 치료와 슈퍼비전을 통해 동맹자로서 '판타지 계급 구조'를 모든 판타지와 함께 작업하길 바라는 것으로 보는 데 반대 의견을 표명한다.
>
> (p. 20)

헨젤(Henzell, 1997)은 치료의 대표적인 사례로서 이미지의 유용성을 설명했다. 그는 "기억은 항상 기록에 언급된 것만이나 그것을 왜곡할 위험성이 있지만, 이미지는 묵시적인 증명과 구현화로 남아 있다." (p. 75)라고 말했다. 헨젤은 구체화한 이미지와 도식화된 이미지를 구분하여 사용법을 설명했다. 그는 도식화된 이미지는 "대화를 유도하는 데 도움이 되는 단순한 재료로 만들어진 도식적 이미지다. 이들은 자주 '자발적으로' 그려진 것으로 언급되지만, 그들은 치료적 대화로 전환될 예정이었으며, 종종 암묵적으로 의도된 것이다."(p. 75)라고 말했다.

> [구체화된 이미지는] 어휘 구조를 피하기 때문에 특별한 속도와 힘으로 보기에 다른 경험 영역의 지각을 분류하고, 구별하며 결합할 힘을 가지고 있다. 이미지의 본질, 특히 유도된 이미지는 그것의 관심사를 간접적으로 서술하기보다는 직접적으로 표현한다.
>
> (p. 76)

샤베리엔(Schaverien, 1992)은 이러한 구분을 간결하게 설명했다. "도식화된 그림이 의식 영역에 머물러 있는 동안, 구체화된 이미지는 의식에서 알고 있는 것을 초월한다."(p. 87)

이런 융 학파의 미술치료사와 다른 미술치료사들은 학생 치료사들의 수련을 목적으로 내담자에 대한 미술작품을 제작할 것을 권장했다. 나는 앨런(Allen, 1995), 로빈스(Robbins, 1988a, 1988b), 웨이드슨(Wadeson, 1980), 울프(Wolf, 1990) 등이 교수와 슈퍼바이저 역할의 일부로 이미지를 만들어 이 실천을 더 발전시킨 것에 동의한다. 문(Moon, 2000)은 슈퍼바이저가 슈퍼바이지 멘토와 함께 이미지를 제작하여 그들의 관계에서 공감대를 형성하고, 감정을 표현할 수 있는 출구를 제공하며, 슈퍼비전 대화의 출발점을 만드는 것은 중요한 기회라고 믿었다.

슈퍼비전에서 표현 양식의 활용에 초점을 두었던 미술치료사 겸 교육자 로빈스는 "슈퍼비전은 전문적 관계 안에서 이뤄지는 예술 형식이다."(2007, p. 153)라고 말했다. 칼리쉬(1995)는 치료사와 내담자의 치료 과정을 반영하는 관계의 교류 과정에 중점을 둔 슈퍼비전으로 메타테라피(metatherapy)를 정의했다. 그녀는 슈퍼비전을 '치료의 치료'라고 설명하면서, 슈퍼비전의 초점을 "내담자의 병리적 측면과 치료사 기술에 대한 독점적인 강조에서 치료사-내담자 관계에 대한 폭넓은 관심"(p. 127)으로 옮겼다. 그녀는 이 치료 관계에 대한 전체적인 관찰에 접근하기 위한 과정에 이미지의 활용을 주장했다.

반응 미술

미술치료 문헌은 미술치료사가 그들의 작업에서 이미지를 사용하는 몇 가지 방법을 탐구한다. 이것들은 회기 내에 반응 미술을 하는 것을 포함하여 내담자의 경험에 대한 치료사의 이해를 반영하여 전달하고, 회기에서 내담자의 피드백을 제공하며, 회기 중 또는 후에 내담자의 경험에 공감하는 것을 포함한다. 이미지 제작은 치료의 외적인 측면에서도 유용하며, 치료사의 작업에 대한 이해를 뒷받침한다. 치료사의 명확한 목적 달성에 사용되는 이미지는 임상적이고 개인적인 통찰력을 가져오며, 건강한 작업을 하도록 지원한다(Fish, 1989, 2008, 2012; Franklin, 1990, 1999; Lachman-Chapin, 1983; Malchiodi & Riley, 1996; Miller, 2007; Moon, 1998, 2007; C. Moon, 2001; Robbins, 1988b; Wadeson, 2003; Wolf, 1985).

미술 기반 미술치료 슈퍼비전은 인턴십 문제와 전문 자료를 탐구하기 위한 장으로 이미지와 이미지 제작을 사용한다(Deaver & Shiflett, 2011; Fish, 2008; Wadeson, 1987, 2003). 미술 기반 미술치료 슈퍼비전의 핵심은 회기 전, 중간 그리고 후에 슈퍼바이저와 슈퍼바이지가 만든 반응 미술이다. 많은 사람이 미술치료에서 반응 미술의 사용을 논의했다(Fish, 1989, 2006, 2012; Franklin, 1999; Havsteen-Franklin, 2014; Kielo, 1991; Miller, 2007; Moon, 1998; Wadeson, 2003). 반응 미술은 경험을 갖고, 그것들을 조사하고 다른 사람과 소통하는 치료사의 작업에 대한 이미지를 보여 준다(Fish, 2012). 슈퍼비전에서 반응 미술을 사용하는 것은 공감을 불러일으키면서 경험을 유지할 방법을 제공한다. 이는 치료를 개념화하고 전이 및 역전이를 포함한 대인관계 역동을 조사하기 위한 장을 제시한다. 또한 도전적이고 미묘한 내용의 의사소통을 쉽게 함으로써 치료사가 효율적으로 작업하는 것을 지원한다.

이러한 이미지 사용을 관여함으로써, 슈퍼바이저는 예시를 통해 안내하고, 임상 문제뿐만 아니라 자신의 관심사를 탐구하기 위한 반응 미술의 사용을 시연한다. 반응 미술은 공감적 반응을 유지하고, 치료 내용을 조사하며, 치료 및 감독 관계에서 의사소통을 원활하게 할 수 있다. 이 방법은 미술 기반 미술치료 슈퍼비전의 역사에 대한 우리의 논의를 구체화한다.

공감

공감은 다른 사람의 감정을 이해하고 공유하는 능력이다. 슈퍼비전은 치료사가 내담자에게 동정적으로 하는 개입에 대한 장애물을 제거하는 데 도움을 주고 명확하게 함으로써 치료를 지원한다. 동시에, 치료사와 그의 작업에 대한 슈퍼바이저의 공감적 이해는 그들이 슈퍼비전 동맹을 맺는 토대가 된다. 공감의 역사를 다룬 클라크(Clark, 2007)는 자연에서 느껴지는 감각적인 반응을 설명하기 위해 미학 분야에서 처음으로 이 개념을 사용했다고 말했다. 이러한 관점에서 볼 때, 이미지는 우리가 다른 사람의 감정 상태를 이해하고 지지하는 데 도움을 줄 수 있다. 이미지를 제작하고 다루는 것은 공감을 강화하고 심화시켜, 필요한 상호작용을 지원할 수 있다.

톨스토이(Tolstoy, 1899)는 예술의 기능은 감정을 떠올리고 의식하게 만들어, 관객의 공감을 끌어내는 것이라고 주장했다. 그의 신념은 우리가 슈퍼비전에서 이미지의 역할을 인식하는 데 도움이 될 수 있다.

> 한때 경험했던 느낌을 떠올리는 것, 자신에게 떠오른 느낌을 전달하기 위해 동작, 선, 색깔, 소리 또는 말로 표현되는 예술 형식에 담아, 다른 사람이 이와 같은 감정을 경험할 수 있다는 느낌을 전달하는 것이 예술활동이다.
>
> (p. 50)

슈퍼비전에 사용되는 이미지는 슈퍼바이저와 슈퍼바이지의 공명을 치료 자료로 지원한다. 반응 미술은 양쪽이 회기의 내용을 다루고, 그것을 외부화하며 공명할 수 있는 통로를 제공하는 데 도움이 될 수 있다.

많은 작가가 자신의 작업에서 공명을 불러일으키기 위해 이미지 사용을 탐구해 왔다. 미술치료의 선구자인 크레이머(Kramer, 1971)는 치료 관계의 잠재력 정도와 치료사에 대한 도전에 대해 논의했다.

> 치료적 상호 교환에서 치료사는 환자의 의사소통에 대해 개방적인 상태를 유지하여, 그들이 자신의 내적 생활에서 반향을 찾을 수 있도록 한다. 그의 반응의 정확성과 민감성은 지식과 훈련, 그리고 공감 능력에 따라 똑같이 좌우된다.
>
> (p. 89)

다른 미술치료사들은 내담자를 더 깊이 이해하고 공감을 얻기 위해 치료사의 작품을 활용해야 한다고 주장했다(Fish, 1989, 2012; Franklin, 1990, 1999, 2010; Kielo, 1991; Lachman-Chapin, 1983; Miller, 2007; Ramseyer, 1990; Rubin, 2001; Wadeson, 1987, 2003). 램지어(Ramseyer)는 내담자로 인한 자신의 불편한 감정을 이해하기 위해, 회기를 끝낸 후에 자신만의 이미지 작업을 하는 방법을 설명했다. 그녀는 자신의 이미지를 사용하여 임상 관계를 탐구하는 것이 "시각적 공감(visual empathy)" (p. 118)을 형성하는 데 도움이 되었다고 주장했다. 프랭클린(Franklin)은 미술치료 회기에서 내담자와 작품을 만드는 임상 실습을 통해 공감에 대해 살펴보았다. 그는 이러한 상호 활동과정을 "시각적 공감 반응" (1990, p. 44)이라고 했다. 그의 주장에 따르면, "우리는 미술 매체 사용에 대한 정보를 적극적으로 전달함으로써, 그동안 작업한 것을 공유할 수 있다. 감상자에게는 공감적 순환이 되는 자기 대상 관계가 움직이기 시작한다"(p. 46). 이후에 프랭클린(2010)은 그의 "시각 미술 반응(visual art responses)"(p. 160)의 유용성을 설명했다. 그는 미술치료사가 사용하는 이미지의 가치에 관해 "세심한 조율을 통해, 미술치료사는 내담자가 깊이 보고, 그들 자신을 위한 공감을 다른 사람들을 위한 공감을 키울 수 있는 독특하고 미적인 형태의 공감을 불러일으킬 수 있다."(p. 160)라고 말했다.

몇몇 미술치료사들은 회기에서 내담자와 이미지를 제작하면서, 공감대 형성이 유용한 것임을 발견한다(Fish, 1989, 2012; Franklin, 1990, 1999, 2010; Lachman-Chapin, 1983; Rubin, 2001). 앨런에 따르면, "작품을 함께 만드는 것은 사람 사이의 장벽을 허물어 연민과 공감을 불러일으킨다"(1995, p. 163). 미술치료사 문(1998)은 다음에 동의했다. "… 미술치료사가 환자들이나 그들이 그린 이미지에 직접 반응해 그림을 그릴 때마다 그 관계가 깊어질 수 있다."(pp. 61-62)

미술치료사 라흐만-채핀(Lachman-Chapin, 1979)은 회기 중 거울 전이(mirroring transference)의 일부로서 이미지의 기능을 관찰했다. 그녀는 그 이미지가 치료사로 하여금 공감과 대리적 자기성찰과 함께 치료에 참여하도록 자기-대상의 역할을 했다고 제안했다. 라흐만-채핀은 "나 자신의 미술을 일종의 거울 반응(mirroring response)으로 사용함으로써"(p. 8) 내담자와 함께 회기 내에서 작품을 만들었다고 말했다.

미술치료사이자 분석가인 루빈(Rubin, 2001)은 공감대를 형성하기 위해 내담자와 함께 이미지를 만드는 것에 대해 논의했다. 그녀는 그녀와 내담자가 나란히 미술을 창작하고 그것들이 완성되었을 때 이미지들을 토론하는 과정에 함께 참여했다. 루빈은 일하는 동안 내담자의 문제에 집중했다. 그녀는 코헛(Kohut)의 이론적 관점에서 회기 중인 미술작품의 역할을 이해했고, 내담자와 치료사가 함께 탐구할 '자기 대상'으로서 그 이미지들을 보았다.

지속적인 공감은 자기 관리를 필요로 한다. 우리 자신에게 주의집중하는 방법을 찾는 것은 회기 도중과 이후에 우리가 내담자에게 지속적으로 집중할 수 있게 한다. 우리가 회기의 내용으로 작업하는 동안 우리는 이미지를 제작함으로써 매체를 물리적으로 다룰 수 있다. 이러한 감각적인 반응은 우리가 지속해서 그 작업에 마음을 열고 공감하는 것을 발견하도록 도와준다. 반응 미술을 제작하는 것은 우리의 반응을 유지하는 하나의 방법으로서, 우리가 그것들에 대해 숙고할 시간과 공간을 허용하고, 우리의 일에 종결과 나아갈 자유를 가져다준다.

많은 치료사는 자기 위로의 이미지 작업을 함으로써 내담자와 함께 공감적으로 참여할 수 있는 그들의 역량을 지지하고, 회기 진행 중과 이후에도 어려운 경험들을 수용한다. 울프(Wolf, 1990)는 이러한 점을 유지하기 위한 임상 작업 참여의 효과를 관리하기 위해서 개인 이미지 작업을 지지했다.

> 이러한 감정 표출의 중요한 수단을 용이하게 하는 데 있어 내 미술작품의 중요성을 점점 더 많이 인식하고 있다. 특히 어려운 환자를 어떻게 다루어야 할지 고민하고 있을 때, 나는 조각하는 과정의 조직적 효과를 추구한다. 어떤 경우에 극도로 느리고 변화를 감지할 수 없는 환자로 인해 나의 좌절감은 점점 커지는데, 이런 상황에 나의 에너지로 구체적이고 효과적인 변화를 볼 수 있는 보편적 경험이 필요할 수 있다.
>
> (p. 69)

미술치료사 래버리(Lavery, 1994)는 정신병원 인턴십에서 주로 정부 병동에 있던 청소년들과 함께 작업했다.

> 도심 청소년들이 집단 치료에서 표현한 학대, 폭력 그리고 죽음과 관련된 구체적인 묘사는 나를 충격에 빠뜨렸다. 이 회기 과정 동안 나의 감정은 동요되었고, 나는 미술 작업을 하고 싶은 강렬한 욕구를 느꼈다.
>
> (p. 14)

래버리는 회기 밖에서 진행했던 세 부분으로 구성된 이미지 작업 과정을 개발하였고, 슈퍼비전 동안 혼자서 진행했다. 그의 실행은 청소년들이 자신들의 강렬한 경험을 묘사하는 것을 들은 후에 그가 느꼈던 모든 것을 다루고 그 내용을 수용하는 데 도움을 주었다. 래버리의 이미지 작업은 그가 환자에 대한 공감을 유지할 뿐만 아니라 치료에서 마주쳤던 어려운 문제를 다루기 위한 자원이었다.

소아과 병원의 미술치료 인턴인 가스먼(Gasman)은 그녀가 그곳에서 목격했던 끔찍한 상황에 대한 그녀의 반응에 대처하기 위해 회기 후에 자신만의 이미지를 작업했다. 그녀는 백혈병 소년과 함께 작업하면서 그의 질병에 대한 그녀의 반응을 풀어내기 위해 자신의 작품을 만들고 반영했다. "가스만은 빌리의 예후가 얼마나 안 좋은지에 대해 그녀가 얼마나 꿰뚫고 있었는지, 그리고 그녀가 이 가능성으로 인해 얼마나 충격을 받았는지 그 그림이 보여 준다는 것을 깨달았다."(Wadeson, 2000, p. 140) 가스만의 작품은 성찰과 자기치유의 자원이었으며, 환자에 대한 공감 반응을 뒷받침했고, 그것으로부터 안도감을 찾는 데 도움을 주었다.

내담자에 대한 치료사의 지속적인 애착은 치료에 매우 중요하다(Schaverien, 1995). 치료사는 공감대가 성립되면 도전적인 내담자, 또는 역전이를 일으키는 내담자와 함께 작업하는 것을 좀 더 유지할 수 있을 것이다. 우리가 자신의 과거 대인관계에서의 어려움을 재연하게 되거나 자신의 역전이에 흔들릴 때 우리는 반응 능력을 유지하는 것이 어려울 수 있다. 슈퍼비전의 목적으로 이미지를 창조하는 것은 공감을 강화하는 데 도움이 될 수 있다. 이미지는 말로 표현하기 어려운 감정을 표현할 수 있으므로 치료에 필요한 투자를 유지하는 데 중요한 자원이 될 수 있다.

공감과 그 외의 다른 어려운 정서들을 관리하는 것은, 치료와 슈퍼비전 모두를 제공하는 사람들에게 있어서 지속적인 도전이다. 내담자의 작업을 목격하는 것은 방해하는 내용에 치료사가 노출될 수 있다. 충격적이고 고통스러운 이야기에 대한 우리 자신의 공감 반응은 다루기 어려울 수 있다. 우리가 느끼는 것을 수용하고 대처할 방법이 없다면, 우리는 다른 사람의 감정으로 가득 찬 상태로 그 회기를 떠날지도 모른다. 치료의 평형을 유지하기 위해서 치료사는 치료 작업에 대한 집중적인 관심과 친밀함으로 건강한 경계, 현실적인 관점, 그리고 자기 인식과 균형을 이루어야 한다.

인본주의 심리학의 창시자 로저스(Rogers, 1961)는 공감적 교류를 시작할 때 치료사가 직면한 개인적인 도전에 대해 논의했다. 그는 치료사가 내담자에 초점을 맞춘 판단을 중지하고, 그들의 의사소통에 용감해지도록 격려했다. 그는 공감에 대한 이러한 개방성이 치료사에게 영향을 미친다고 경고했다.

> 만약 이러한 방식으로 다른 사람을 정말로 이해하려면, 만약 그의 사적인 세계로 들어가 삶이 그에게 나타나는 방식을 기꺼이 보려 한다면, 가치 평가를 하는 어떠한 시도 없이 당신 자신을 바꾸는 위험을 감수해야 한다. 당신은 그것을 그의 방식으로 볼 수도 있고, 당신의 태도나 성격에 영향을 받는 자신을 발견할 수도 있다. 변화에 대한 그 위험은 우리 대부분이 직면하는 가장 두려운 예견 중 하나다.
>
> (p. 333)

치료사와 슈퍼바이저 모두 로저스의 경고를 유념해야 한다. 치료에서 확립된 공감적 관계는 우리에게 깊게 영향을 미치는 방식으로 내담자와 슈퍼바이지의 경험을 개방할 수 있으며, 작업을 이해하기 위한 방식으로 우리를 변화시킬 수 있다. 이것이 슈퍼비전에서 이미지를 사용하는 근본적인 이유다. 이 자원은 치료와 슈퍼비전에서 발생하는 유해한 요소를 보유할 수 있는 동시에, 우리가 전문적 또는 개인적으로 그 의미를 발굴하고 조사하도록 도와줄 수 있다(Fish, 2014).

로빈스(1988b) 역시 공감 불러일으키는 데 동반되는 문제들에 대해서 치료사에게 경고했다.

> 정신분석 치료사가 되는 것은 지속적이고 힘든 정서적 균형 잡기를 창출해야 한다. 유능한 치료사가 되기 위해서 우리는 환자와 적절하고 객관적인 정서적 거리를 유지해야 하며, 동시에 우리는 환자의 원초적인 감정의 신경에 접촉하여 인간성의 본질을 전달해야 한다. 또한 우리는 유기, 분노, 상실, 사랑과 같은 매우 강력한 정서들을 위한 '그릇(containers)'으로 우리 자신을 제공하면서, 환자의 의사소통을 공개적으로 수용하기 위해 노력한다. 이러한 수용 상태(containment)는 우리 자신의 정서적 중심을 필요로 하며, 우리가 사무실에 들어갈 때 우리의 개인적인 일상생활의 스트레스를 해소하고, 환자에 대한 비밀유지 노력을 우리 정신의 아주 사적인 부분으로 제한해야 한다고 요구한다.
>
> (p. 13)

로빈스의 경고는 우리의 실천 강도를 관리하기 위한 자원들의 필요성을 상기시켜 준다. 슈퍼비전에서 치료사의 이미지 활용은 주의 깊게 사용해야 하는 강력한 도구다. 슈퍼비전과 치료에서 이미지의 긍정적 활용을 보장하기 위해, 그들의 오용 가능성에 주의를 기울이는 것은 중요하다. 이미지 작업을 의도치 않게 사용함으로써, 그것은 중요한 요소로부터 우리를 혼란스럽게 할 수도 있으며, 또는 우리를 무력하게 할 수도 있다. 그러한 경고와 함께, 나는 미술치료사의 창의성이 그들의 업무에 적용되어야 한다는 로빈스(1973)의 주장을 지지하며, 개인적으론 대인관계에서 그리고 그들이 일하는 공동체에서 이해하는 데 필요한 만큼 그것을 사용한다. 이것은 미술치료 교육자와 슈퍼바이저뿐 아니라 임상 실습에 종사하는 다른 분야의 전문가에게도 적용된다.

치료 과정은 내담자, 치료사 및 슈퍼바이저의 내면 상태에 의해 영향을 받는다. 슈퍼바이저는 치료사가 내담자에게 지속해서 투자할 수 있도록 지원한다. 많은 내담자가 과거의 부정적인 경험에 반응하여 발달한 대인관계 및 행동 장애들로 치료를 받는다. 내담자가 치료에서 과거의 외상에 대해 생생하게 이야기할 때 치료사가 도전을 받는 것처럼, 치료사가 그들의 경험을 이야기할 때 슈퍼바이저도 마찬가지이다. 나는 디버와 쉬플렛(2011), 프랭클린(2010), 문(2000), 로빈스(1988a, 2007), 샤베리엔과 케이스(2007) 등과 함께 우리가 치료사 이미지의 효용성을 슈퍼비전으로 확장할 것을 권장하고, 그들을 슈퍼비전하는 사람을 지원할 뿐만 아니라 치료를 제공하는 사람을 안내하는 것을 지지하는 데 동참한다.

미술 기반 미술치료 슈퍼비전의 일부분으로서 만들어진 반응 미술은 개인적으로 거리가 멀거나 목격하기 어려운 자료 또는 치료사나 슈퍼바이저 자신의 쟁점에 공감을 일으키는 자료를 참여시키기 위한 수단을 제공한다. 이미지는 치료사가 그 중요성을 이해하기 위해 그것을 탐구하는 동안 도전적인 자료를 참여하게 하고 보유할 방법을 제공한다. 이미지가 슈퍼비전의 자원으로 사용될 때, 그것은 슈퍼바이지와 슈퍼바이저가 그들의 진행 과정을 공유할 기회를 제공하고, 서로의 경험에 대한 그들의 관심을 보여 준다.

반응 미술은 어려운 일을 지속하면서도 정서적인 건강을 유지하려는 치료사의 노력을 지원할 수 있는 잠재력을 지니고 있다. 그러나 이미지 작업은 항상 최선의 수단이 아닐 수 있다. 이런 방식으로 사용되는 이미지는 치료사 자신의 복지에 영향을 미치는 어려운 요소를 보지 못하게 할 수도 있다. 나는 나 자신을 진정시키고 위로하기 위해 상호작용이나 작업 환경에 대한 이미지를 작업해 왔다. 그 이미지들을 돌아보면서, 결국 내가 그 직장을 그만두게 된 문제들을 외면했던 것을 알게 되었다. 슈퍼비전에서 솔직한 토론은 내 상황을 현실적으로 보겠다는 각오를 분명히 하는 데 도움이 되었을 것이다. 매체를 사용한 감각적인 관여는 우리의 두뇌를 안정시킬 수 있지만, 우리가 명확한 의도를 가지고 그것에 관여하지 않는 한, 그것은 우리의 행위를 알려 주지 않는다. 자기 관리를 위해 반응 미술이나 다른 도구를 사용할 때는 작업에 대한 뚜렷한 목적을 갖는 것이 중요하다.

내담자에 대한 우리의 공감적 반응은 우리 자신의 경험들을 통해 종종 공감하게 한다. 슈퍼비전에 활용하기 위해 제작되거나 창조된 이미지는 그것에 대한 우리의 관계를 성찰하고 이러한 내용을 다루려는 방법이다. 예술가이며 예술교육자인 런던(London)은 "이 창의적인 과정은 우리 자신의 본성이라는 광대한 미개척 세계로 우리를 각성시킬 잠재력을 가지고 있다."(1989, p. 46)라고 말했다. 이러한 방식으로, 미술 기반 미술치료 슈퍼비전은 역전이에 대한 논의와 치료에 대한 이 복잡한 반응을 풀어내기 위한 이미지 활용으로 우리를 이끌 것이다.

역전이

슈퍼비전은 치료사의 자기성찰을 위한 장으로, 치료사가 치료의 실질적인 측면을 관리하기 위해 노력하면서 개인적 성장을 위해 도전하는 경우가 많다. 정신분석학자와 심층 심리학자들은 무의식의 개념을 심리학 이론에 뿌리내리게 했다. 그들은 내담자와 치료사의 무의식 상태가 치료에서 자극을 받았다고 주장한다. 치료사의 반응은 역전이로 불린다. 역전이의 고전적 정의는 치료사가 내담자에게 무의식적으로 반응하는 것이다. 이후 이러한 정의(Corey, Corey, & Callanan, 2011)는 치료사가 무의식적인지 아닌지에 상관없이 내담자에게 하는 모든 반응을 포괄하도록 관점을 확장했다. 또한 슈퍼바이저는 슈퍼바이저의 작업에 영향을 받는 개인적인 문제가 있을 수 있다. 이러한 것들은 슈퍼바이저의 이전 관계와 경험은 물론 슈퍼바이지와 내담자의 현재 참여가 기반이 된다.

역전이는 미술 작업을 함으로써 탐색되고 이해될 수도 있다(Fish, 1989; Kielo, 1991; Lachman-Chapin, 1983; McNiff, 1989; Miller, 2007; Moon, 1998; Wolf, 1985, 1990). 이미지 제작은 종종 임상 작업에서 자극받는 치료사의 개인적인 문제로 인한 혼란을 완화하면서 치료사의 내담자에 대한 관점을 명확하게 하는 데 도움이 된다. 치료사는 슈퍼비전의 치료적 관계와 관련된 문제를 해결하기 위해 이미지 작업을 할 수 있다. 이러한 개인적인 작업은 내담자에게 초점을 맞추는 치료사의 능력을 지원한다. 임상의 또는 슈퍼바이저가 느끼는 강렬한 반응은 작품에 대하여 감정을 정리하기 위한 반응 미술을 만드는 신호가 될 수 있다. 나는 짜증이 나거나, 싫어하거나, 실망하거나, 좌절하거나, 일에 무관심하거나 혹은 명확하지 않을 때 이미지에 의지한다. 또한 긍정적인 역전이 문제를 해결하기 위해 지나치게 긍정적인 반응을 보일 때에도 이미지 작업을 한다.

슈퍼비전 과정에서 그리거나 집에서 가져온 이미지는 내담자와 그들이 회기에 가져오는 내용에 대한 반응을 조사하는 토대를 형성할 수 있다. 치료사의 미술작품은 치료 정보를 제공하는 데 도움이 되는 역전이의 첫 번째 암시를 전달할 수 있다. 슈퍼비전은 관계 안에서 기능하며 치료 또한 그러하다. 서로에 대한 우리의 반응을 무시하면 장애가 될 수 있으나, 탐구되고 이해된다면 치료를 지원할 수 있는 귀중한 정보를 담고 있다.

나는 아동 거주 시설을 갖춘 기관에서 임상 실습과 초보 슈퍼바이저로서 일을 하는 여성 미술치료사를 슈퍼비전에서 만났다. 치료 초기의 몇 년 동안 치료사는 초보 슈퍼바이저가 되면서, 종종 도전 과제를 탐색하는 데 도움을 줄 경험이 풍부한 전문가를 찾는다. 그녀는 자신의 슈퍼바이지 작업을 이해하는 데 도움을 받기 위해 나와 슈퍼비전 관계를 논의하면서 '탱크'([그림 2-1])를 그렸다. 작품이 반영하듯 그녀는 인턴이 "자신의 부족한 부분을 그냥 떠맡으려 했어요."라고 말했다. 그녀의 그림은 인턴을 상징하는 탱크를 잡으려는 듯 팔을 뻗은 모습을 묘사하고 있다. 그녀는 탱크 주변의 땅에 피를 칠했는데 당시 기관에 존재하는 폭력의 정도를 나타낸다고 말했다. 인턴이 목격한 외상에 압도당하고 화가 났다는 것을 그녀는 알았다고 말했다.

그것은 마치 황소나 탱크가 나를 향해 돌진하듯이, 그녀가 나를 실망하게 하거나 쓰러뜨리는 것처럼 느껴졌어요. 내가 이 그림을 당신과 이야기 나눌 때, 나는 탱크가 철갑으로 장착되고 보호되어 탄환이 나오지 않는다는 것을 깨달았어요. 그것은 최고의 지상 전쟁 차량입니다. 이 탱크는 그녀가 얼마나 취약하고 어떻게 보호받는지를 나타냅니다. 그녀가 안전을 느끼고 상황을 통제할 필요가 있기를 바랄 수도 있어요. 이 그림은 내가 그녀의 큰 부분임을 깨닫는 데 도움이 되었어요. 어쩌면 이것은 내가 제대로 파악하지 못했기 때문에 그녀가 나를 실망하게 하는 것 같은 느낌보다는 이 감정이 더 큰 부분이었을 거예요. 나는 그것을 알았지만, 그것을 이미지에서 보는 것은 정말 달랐어요.

(익명, 개인적 대화, 2015년 5월 22일)

초보 슈퍼바이저는 이 그림을 그리고 성찰함으로써 인턴에 의해 협박받는 감정을 가지지 않고 인턴과 효과적으로 일하는 방법을 깨달을 수 있었다. 슈퍼바이저 자신의 슈퍼비전으로 만들어진 이 그림은 그녀가 인턴의 어려움을 알아내는 데 도움이 되었다. 이것은 그녀가 인턴에게 접근하고, 인턴을 이해하며 슈퍼비전의 지원을 제공하는 다른 방법들에 대한 통찰력을 갖는 계기가 되었다.

[그림 2-1] **탱크**

익명

로빈스(1988b)는 정신분석학적 관점에서 미술치료 관계에서의 역전이 역동을 탐구했다. 그는 환자에 대한 본능적인 반응으로서 치료사가 자신을 사용하는 것은 역전이 문제를 해결할 수 있는 중요한 자료라고 믿었다. "방어하는 환자는 자신의 상징물을 비언어적으로 전달하며 치료사는 어떤 유형의 내적 탐구를 요구하는 이 상징물을 위한 그릇이 될 것이다."(p. 41) '그릇'이 되는 치료사는 자신의 행복을 위해 그 자료를 스스로 밖으로 이동시킬 방법이 필요하다. 미술 기반 미술치료 슈퍼비전은 역전이를 개념화하고, 이러한 내용의 강력한 탐색을 지원할 수 있는 독특한 자원을 제공한다.

나는 나의 연구(Fish, 1989)에서 성인 정신병 입원환자의 작업을 탐색하며 역전이를 해결하기 위해 이미지를 사용하는 방법을 조사했다. 이 조사를 하는 동안, 나는 환자와 관계가 불분명하거나 문제가 있는 회기 후에는 이미지를 그렸다. 그 이미지는 치료에서 전개된 관계와 과정을 이해할 수 있도록 도와주었고, 때로는 이러한 문제가 회기 내에서 대인관계에 뿌리를 두고 있음을 알게 되었다. 다른 때는 환자와의 상호작용으로 해결되지 않은 개인적인 문제에서 명료성이 부족했다.

미술치료사이며 교육자인 앨런(Allen, 1995)은 불평등한 힘이 수반되기 때문에 치료에서 관계를 탐구하기 위해 이미지를 사용할 것을 권장했다. 그녀는 우리가 함께 일하는 사람들이 치료사 또는 슈퍼바이저로서 언제 우리 자신과 무관한 문제에 반응할 수 있는지를 인식하지 못할 수도 있다고 경고했다. 우리의 힘을 사용하여 책임감 있게 대처하기 위해 노력한 결과에 주의를 기울이는 것은 우리의 책임이며, 우리가 내담자의 관심사에 집중하고 명료하게 반응하게 한다.

앨런(1995)은 대학원 현장 연구에서 함께 일했던 슈퍼바이지와의 고질적인 관계를 회상하며 인턴이 전문가의 권위를 무조건 받아들이는 것에 대해 느끼는 불편함을 탐구했다. 앨런의 미술 작업은 슈퍼바이지와의 상호작용이 자신에게 불러일으킨 것을 슈퍼바이지에서 자기 개인적인 이슈로 초점을 전환하는 데 도움을 주었다. 그녀는 인턴 경험이 확립된 이론을 존중하는 것보다 더 우선하는 그녀의 일반적인 상식을 허용하는 것 때문에 감정이 올라왔다는 것을 자각하게 되었다. 이것은 앨런이 그녀의 학생에 대한 잠재적인 해로운 반응을 파악하면서, 슈퍼비전에서 앨런 자신의 개인적인 문제를 이해하는 데 도움이 되었다.

> 갈등을 이미지 영역에 두면 자극이나 이상화가 이동하거나 사라질 수 있다는 것을 당신은 알게 될 것이다. 이것은 당신으로 하여금 간단하고 노력이 더 적게 드는 조건에서 사람과 관계 맺는 것을 자유롭게 한다. 가장 중요한 것은, 이미지는 당신에게 자신의 어떤 자질이 당신의 주의를 필요로 하는지 알게 해 준다.
>
> (p. 173)

미술치료사이며 교육자인 웨이드슨(Wadeson, 1990)은 자신의 역전이 문제를 조사하기 위해 이미지를 제작했고, 왜 자신이 내담자의 어두운 면에 매료되었는지를 탐구했다. 그녀는 회기 외 시간에 자신의 얼굴 형태로 가면을 만들어, 내담자의 고통스러운 소재를 탐색하고 연결했다. 이것은 그녀의 개인 작업으로, 자기 인식(self-awareness)을 하기 위해 회기 외 시간에 만들어졌다. “가면은 은유적인 것으로, 어두운 이면에 매료되는 나를 이야기하는 이미지다.”(p. 108-109) 그녀 자신이 억압된 흥분 욕구 때문에 내담자의 문제를 꺼내 밝히는 것을 피하려는 치료사의 인식이 중요하다는 점을 반영하듯, 웨이드슨은 “정서적으로 비착취적이고, 임상적으로 책임감 있는 방식으로 내담자와 함께 작업하는 데 열쇠가 되는 것은 자기 인식이다."(p. 110)라고 말했다. 슈퍼비전에서 역전이를 탐색하는 데 사용된 이미지는 통찰력을 향한 작업을 지원한다.

슈퍼비전에서 역전이를 다룰 때 수련 경험과 치료 사이의 경계를 유념하는 것이 중요하다. 말키오디와 라일리(Malchiodi & Riley, 1996)는 슈퍼바이저에게 슈퍼바이지의 개인적인 문제에 대한 부적절한 점에 초점을 두지 말라고 경고하면서, 슈퍼바이저의 관심이 슈퍼바이지의 내담자 치료에 계속 집중되도록 했다. "감정적인 내용을 빠르게 표면으로 가져올 수 있는 미술 작업이 슈퍼비전 경험의 상당 부분을 차지할 때, 그것은 섬세한 균형을 잡을 수 있다."(p. 111)

슈퍼비전에서 만들어진 이미지는 매우 개인적인 문제들을 드러낼 수 있다. 책임감 있는 치료를 위한 명확한 방법을 탐구하는 데 중요한 자료로 연결되는 이미지와 학생 자신의 치료를 참조할 필요가 있는 경우를 슈퍼바이저는 반드시 이해해야 한다. 또한 슈퍼바이저는 이 관계에서 자신의 힘을 알고 있어야 한다. 우리의 이미지는 열린 문이다. 이미지를 책임감 있게 탐구하기 위해서는 책임감 있는 슈퍼바이저의 자기 인식과 명확한 의도가 필요하다.

의사소통

런던(London, 1989)은 "미술은 내면의 외형화된 지도라고 말할 수 있고 그렇게 사용될 수 있다."(p. 34)라고 말했다. 치료는 치료적 관계에서 미묘한 의사소통에 뿌리를 두고 있으므로, 슈퍼바이저는 개인 및 대인관계를 지원하고 명확하게 하기 위해 모든 가용 자원을 활용해야 한다. 슈퍼비전의 한 부분으로 사용된 이미지는 치료와 대인관계 문제를 외부에 드러냄으로써 소통할 수 있고, 언어적 이야기에 덧붙일 수 있다.

디버와 쉬플렛(Deaver & Shiflett, 2011)은 미술 기반 미술치료 슈퍼비전을 구성주의적 관점에서 바라보며, 이를 경험적 학습이라고 묘사했다. 이러한 관점에서, 슈퍼비전에 사용되는 이미지는 자료와 적극적인 관여를 통해 새로운 정보의 맥락에서 과거 경험을 재작업함으로써 의미 부여할 기회를 제공한다. 이미지 작업은 매체와 은유를 통해 내용을 처리하고 의사소통하며 이해를 심화하는 하나의 방법이다.

슈퍼비전에 미술 사용을 설정하는 방법은 다양하다. 어떤 슈퍼바이지는 치료회기에 그려진 미술 작품을 슈퍼비전에 가져온다. 반면, 다른 슈퍼바이지들은 슈퍼비전 밖에서 이미지를 작업하여 그것을 개념화하는 데 도움을 받기 위해 그림을 가져온다. 여전히 다른 사람들은 예술을 논의하고 내용물을 더 충분히 탐험할 수 있도록 도우면서 미술 활동을 슈퍼비전의 일부가 되도록 기초를 잡으려 한다. 미술 기반 미술치료 슈퍼비전은 이러한 모든 방식으로 반응 미술을 사용한다. 그것이 어떻게 사용되는지는 참여자의 학습 방식과 필요에 달려 있다. 슈퍼바이저와 슈퍼바이지 모두 이해를 넓히고 서로 효과적으로 의사소통하기 위해 임상 작업에 대한 반응으로 이미지를 제작하고 탐구하는 것이 권장된다.

프랭클린(Franklin, 2010)은 치료사의 이미지 제작이 회기에서 정서의 소통을 어떻게 지원하는지 설명했다.

> 미술치료사는 내담자가 자신의 편향적 정동 표현을 받아들여 통합하고 철회하도록 공감적인 미술을 주의 깊게 사용함으로써, 상호 주관적 이해를 구축할 수 있는 독창적인 위치에 있다. 그렇게 함으로써, 잠재적으로

혼란스러운 감정들은 예술과 능숙한 언어 그리고 시각적인 경청으로 반응할 수 있다.

(p. 166)

이미지를 제작하고 탐구하는 것은 슈퍼비전에 있어서 경험적 학습과 의사소통을 위한 귀중한 자원이다. 내담자, 수련 중인 학생 치료사 그리고 초보 전문가와 슈퍼바이저가 만든 이미지는 개별 또는 집단으로 탐구한 후에는 새로운 관점에서 그것을 개인에게 다시 반영하는 문제와 개념에 접근할 수 있는 특별한 기회를 제공한다.

미술치료사에게 있어서, 우리의 작업을 탐구하고 소통하기 위해 자신의 이미지를 사용하는 것은 우리가 내담자와 작업하는 방식과 유사하다. 그것은 단어뿐 아니라 이미지를 이용한 적극적 경청의 한 형태다. 미술치료 인턴과 소통하기 위해 이미지를 이용한 슈퍼바이저로서 우리는 미술 기반 미술치료 슈퍼비전의 본보기가 된다.

(Fish, 2008, p. 76)

미술 기반 미술치료 슈퍼비전의 참여자는 정기적으로 자료를 사용하여 작업하며, 추상적인 감각 활동에 참여하고 회기 중에 더 많은 이미지를 제작한다. 매체와의 이러한 연계는 신경을 진정시키고, 참여자를 안정시키며 외상 또는 다른 어려운 문제에 대한 언어적 논의를 더욱 잘 수용할 수 있게 한다(Perry & Szalaviz, 2006; van der Kolk, McFarlane, & Weisaeth, 1996).

이미지 제작 과정과 작품은 그 이후에 펼쳐지는 이야기의 초점이나 배경이 될 수 있다. 반응 미술은 자연스럽게 일어나는 무검열의 이미지들을 포함하고, 회기 내에서 무의식적 문제들이 나타나는 것에 자극받아 시간에 따라 계획되어 만들어지고 세심하게 표현된 부분들뿐만 아니라 의식적인 영역의 생각과 태도도 고려된다. 이미지 제작은 귀중한 것, 조사하는 것, 임상적 내용의 위치와 소통하고 대화와 다면적 이해를 지원하며, 통찰력과 슈퍼비전 내용을 명확하게 전달할 수 있도록 한다. 이미지를 제작하고 조사하는 것은 방어를 초월하거나 그들을 지지하는 데 도움을 줄 수 있다. 이 작업은 언어적 논의로 주의 깊게 통합하여 슈퍼비전 업무를 지원하고 그것으로부터 주의가 흐트러지지 않도록 해야 한다.

연구

슈퍼비전에서 이미지 활용을 뒷받침하는 연구로 피시(2008), 키엘로(Kielo, 1991), 그리고 디버와 맥컬리프(Deaver & McAuliffe, 2009)의 작업이 있다. 키엘로는 질적 연구에서 미술치료사들이 자신의 업무를 되돌아보기 위해 활용한 사후 회기 이미지에 관해 그들을 인터뷰했다. 치료사들은 다양한 수준의 관여를 보고했고, 몇몇 치료사들은 그 과정에서 역전이 문제에 대해 명확히 하고, 통찰력을 얻었으며 가치를 발견했다고 진술했다. 나는 나의 연구(Fish, 2008)에서 형성적 평가로서 미술치료 수련 중의 미술 기반 미술치료 슈퍼비전에서 반응 미술의 활용을 조사했다. 나의 연구는 학생들이 반응 미술을 가치 있게 여긴다는 것을 보여 주었다. 그들의 의견은 슈퍼비전에서 신뢰와 안전의 토대에 대한 중요성을 강조했다. 또한 그들은 슈퍼비전에서 실용적이고 교훈적인 정보를 전달하는 더 직접적인 구두 지도와 미술 기반 조사연구 사이의 신중한 균형의 중요성에 대해 논의했다.

> [나의 연구는 이것을 강화했다.] 슈퍼비전에서 미술 작업은 만병통치약이 아니라 하나의 도구다. 미술 기반 미술치료 슈퍼비전은 본질적으로 좋은 것만은 아니며 반응 미술이 모든 어려움을 치유하는 것은 아니다. 교육자로서 [그리고 슈퍼바이저로서], 우리에게는 미술치료사를 양성할 수 있는 시간이 한정되어 있다. 언어적 문제 해결과 함께 슈퍼비전에서 반응 미술의 효과적인 활용의 균형을 맞추는 것은 우리의 성공에 매우 중요하다.
>
> (Fish, 2008, p. 76)

디버와 맥컬리프(2009)는 다수 사례에 대한 질적 연구에 참여하였는데, 그 연구는 미술치료사와 상담자의 수련을 지원하기 위해 슈퍼비전에서 시각적 저널링, 이미지 작업, 언어적 성찰의 조합을 조사한 것이었다. "이 이미지는 인턴과정에 대한 정서적 반응, 복잡하고 혼란스러운 상황, 그리고 문제에 대한 해결책을 상상하는 것을 표현했으며, 이는 심도 깊은 논의를 위한 효과적인 촉진제가 되었다……. 저널 자체가 성찰의 촉진제가 되었다."(p. 630)

디버와 쉬플렛(2011)은 슈퍼비전에서 심상 활용을 탐구했던 1980년대 후반에 작성된 세 건의 관련 기사에 대해 논의했다. 아문드슨(Amundson, 1988)은 치료법을 은유적으로 탐구하고, 사례 논의에 집중하며 임상 자료의 합성을 지원하기 위해 만들어진 드로잉과 콜라주 사용에 대해 논의했다. 이시야마(Ishiyama, 1988)는 아문드슨(1988)의 작업을 상세히 기술하면서, 슈퍼비전에서 사례 개념화를 위한 과정인 이미지 작업, "시각적 사례 처리 방법"(p. 154)에 대한 지침을 제공했다. 이 표준화된 접근법은 진행 과정을 예측할 수 있게 만들어 임상 실습 및 연구에 활용하는 것을 쉽게 하기 위한 것이었다. 스톤과 아문드슨(1989)은 이른바 "은유적 사례 드로잉"(p. 362)이라고 불렀던 것의 유효성을 판단하기 위한 연구를 했다. 그들은 위기 개입 기관에서 일하는 심리치료 수련생들에게 제공하는 집단 슈퍼비전 동안 그 절차를 시행했다. 참여 치료사들은 언어적 처리 또는 은유적 사례 드로잉을 통해 위기 개입 이후 업무를 처리했다. 스톤과 아문드슨은 이 두 가지 방법에 대한 치료사들의 경험을 평가하는 설문 조사를 시행했다. 드로잉 방식에서, 인턴들은 "생각의 은유를 대표적인 사례 드로잉으로 변환하면, 그 다음에는 인턴들이 주도하는 사례 보고의 핵심적(중심) 특징이 될 것이다."(p. 363)라고 한다. 스톤과 아문드슨은 은유적 사례 드로잉이 "인턴들의 생각과 감정, 경험을 통합하는 데 중추적인 역할을 하는 간결하고 시각적인 틀을 증명했다."(p. 369)라고 결론지었다.

최근 몇 년 동안, 미술 기반 미술치료 연구에 종사하는 사람들은 지식과 이해를 얻는 미술 기반 미술치료 방식의 가치를 탐구해 왔다. 개인적 문제나 역전이 문제를 해결하기 위해 반응 미술을 활용하는 것 외에도, 이미지 작업을 하고 탐구하는 것은 미술 기반 미술치료 연구의 활용 방법이 될 수 있다. 이미지는 이야기 전개, 발견, 현상학 연구에 사용될 수 있다(Allen, 1995; Fish, 2006, 2013; McNiff, 1998, 2013). 미술 기반 미술치료 연구에 대한 논의는 이러한 연구의 범위를 벗어난다. 그러나 연구자가 의사소통과 이해의 발견하기 위해 사용하는 많은 방법이 슈퍼비전에서 이미지 활용과 일관성이 있다는 점은 중요하다. 창의적인 연구방법에 대한 자신만의 아이디어를 강화하기 위해 이러한 자원들을 조사하기를 권한다.

윤리적 고려사항

디버와 쉬플렛(2011)은 윤리적 고려사항을 제기하고 미술 기반 미술치료 슈퍼비전의 전문 종사자에게 전문적 훈련과 역량 범위 내에서 일하도록 조언했다. 그들은 슈퍼바이저의 미술 기반 미술치료 방법과 그 사용법에 대한 훈련을 명시하여 슈퍼바이지를 위해 정보에 입각한 사전 동의를 명확히 제공하는 것이 중요하다는 점을 강조했다. 또한 그들은 슈퍼비전에서 제작된 이미지는 비밀유지 보장과 발표, 출판, 전시에 대한 사전 동의 승낙을 포함하는 치료 상황에서 만들어진 것과 똑같은 고려사항으로 다루어져야 한다고 말했다. 미술 기반 미술치료 슈퍼비전 기관은 치료에서 매체 사용에 대한 지속적인 교육을 받을 것을 윤리적으로 의무화하고 있다. 우리가 다양한 재료를 잘 알고 있다면 우리는 다른 사람의 미술 기반 미술치료 작품을 효과적으로 지원할 수 있다. "슈퍼바이저가 미술에 대한 지식이 풍부하고 익숙해야, 슈퍼바이지의 두려움을 덜어 주고, 미술 기반 미술치료 기법의 효과를 촉진할 수 있다."(p. 269)

슈퍼비전에서 이미지를 사용하는 것은 임상 문제를 명확히 하고 지도받는 사람에게 통찰력을 주기 위해 그 적용에 대한 지식이 있어야만 하는 슈퍼바이저의 전문성에 달려 있다. 슈퍼바이지가 치료에서 경험하는 복잡한 자료를 개념화하고 이해하는 그들의 가장 효과적인 방법을 평가하는 슈퍼바이저의 능력은 미술 기반 미술치료 슈퍼비전 사용법을 알려 준다. 가장 유능한 슈퍼바이저는 치료에 대한 다양한 접근법에 정통하다. 직설적인 언어 접근법이 가장 효과적일 때가 있다.

슈퍼바이지의 강점, 한계점, 학습 방식을 인지하고 그들의 발전을 지원하는 가장 효과적인 방법을 선택하는 것이 중요하다. 기프리다와 조던과 사이즈와 반즈(Guiffrida, Jordan, Saiz, & Barnes, 2007)의 연구에 대해 디버와 쉬플렛(2011)은 슈퍼비전의 이해를 심화시키기 위해 은유를 사용할 것을 주장했다. "슈퍼비전에서 은유의 효과적 활용은 이러한 기법을 적절히 통합하는 방법을 개발하는 슈퍼바이저의 기술과 편안함뿐만 아니라 추상적이고 창조적으로 생각하는 슈퍼바이지의 능력에 달려 있다."(Dever & Shiflett, 2011, p. 262)

이 저자들은 이미지를 제작하고 작업하며 탐구하는 것이 슈퍼비전에 유용한 자원이 될 수 있다는 것을 강조한다. 하지만 우리가 이미지에 의지하는 것이 항상 정답은 아니다. 위기에 미술작업을 함으로써 우리는 주의력이 필요한 상황의 작업에 대처하지 못하여 혼란에 빠질 수 있다. 예를 들어, 아동학대 신고에 관한 실질적인 정보는 그 문제의 다면적인 요소를 탐구하기 위한 반응 미술을 작업하기 전에 전달되어야만 한다. 슈퍼비전에서는 개인적이거나 대인관계적인 성찰에 들어가기 전에 안전을 보장하기 위한 행동이나 정책을 검토하는 것에 집중해야만 하는 시기가 있다.

원격 슈퍼비전

슈퍼바이지의 실습과 전문적 발전을 지원하기 위해 일하는 슈퍼바이저에게 새로운 도전이 생겼다. 원격 슈퍼비전과 그 안의 심상 활용은 우리의 사려 깊은 관심과 추가적인 탐구를 보장한다. 오어(Orr, 2010)는 세 가지 영역, 즉 지역을 넘는 것, 비밀유지와 관계 구축을 탐색하면서 원격 슈퍼비전을 위한 모범 사례가 되는 유용한 프로토콜을 제공했다.

치료사는 다양한 이유로 원격 슈퍼비전을 찾고 있다. 종종 다른 나라에서 온 학생이 수련을 마치고 집으로 돌아가 미국 기관으로부터 자격증을 따기도 한다. 외딴 지역에서 일하는 일부 치료사는 자신의 실습을 지원하기 위한 수련이나 기술을 가진 현장 슈퍼바이저를 구하지 못한다. 또 다른 사람은 친숙한 슈퍼바이저의 전문지식을 찾고 수련을 통해 계속적이며 지속적인 관계를 유지한다.

초보 치료사가 수행하는 자격증명에 대한 슈퍼비전 시간의 적격성은 슈퍼바이저의 계약서에 슈퍼비전 시작 시점이 명확하게 명시되어야 한다. 이러한 명확성은 다른 지역에서 관리하는 면허의 복잡성 때문에 원격 슈퍼비전을 제공할 때 훨씬 더 중요하다. 또한 슈퍼바이저는 전문면허 규정 및 법규, 그리고 원격 슈퍼비전의 규정을 명확히 하고 이를 슈퍼바이지에게 분명히 전달해야 한다. 심리치료를 포함한 일부 전문직은 슈퍼바이저가 서비스를 제공하는 주 또는 지방에서 면허를 취득할 것을 요구한다. 국가 자격증을 가진 직업으로 슈퍼비전을 실천하는 사람들은 원격 슈퍼비전에 더 많은 유연성을 가질 수 있다. 오어(2010)는 미국의 치료사가 슈퍼비전에서 미술치료 등록(ATR)을 독점적으로 추진하고 있다면 주 경계를 넘어서 일하는 것은 문제가 되지 않을 수도 있다고 말했다. 이것은 ATR에 대한 감독을 요구하는 국제 미술치료사에게도 해당한다. “ATCB(미술치료 자격증명위원회)가 제공하는 이 자격증은 국가 자격증명으로, 과정을 검토한 후 국제 미술치료사가 교육을 받을 수 있다.”(p. 109) 또한 슈퍼바이저는 의료 과실 보험의 한도를 알고 있어야 하며, 주법 및 연방법, 직업실행 표준 및 면허의 한계 내에서 수행해야 한다.

브랜도프와 롬바르디(Brandoff & Lombardi, 2012)는 원격 슈퍼비전을 통해 이용 가능한 도전과 자원의 예로서 그들의 작품을 제시했다. 그들은 슈퍼비전으로 가져온 이미지와 그동안 제작된 이미지의 가치를 강조했고, 시각적인 의사소통을 쉽게 하기 위한 기술적 제안을 했다. 그들은 책임을 기술하는 슈퍼비전 협정의 중요성, 전문적 감시의 한계와 비밀유지를 강조했다. 브랜도프와 롬바르디는 "슈퍼바이저와 슈퍼바이지는 원격 슈퍼비전의 부담에 굴하지 않고 기술의 혜택을 얻으려고 노력해야 한다. 원격 슈퍼비전 중에 공유되는 정보는 사생활과 비밀을 보호하기 위해 암호화되어야 한다."(p. 95)라고 말하며 주의할 것을 당부했다. 내담자 정보는 비밀을 보장하기 위해 보호되어야 하며 위반되거나 분실되거나 해킹당하는 방식으로 공유되거나 저장되면 안 된다. 반응 미술을 포함한 슈퍼바이저 자료 활용에 대해 논의해야 한다. 슈퍼비전 자료를 교육 또는 다른 목적으로 사용하는 경우에는 슈퍼바이지의 사전 동의가 필요하다.

슈퍼바이저와 슈퍼바이지의 반응 미술은 화상 회의 등에 이용되었을 때 중요한 관점에 공헌할 수 있어, 시너지 작업에 관한 담론을 심화할 수 있다. 슈퍼바이저와 슈퍼바이지가 주의 깊고 책임감 있게 참여할 때, 원격 미술 기반 미술치료 슈퍼비전은 그들의 작업에 대한 지원과 방향을 추구하는 초보 치료사에게 귀중한 자원을 제공할 수 있다.

결론

미술 기반 미술치료 슈퍼비전은 치료를 쉽게 하고 참가자가 불확실한 영역에 모험적으로 접근하고 민감한 문제를 명확히 하기 위해 슈퍼바이저와 슈퍼바이지 모두의 은유적인 표현을 이용한다. 미술 기반 미술치료 슈퍼비전을 하는 슈퍼바이저는 사람은 다면적인 성찰을 위한 도구로 반응 미술을 사용한다. 반응 미술은 관심사에 대한 의사소통,

사례 자료의 심사 및 개념화, 문제 관계의 조사를 지원하는 데 사용될 수 있다. 그것은 사색, 탐구, 피드백을 위한 자원을 제공함으로써 치료의 어려움을 탐색할 방법을 제공한다. 이렇게 사용되는 반응 미술은 말뿐만 아니라 이미지를 이용한 성찰적 경청의 한 형태다.

슈퍼비전에서 이미지 활용은 마음을 다해 활용해야 하는 강력한 자원이다. 어떤 개입과 마찬가지로, 반응 미술은 슈퍼비전 관점에서 그리고 생산적인 담론학습에 대한 그것의 함축적 의미에 비추어 고려되어야 한다. 슈퍼비전과 치료 사이에는 경계선이 흐릿해질 가능성이 항상 존재한다. 슈퍼바이저는 이미지 제작 과정을 통해 해결되지 않은 문제가 발생하고 업무와 관련이 없는 논의가 진행될 경우, 슈퍼바이지를 개인 치료로 전환하도록 주의를 기울여야 한다. 또한 슈퍼바이저는 학생에게 슈퍼비전과 같이 검열되지 않은 토론에서 무의식적 자료를 탐색하도록 요청할 때, 관계에서 자신의 힘을 알고 있어야 한다.

주의사항으로, 치료사의 독창성은 자유롭게 사용되어야 하며, 나는 직접적인 임상 서비스를 제공하는 교수와 슈퍼바이저의 참여를 옹호한다. 나의 연구는 치료사와 슈퍼바이저의 이미지를 그들의 담론에 사용하도록 장려하기 위해 노력하며, 그것의 잠재력은 그들의 일을 반영하고 명확하게 하는 강력한 자원으로 인식한다. 수련 중에 제공되는 이러한 작업 방식은 학생 치료사가 자신의 미술작품을 성찰과 통찰력을 위해 사용하는 연습을 시작할 기회를 제공한다. 그들의 경력 초기에 이 접근 방법에 참여하는 것은 학생과 새로운 전문가에게 지속해서 전문적인 자원이 될 수 있는 유용한 기술을 제공한다.

슈퍼바이저는 슈퍼바이지의 실습에 대한 작품을 만들 때 초보 치료사의 노력뿐만 아니라 슈퍼비전 관계를 지원하는 데 있어 자신의 역할에 대해 더 잘 이해할 수 있다. 슈퍼바이지의 작품은 슈퍼바이저가 작품에 대해 반응하는 것을 구체적으로 보여 준다. 우리는 치료사가 자신의 이미지를 사용하여 공감을 키우고 유지하고 내담자와 효과적으로 의사소통하는 방법을 살펴보았다. 우리는 이미지를 사용하여 역전이를 이해하고 연구를 위해 이미지를 사용하는 사람들의 작업을 조사했다. 디버와 쉬플렛(2011)은 이 방법으로 일하는 가치를 요약했다. "간단히 말해서, 미술 기반 미술치료 슈퍼비전은 본질적으로 경험 기반이며 의미를 만들고, 슈퍼바이지의 학습능력을 함양하여 슈퍼비전을 강화한다."(p. 272)

이 장에서는 미술 기반 미술치료 슈퍼비전 역사를 검토하고, 미술치료와 다른 사회봉사 분야의 문헌에 활용할 기초를 제공했다. 다음 장에서 우리는 이미지가 슈퍼비전에서 어떻게 사용되는지에 대한 실제적인 사례에 관심을 돌릴 것이다. 3장과 4장은 슈퍼비전 중 이미지 제작을 위한 공간을 만드는 방법을 제시하고, 미술 기반 미술치료 슈퍼비전에서 이미지 제작을 하는 방법을 논의할 것이다.

참고문헌

Agell, G., Levick, M. F., Rhyne, J. L., Robbins, A., Rubin, J. A., Ulman, E., Wang, C. W., & Wilson, L. (1981). Transference and countertransference in art therapy. *American Journal of Art Therapy, 21*(1), 3-23.

Allen, P. B. (1995). *Art is a way of knowing*. Boston, MA: Shambhala.

Amundson, N. E. (1988). The use of metaphor and drawings in case conceptualization. *Journal of Counseling & Development, 66*(8), 391-393.

Arnheim, R. (1969). *Visual thinking*. Berkeley, CA: University of California.

Brandoff, R., & Lombardi, R. (2012). Miles apart: Two art therapists'experience of distance supervision. *Art Therapy: Journal of the American Art

Therapy Association, 29(4), 93-96.

Brown, C., Meyerowitz, J., & Ryde, J. (2007). Thinking with image-making: Supervising student therapists. In J. Schaverien, & C. Case (Eds.), *Supervision of art psychotherapy: A theoretical and practical handbook* (pp. 167-181). New York, NY: Routledge.

Calisch, A. (1994). The use of imagery in teaching, learning and supervision. *Canadian Art Therapy Association Journal, 8*(1), 30-35.

Calisch, A. (1995). The metatherapy of supervision using art with transference/countertransference phenomena. *The Clinical Supervisor, 12*(2), 119-127.

Carpendale, M. (2011). *A traveler's guide to art therapy supervision.* Bloomington, IN: Tafford.

Case, C. (2007a). Imagery in supervision: The nonverbal narrative of knowing. In J. Schaverien, & C. Case (Eds.), *Supervision of art psychotherapy: A theoretical and practical handbook* (pp. 95-115). New York, NY: Routledge.

Case, C. (2007b). Review of the literature on art therapy supervision. In J. Schaverien & C. Case (Eds.), *Supervision of art psychotherapy: A theoretical and practical handbook* (pp. 11-27). New York, NY: Routledge.

Clark, A. J. (2007). *Empathy in counseling and psychotherapy: Perspectives and practices.* Mahwah, NJ: Laurence Erlbaum Associates.

Corey, G., Corey, M., & Callanan, P. (2011). *Issues and ethics in the helping professions* (8th Ed.). Belmont, CA: Brooks/Cole, Cengage Learning.

Dahlman, Y. (2007). Towards a theory that links experience in the arts with acquisition of knowledge. *International Journal of Art and Design Education, 26*(3), 274-284.

Deaver, S. P., & McAuliffe, G. (2009). Reflective visual journaling during art therapy and counseling internships: A qualitative study. *Reflective Practice, 10*(5), 615-632.

Deaver, S. P., & Shiflett, C. (2011). Art-based supervision techniques. *The Clinical Supervisor, 30*(2), 257-276.

Eisner, E. (2001). *The role of the arts in the transformation of consciousness.* Paper presented at the 10th Occasional Seminar in Art Education, College of Fine Art, University of South Wales, Sidney, Australia.

Fish, B. J. (1989). Addressing countertransference through image making. In H. Wadeson, J. Durkin, & D. Perach (Eds.), *Advances in art therapy* (pp. 376-389). New York, NY: John Wiley & Sons.

Fish, B. J. (2006). *Image-based narrative inquiry of response art in art therapy*. (Doctoral dissertation). Retrieved from Dissertations & Theses database. (UMI no. AAT 3228081).

Fish, B. J. (2008). Formative evaluation of art-based supervision in art therapy training. *Art Therapy: Journal of the American Art Therapy Association, 25*(2), 70-77.

Fish, B. J. (2012). Response art: The art of the art therapist. *Art Therapy: Journal of the American Art Therapy Association, 29*(3), 138-143.

Fish, B. J. (2013). Painting research: Challenges and opportunities of intimacy and depth. In S. McNiff (Ed.), *Art as research: Opportunities and challenges* (pp. 209-219). Chicago, IL: University of Chicago Press.

Fish, B. J. (2014). *Harm's touch: The gifts and cost of what we witness* [Abstract]. Proceedings of the American Art Therapy Association, USA, Published CD. Alexandria, VA.

Franklin, M. (1990). The esthetic attitude and empathy: A point of convergence. *The American Journal of Art Therapy, 29*(2), 42-47.

Franklin, M. (1999). Becoming a student of oneself: Activating the witness in meditation, art, and super-vision. *American Journal of Art Therapy, 38*(1), 2-13.

Franklin, M. (2010). Affect regulation, mirror neurons, and the third hand: Formulating mindful empathic art interventions. *Art Therapy: Journal of the American Art Therapy Association, 27*(4), 160-167.

Guiffrida, D. A., Jordan, R., Saiz, S., & Barnes, K. L. (2007). The use of metaphor in clinical supervision. *Journal of Counseling & Development, 85*(4), 393-400.

Havsteen-Franklin, D. (2014). Consensus for using an arts-based response in art therapy. *International Journal of Art Therapy, 19*(3), 107-113.

Henley, D. (1992). *Exceptional children: Exceptional art*. Worchester, MA: Davis Publications.

Henzell, J. (1997). The image's supervision. In G. Shipton (Ed.), Supervision of psychotherapy and counselling (pp. 71-79). Buckinham: Open University Press.

Ireland, M. S., & Weissman, M. A. (1999). Visions of transference and counter-transference: The use of drawings in the clinical supervision of psychoanalytic practitioners. *American Journal of Art Therapy, 37*(3), 74-83.

Ishiyama, F. (1988). A model of visual case processing using metaphors and drawings. *Counselor Education and Supervision, 28*(2), 153-161.

Jones, D. L. (1983). An art therapist's personal record. *Art Therapy: Journal of the American Art Therapy Association, 1*(1), 22-25.

Jung, C. G. (1937). *Analytical psychology*. London: Ark.

Junge, M. B., & Asawa, P. P. (1994). *A history of art therapy in the United States*. Mundelein, IL: American Art Therapy Association.

Kielo, J. (1991). Art therapist's countertransference and post session imagery. *Art Therapy: Journal of the American Art Therapy Association, 8*(2), 14-19.

Knowles, M. (1973). *The adult learner: A neglected species*. Houston, TX: Gulf Publishing.

Kramer, E. (1971). *Art as therapy with children*. New York, NY: Schocken Books.

Kramer, E. (1979). *Childhood and art therapy*. New York, NY: Schocken Books.

Lachman-Chapin, M. (1979). Kohut's theories on narcissism: Implications for art therapy. *The American Journal of Art Therapy, 19*(3), 3-8.

Lachman-Chapin, M. (1983). The artist as clinician: An interactive technique in art therapy. *American Journal of Art Therapy, 23*(1), 13-25.

Lahad, M. (2000). *Creative supervision: The use of expressive arts methods in supervision and self-supervision*. Philadelphia, PA: Jessica Kingsley.

Lavery, T. P. (1994). Culture shock: Adventuring into the inner city through post-session imagery. *American Journal of Art Therapy, 33*(1), 14-20.

Linesch, D. G., Holmes, J., Morton, M., & Shields, S. S. (1989). Post-graduate group supervision for art therapists. *Art Therapy: Journal of the American Art Therapy Association, 6*(2), 71-75.

London, P. (1989). *No more second hand art*. Boston, MA: Shambhala.

Maclagan, D. (1997). Fantasy, play and the image in supervision. In G. Shipton

(Ed.), *Supervision of psychotherapy and counseling* (pp. 61-70). Buckingham: Open University Press.

Malchiodi, C. (1998). *The art therapy sourcebook*. Los Angeles, CA. Lowell House.

Malchiodi, C. A., & Riley, S. (1996). *Supervision and related issues: A handbook for professionals*. Chicago, IL: Magnolia Street.

McNiff, S. (1989). *Depth psychology of art*. Springfield, IL: Charles C Thomas.

McNiff, S. (1998). *Art-based research*. Philadelphia, PA: Jessica Kingsley.

McNiff, S. (Ed.). (2013). *Art as research: Opportunities and challenges*. Chicago, IL: University of Chicago Press.

Miller, R. B. (2007). The role of response art in the case of an adolescent survivor of developmental trauma. *Art Therapy: Journal of the American Art Therapy Association, 24*(4), 184-190.

Moon, B. L. (1992). *Essentials of art therapy training and practice*. Springfield, IL: Charles C Thomas.

Moon, B. L. (1998). *The dynamics of art as therapy with adolescents*. Springfield, IL: Charles C Thomas.

Moon, B. L. (2000). *Ethical issues in art therapy*. Springfield, IL: Charles C Thomas.

Moon, B. L. (2007). *The role of metaphor in art therapy: Theory, method, and experience*. Springfield, IL: Charles C Thomas.

Moon, C. H. (2001). Studio art therapy. Philadelphia, PA: Jessica Kingsley.

Naumburg, M. (1973). *An introduction to art therapy*. New York, NY: Teachers College Press.

Naumburg, M. (1987). *Dynamically oriented art therapy: Its principals and practice*. Chicago, IL: Magnolia Street Publications.

Orr, P. P. (2010). Distance supervision: Research, findings, and considerations for art therapy. *The Arts in Psychotherapy, 37*(2), 106-111.

Perach, D., Durkin, J., Ramseyer, J., & Sontag, E. (1989). A model for art therapy supervision enhanced through art making and journal writing. In H. Wadeson, J. Durkin, & D. Perch (Eds.), *Advances in art therapy* (pp. 376-389). New York, NY: John Wiley.

Perry, B., & Szalaviz, M. (2006). *The boy who was raised as a dog and other stories from a child psychiatrist's notebook*. New York, NY: Basic Books.

Ramseyer, J. (1990). Through the looking glass: III. Exploring the dark side through post session artwork. *Art Therapy: Journal of the American Art Therapy Association, 7*(3), 114-118.

Rees, M. (1998). *Drawing on difference: Art therapy with people who have learning difficulties*. London: Routledge.

Robbins, A. (1973). The art therapist's imagery as a response to a therapeutic dialogue. *Art Psychotherapy, 1*, 181-184.

Robbins, A. (1988a). A psychoaesthetic perspective on creative arts therapy and training. *The Arts in Psychotherapy, 15*, 95-100.

Robbins, A. (Ed.). (1988b). *Between therapists: The processing of transference/countertransference material*. New York, NY: Human Science Press.

Robbins, A. (2007). *The art of supervision*. In J. Schaverien, & C. Case (Eds.), *Supervision of art psychotherapy: A theoretical and practical handbook* (pp. 153-166). New York, NY: Routledge.

Robbins, A., & Seaver, L. (1976). *Creative art therapy*. Brooklyn, NY: Pratt Institute.

Rogers, C. R. (1961). *On becoming a person*. Boston, MA: Houghton Mifflin.

Rubin, J. A. (1978). *Child art therapy: Understanding and helping children through art*. New York, NY: Van Norstrand Reinhold.

Rubin, J. A. (1999). *Art therapy: An introduction*. New York, NY: Routledge.

Rubin, J. A. (Ed.). (2001). *Approaches to art therapy: Theory and technique*. New York, NY: Routledge.

Schaverien, J. (1992). *The revealing image: Analytical art psychotherapy in theory and practice*. New York, NY: Routledge.

Schaverien, J. (1995). *Desire and the female therapist: Engendered gases in psychotherapy and art therapy*. New York, NY: Routledge.

Schaverien, J. (2005). Art and active imagination: Reflections on transference and the image. *Inscape, 10*(2), 39-53.

Schaverien, J. (2007). Framing enchantment: Countertransference in analytic art psychotherapy supervision. In J. Schaverien, & C. Case (Eds.), *Supervision of art psychotherapy: A theoretical and practical handbook* (pp. 45-63). New York, NY: Routledge.

Schaverien, J., & Case, C. (Eds.). (2007). *Supervision of art psychotherapy: A theoretical and practical handbook*. New York, NY: Routledge.

Schuck, C., & Wood, J. (2011). *Inspiring creative supervision*. Philadelphia, PA: Jessica Kingsley.

Stone, D., & Amundson, N. (1989). Counsellor supervision: An exploratory study of the metaphoric case drawing method of case presentation in a clinical setting. *Canadian Journal of Counselling and Psychotherapy/ Revue canadienne de counseling et de psychotherapie, 23*(4), 360-371.

Tolstoy, L. (1899). *What is art?* (Trans. Aylmer Maude). London: W. Scott.

Ulman, E. (1961). Art therapy: Problems of definition. *Bulletin of Art Therapy, 1*(2), 19-20.

van der Kolk, B. A., McFarlane, A., & Weisaeth, L. (1996). *Traumatic stress: The effects of overwhelming experience on mind, body and society*. New York, NY: Guilford Press.

Vick, R. M. (1996). The dimensions of service: An elemental model for the application of art therapy. *Art Therapy: Journal of the American Art Therapy Association, 13*(2), 96-101.

Vick, R. M. (2003). A brief history of art therapy. In C. Malchiodi (Ed.), *The clinical handbook of art therapy* (pp. 5-15). New York, NY: The Guilford Press.

Wadeson, H. (1980). *Art psychotherapy*. New York, NY: John Wiley & Sons.

Wadeson, H. (1987). *The dynamics of art psychotherapy*. New York, NY: John Wiley.

Wadeson, H. (1990). Through the looking glass: I. When clients' tragic images illuminate the therapist's dark side. *Art Therapy: Journal of the American Art Therapy Association, 7*(3), 107-110.

Wadeson, H. (2000). *Art therapy practice: Innovative approaches with diverse populations*. New York, NY: John Wiley.

Wadeson, H. (2003). Making art for professional processing. *Art Therapy: Journal of the American Art Therapy Association, 20*(4), 208-218.

Wakeman, C. (2013). Building imaginative bridges: Creative arts supervision and therapeutic work with children. In A. Chesner, & L. Zografou (Eds.), *Creative supervision across modalities: Theory and applications for therapists, counsellors and other helping professionals* (pp. 109-126). Philadelphia, PA: Jessica Kingsley.

Wilkins, P. (1995). A creative therapies model for the group supervision of counsellors. *British Journal of Guidance and Counselling, 23*(2), 245-257.

Wilson, L., Riley, S., & Wadeson, H. (1984). Art therapy supervision. *Art Therapy: Journal of the American Art Therapy Association, 1*(3), 100-105.

Wolf, R. (1985). Image induction in the countertransference: A revision of the totalistic view. *Art Therapy: Journal of the American Art Therapy Association, 2*(3), 120-133.

Wolf, R. (1990). Visceral learning: The integration of aesthetic and creative process in education and psychotherapy. *Art Therapy: Journal of the American Art Therapy Association, 7*(2), 60-69.

Chapter 03

이미지 제작을 위한 공간 창조하기

나는 슈퍼비전 수업을 준비하기 위해서 적어도 30분 일찍 강의실로 간다. 나는 책상과 의자를 치우고, 그것들을 하나의 배열로 재구성하고, 다크 초콜릿을 가득 담은 다양한 색의 작은 그릇을 중앙에 놓는다. 나는 차를 위한 물을 가져다 놓고 한쪽 벽을 따라 책상 위에 커피메이커를 둔다. 학생들이 도착했을 때 내가 그들에게 되돌려주기 위한 서면 답변이 들어간 유인물, 채점 서류, 문서 항목을 정리하는 동안 강의실 안에 커피 향이 가득 찬다. 나는 앉아서, 심호흡을 하고, 수업의 시작을 예상한다.

이 장에서는 초보 치료사가 그들의 일을 공유할 수 있는 집단과 개인 슈퍼비전 동안에 이미지 제작이 도움이 되는 이유를 설명한다. 슈퍼비전 환경은 일관되고 예측 가능한 공간, 신중하게 고려된 시간, 의례의 활용에 관한 관심의 질에 의해 촉진된다. 이러한 구성요소 외에도, 임상 작업의 탐색 및 소통을 위한 매체 사용은 참가자에게 작업의 기초를 제공하며, 치료 작업에 대한 깊은 반영을 지원하는 감각적 개입을 제공할 수 있다. 학생 치료사는 자신의 모든 인턴 경험, 아이디어, 질문들을 끌어안고 수업에 온다. 민감하고 종종 어려운 자료를 두고 소통할 수 있는 슈퍼바이저의 능력은 성공적인 슈퍼비전에 있어 중요하다.

초보 치료사의 경험들은 빠르게 소개되며, 분석하고 조사하는 끝없이 일어나는 일들로 채워진다. 관리 의료를 통해 치료사의 담당 건수 규모에 대한 기대치가 커졌다. 종종 임상가 직장에서 상호작용을 처리하기 전에, 다음 사람은 자신의 주의를 요한다. 치료를 계획하고, 참여하고, 성찰하는 시간을 갖는 것만큼 서면 메모, 채용 및 상담을 통한 의사소통도 중요하다.

슈퍼비전은 경험이 많은 슈퍼바이저의 지도하에 치료 작업을 검토하기 위해 별도로 마련한 시간이다. 미술 기반 미술치료 슈퍼비전은 언어적 담론을 활용하는 동시에 이미지 기반의 추가적인 자원을 활용한다. 미술 기반 미술치료 슈퍼비전에 참여한 사람은 그들의 내담자가 미술치료에서 하듯이, 치료 문제를 해결하고 반영하면서 그들 스스로 안정되기 위한 창의적인 과정과 창작품을 활용하도록 자극받는다. 매체를 통한 감각 작업에 참여하는 것은 치료사가 자신의 경험에 관한 토론에 적응하며, 동료의 상호작용을 목격하고 지지할 수 있도록 도울 수 있다. 슈퍼비전에서 제작된 이미지는 새로운 관점에서 치료적 만남의 고찰을 촉진한다. 이러한 작업 방식은 대담하고 잠정적인 탐색을 위한 여지를 제공한다. 이러한 방식으로 통찰력 있는 실행을 지원하는 내용에 대한 소통이 쉽게 이루어진다.

슈퍼바이저의 의도적인 실행

슈퍼바이저의 의도적인 집중은 초보 치료사의 슈퍼비전 참여를 도모

한다. 치료사가 내담자에게 주의집중함으로써 회기에서 심리적 공간을 유지하는 것과 같은 방식으로, 슈퍼바이저는 의도적으로 차분하고 집중된 환경을 조성하여 창조적인 탐험을 촉진하고 깊은 성찰의 단계를 마련할 수 있다. 집단 슈퍼비전이든 개별 슈퍼비전이든 공간, 시간, 이미지를 제작하는 과정과 창작품에 대한 고려사항은 초보 치료사에게 그들의 일을 논의하는 데 필요한 심리적 안정감을 조성하는 데 도움이 된다.

헌신적인 관심을 제공하는 능력은 치료사와 슈퍼바이저 모두에게 가장 중요한 자질이다. 슈퍼비전 동맹의 근간은 수련 중 치료사의 업무에 집중하고, 내담자를 위한 건강한 서비스를 촉진하며, 치료사의 전문적인 이해와 발전을 지원하려는 선임 치료사의 의도적인 헌신이다. 슈퍼바이저가 슈퍼비전을 위한 환경을 설정하는 방법은 이러한 의도적인 집중의 한 예로서, 그 과정에 슈퍼바이저의 관심이 초보 치료사를 인도한다. 그렇게 함으로써, 슈퍼바이저는 치료사가 내담자를 위해 노력해야 하는 치료의 질을 높이는 데 모범을 보인다.

공간 유지하기

내가 따뜻하고 편안한 환경을 만들려고 노력하는 것은 초보 치료사가 그 공간과 그곳에서 이루어지는 관계에서 환영받는 느낌이 들도록 하기 위함이다. 매주 같은 좌석 배치를 하기 위해 일찍 강의실에 나올 때, 나는 우리의 일을 함께 도모할 수 있는 예측 가능한 토론장을 만들게 된다. 강의실을 정리하는 것 또한 내가 슈퍼비전을 준비하는 기반이 되고 다룰 내용에 대해 대비하게 한다. 학생 치료사들은 내가 그 공간에 있을 것을 예상하고, 강의실을 슈퍼비전에 맞게 배치하는 데 동참하기 위해, 또는 긴장을 풀거나, 점심을 먹거나, 그리고 집단이 시작하기 전에 수다를 떨기 위해 종종 일찍 온다. 학생들이 슈퍼비전을 끝내고 함께 미술 매체를 치우고 커피와 차를 치우면서 그들은 슈퍼비전 집단의 종료에 적극적으로 참여하게 된다. 미술 매체들은 우리의 도구다. 우리가 그것들을 다루는 방식은 우리가 제작한 이미지에 대해 어떻게 다루고 저장하고 의사소통하는지의 방법뿐만 아니라 그것들의 중요성을 알게 한다.

슈퍼비전 팀이 처음 만날 때, 나는 초보 치료사들에게 내가 어떤 기대를 하고 있는지 말한다. 나는 슈퍼비전을 위한 공간 유지를 아주 신중하게 생각한다고 설명하는데, 그것은 치료를 진행하는 치료사들에게 지지 역할을 제공하기 때문이다. 다른 사람들의 강렬한 경험을 처음 다루는 초보 치료사는 종종 고통스럽고 충격적인 이러한 새로운 경험들에 어려움을 겪는다. 슈퍼비전은 초보 치료사가 그들의 회기에서 매체를 탐구하고 처리하는 데 필요한 기술을 향상하게 하는 곳이다.

예측 가능한 환경 설정은 학생들을 북돋아 주고, 슈퍼비전에 공유된 강력하고 때로는 개인적으로 도전하게 하는 매체들로 슈퍼비전 전에 했던 것으로부터 그들의 관심을 전환하도록 도울 수 있다. 슈퍼바이지들은 초기 논의를 한 후에 그들이 무엇을 기대하는지 이해하게 된다. 다음 시간에는, 학생 치료사들은 강의실로 와서 커피를 마시고 책상 주위에 모여서 할 일을 준비한다.

슈퍼비전에서 공간을 유지하는 의도적이고 미묘한 방법들은 치료에도 영향을 미친다. 많은 사람이 미술치료에서 공간과 매체의 중요성에 대해 논의해 왔다(Allen, 1995, 2005; Ault, 1989; Cane, 1983; Case & Dalley, 1992; Henley, 1992, 1995; Hinz, 2009; McGraw, 1995; McNiff, 1995; B. Moon, 1998; C. Moon, 2002, 2010; Rubin, 1999; Wadeson, 1980).

그러나 나는 슈퍼비전에서 공간을 활용하는 것에 대해 거의 주의를 기울이지 않았었다.

임상가들은 감각 자극뿐만 아니라 예측 가능한 환경이 외상 사건에 노출된 사람의 뇌를 안정시키는 데 도움이 된다고 이론화한다(Barton, Gonzalez, & Tomlinson, 2012; Bloom, 1997; Perry & Szalaviz, 2006; van der Kolk, 2014; van der Kolk, McFarlane, & Weisaeth, 1996). 슈퍼바이지들이 작업할 미술 매체로 환영받을 수 있는 환경을 예상할 수 있을 때, 그들은 자신들의 내담자 경험과 맞설 수 있는 더 많은 준비를 하게 된다.

공간 활용에 대한 이러한 의도적인 반영은 초보 치료사가 내담자와의 회기에서 어떻게 접근해야 하는지에 대해 생각하도록 한다. 공간을 의식적으로 사용하는 것은 신체적 · 심리적 안정에 이바지할 수 있다. 치료는 끝없는 환경 구성과 설정으로 제공된다. 종종 치료사는 치료에 전념하기 어려운 장소나 다른 분야와 공유되는 장소, 즉 다른 사람들이 서성거리는 공간, 실외, 가정, 병원 입원실 등에서 일한다.

환경에 대한 이러한 주의 깊은 전환은 정교해야 할 필요는 없다. 실내에 매체를 가져오고 일관되게 가구를 배치하는 것과 같은 미술 기반 미술치료 슈퍼비전을 지원하는 작은 행위는 그 공간을 변화시키고 회기에 영향을 줄 수 있다. 슈퍼바이저로서 그러한 공간에서 일하는 것은 앞으로 일어날 일에 대한 나의 예상들을 연마하는 데 도움이 된다. 나는 나 자신이 신체적으로나 심리적으로 그 공간에 안정되어 있을 때, 내담자와 초보 치료사 모두 나의 주의집중을 느끼고 그들도 같은 집중력을 더 잘 반영할 수 있다는 것을 발견한다.

공유 영역에서 미술 기반 미술치료 슈퍼비전을 지원하는 공간을 만들려고 할 때, 환경 변화가 그 집단과 같은 공간을 사용하는 사람들에게 미치는 영향을 고려하는 것이 중요하다. 자기만의 공간을 가진 슈퍼바이저는 자기 공간을 설정하는 방법을 더욱 자율적으로 결정할 수 있다. 대학원 치료 교육과정을 가르치는 슈퍼바이저는 다양한 의제와 커리큘럼을 가진 다른 사람들과 영역을 공유한다. 이것은 우리가 공간에 대한 우리의 영향에 대해 생각할 때 유연성과 창의성을 요구한다.

공유 환경을 영구적으로 변경하는 것은 불가능하다. 우리가 변경한 것들은 다른 사람이 공간 사용을 하는 데 방해하지 않도록 매주 설치하기 쉽고 임시적이어야 한다. 다른 수업에서 경험할 수 있는 공간을 만들기 위해서는 감상을 위해 벽에 붙인 그림은 슈퍼비전이 끝날 때 제거해야 한다. 미완성 작품은 폐기하거나 집으로 가져가야 한다.

공간에 관심을 기울이는 것은 사람들이 슈퍼비전에 환영받는다는 느낌을 받는 데 큰 영향을 미칠 수 있다. 탁자보, 프레첼이나 사탕을 나누어 먹을 수 있는 다양한 그릇, 또는 다른 감각적인 물건들은 사람들이 현재로 주의를 전환하는 데 도움을 줄 수 있다. 공간을 꾸미는 것은 나에게도 주의를 전환하는 데 도움이 된다. 그것은 슈퍼비전을 하기 전에 가졌던 시간을 잊고 본 슈퍼비전에 집중할 수 있게 한다. 내가 진정으로 그 시간과 공간에 존재할 때, 다른 사람들도 그것을 감지하고 나와 함께하는 데 초대받았다고 느낀다.

시간

나는 첫 슈퍼비전 회기에 시간을 지켜 줄 것을 전한다. 나는 정시에 회기를 시작하고 끝낸다. 이러한 경계를 강조하는 나의 의도는 모임의 가치를 전달하고 모든 사람의 시간을 상호 존중해 주어야 할 중요성을 강조하는 것이다. 집단 슈퍼비전에서 우리는 공간을 유지하며 함께 모여 있다. 참가자가 늦게 도착하거나 일찍 떠나야 하는 경우가 있다. 이러한 경우는 참여한 사람들이 자신의 행동이 다른 사람들에게 미치는 영향을 염두에 두면 덜 빈번하게 된다. 슈퍼비전 집단에서 방해에 대한 논의를 하면 초보치료사들은 혼란을 끼치는 영향에 대한 인식이 높아지고, 그들의 임상 업무에서 비슷하게 일어나는 산만함의 문제를 해결할 수 있게 된다.

슈퍼비전은 치료 및 관련 문제를 더 깊이 이해할 수 있는 방법을 제공하는 중요한 시간이다. 나는 학생들에게 주간 과제로 반응 그림을 그려 자신의 작품을 반영하고, 토론의 토대로서 슈퍼비전에 그것을 가져올 것을 요청한다. 이런 방법으로 만들어진 미술작품은 주의를 집중하게 하고, 집단치료를 할 때와 마찬가지로 집단 응집력 형성에 이바지할 수 있다.

의례

행동 패턴은 우리 삶의 방향을 정한다. 의례는 어떤 사건의 중요성을 인식하고 주의를 끌기 위해 정해진 방식으로 행해지는 일련의 의도적인 행동이다. 그것은 중요성을 인정하고 더 깊은 의미를 가져오는 방법이다. 의도적으로 우리의 초점을 바꾸기 위한 의례를 만드는 것은 우리를 가치 있게 여기고 슈퍼비전을 충분히 이용하는 데 도움을 줄 수 있다. 손님을 위하거나 슈퍼비전을 위해 공간을 꾸미는 것은 목적 있고 의미 있는 준비가 된다. 손님에게 작별인사를 하거나 회기를 종료하는 것 역시 종결을 위한 일관되고 사려 깊은 구성요소다.

집단 슈퍼비전과 집단 치료의 효과적인 구조와 마찬가지로, 개인 슈퍼비전과 개인 치료의 구조에는 유사점이 있다. 치료처럼 슈퍼비전도 초기, 중기와 종결이 있다. 나는 집단 슈퍼비전을 받는 학생 치료사들이 그들의 일을 마음 놓고 할 수 있도록 돕고, 자기 생각을 구체화해 독특한 의례들을 발전시킴으로써 결국에는 그들의 종결을 지원한다.

우리의 초기 슈퍼비전 회기 동안, 각 팀은 슈퍼비전을 시작하고 마치는 데 사용되는 독특한 의례를 만든다. 나의 현재 수업은 우리 각자가 슈퍼비전 수업 동안에 성취하고자 하는 것에 대한 자신의 목표를 밝히면서 우리의 모임을 시작하는 의례를 개발했다. 예를 들어, 나는 "깊은 탐구를 위해 이 공간을 유지하고 있다." 또는 "나는 어떻게 도움이 되는지를 이해한다."라고 말할지도 모른다. 우리 각자는 집단에 의해 반영된 동작을 하며 공간을 한 바퀴 돈다. 마지막에 나는 차임벨 소리로 마치는 시간을 알리고 촛불을 켠다. 회기가 끝나면, 우리는 촛불을 끄며 마무리하는 의례를 역순으로 반복한다. 우리는 매주 그 순서를 반복한다. 이러한 의례들은 마치 우리 각자가 한 단어를 체크인을 하여 수업을 시작하고 한 단어로 체크아웃을 하는 것으로 수업을 끝내는 것처럼 간단할 수 있다. 의례가 얼마나 단순하거나 복잡한지에 상관없이, 그 목적은 우리의 주의를 전환하고 집중하는 것이다. 의례의 구성요소를 결정하기 위해 함께 모이는 것은 슈퍼바이지가 성장하는 집단 과정에 소속감을 갖게 하고, 지속적인 협업의 발판을 마련하게 한다.

나는 개별 슈퍼비전에 대한 시작과 마침의 의례도 개발했다. 나는 치료사를 맞이하고, 미술 매체를 모으거나 진행 중인 프로젝트를 준비하고, 커피나 차를 탁자에 마련한다. 회기가 시작되기 전에 내가 하던 일로부터 벗어나 나의 관심을 슈퍼비전으로 전환함으로써, 나는 의도적으로 이러한 작업에 나의 의식을 집중한다. 이러한 실행으로 나는 참가자를 환영하고 만남의 장으로 넘어올 수 있다.

이러한 예는 슈퍼비전을 시작하고 끝내기 위한 의도적인 방법으로 제공되며, 슈퍼바이저가 자신의 작업 방식과 일치하는 공간을 유지할 방법을 찾도록 해 준다. 호흡과 중심화 연습, 한 단어의 체크인과 촛불을 켜는 것과 같은 시작과 마침의 의례를 확립하는 것은 우리의 주의를 슈퍼비전으로 전환하고 토대를 제공하는 풍부한 감각 경험이 될 수 있다. 슈퍼비전 의례를 창조하고 통합하기 위해 슈퍼바이저와 슈퍼바이지가 함께 일하는 것은 심오한 작업에 종사하는 지지 집단의 발전을 촉진할 수 있다.

슈퍼비전에서 매체 사용

일단 우리가 기대를 명확히 하고, 우리의 의도에 대해 말하고, 우리의 회기를 시작과 마침의 의례를 확립하면, 나는 집단 및 개별 슈퍼비전 동안 학생들이 미술 작업을 하도록 요청한다. 매체를 사용하는 이 작업이 반드시 형상화로 표현되는 것은 아니다.

매체 자체가 가진 감각적인 관련성은 경험의 근거가 될 수 있다. 많은 슈퍼바이지가 매체 작업이 자신들을 진정시키며, 임상 작업에 대한 논의에 집중할 수 있게 한다는 것을 알게 된다. 이것은 경험이 많은 예술가의 숙련된 표현과 마찬가지로, 간단한 매체의 조작으로도 이루어질 수 있다. 기본적으로 섬세한 색마커나 색연필로 난화를 그릴 수 있다([그림 3-1]). 초보 치료사가 그들의 작업을 회상하고 동료의 이야기를 목격하는 사이에, 콜라주, 드로잉, 페인팅, 또는 실, 천, 자수 또는 점토는 촉각적이고 감각적인 경험을 제공할 수 있다.

슈퍼바이지의 미적 수준은 다양하다. 미술 매체에 정통한 사람도 있고, 익숙하지 않은 도구로 조심스럽게 매체를 잡는 사람도 있다. 치료와 같이 슈퍼비전에서 이미지를 제작하는 과정은 작품만큼이나 중요하다. 매체의 촉각적이고 미숙한 사용은 대담하고 숙련된 노력만큼이나 우리를 기반으로 하고, 소통을 명확하게 하는 데 유용할 수 있다. 나의 의도는 다른 사람이 편안하게 느끼는 매체를 제공하여, 치료 작업으로의 성찰, 탐구 및 통찰을 지원하는 것이다.

슈퍼비전 중에 매체를 활용하는 것은 즐거운 활동 제공 이상의 역할을 한다. 그것은 초보 치료사가 종종 자신의 경험을 넘어서서 그들의 세계관에 도전하는 치료의 내용에 맞서 싸움으로써 자신들을 강화하는 데 도움을 줄 수 있다. 외상에 대처하는 방법에 대해 배우는 것이 그 중 한 가지다. 그것은 개인적인 경험으로 인해 충격적이거나 폭력적인 사건의 세부 사항을 묘사하고 있는 아동과 함께 앉아 있는 것과는 아주 다른 일이다. 초보 치료사들은 내담자들과의 작업에서 실제 매체를 가

[그림 3-1] 슈퍼비전 동안 그린 드로잉
히더 버논

지고 다투는 공격에 대처할 방법이 필요하다. 미술 매체는 일관성이 있다. 그것의 본질은 변하지 않는다. 매체가 지닌 신뢰할 수 있고 감각적인 특성은 슈퍼바이지의 업무를 지속하게 하는 데 도움을 줄 수 있다.

매주 슈퍼비전 수업이 시작되면, 학생들은 미술용품 보관함에서 매체를 선택하여 강의실로 가져와 탁자 위에 펼쳐 놓는다([그림 3-2]). 이 보관함에는 발견되거나 재활용된 물건을 포함하여 평면(2차원) 및 입체(3차원)의 전통적이거나 비전통적인 미술용품들이 비축되어 있다. 연필이나 마커처럼 쉽게 조절할 수 있는 것에서부터 물감이나 점토처럼 자극적인 것까지 다양한 범주의 특성을 가진 매체를갖추는 것이 중요하다. 이는 참가자들이 편안하게 여기는 매체를 선택할 수 있게 해 준다. 익숙하고 기술적으로 접근 가능한 매체를 선택하는 능력은 기초교육을

[그림 3-2] 슈퍼비전 탁자
바바라 피시

가능하게 하고 향상된 의사소통의 기회를 제공한다.

나의 공간에서 대학원 슈퍼비전을 할 때, 나와 함께 작업하는 사람들은 내가 상자 안에 수집하고 보관해 온 다양한 매체들을 선택한다. 회기를 시작할 때마다, 나는 그들에게 무엇을 사용하고 싶은지 물어보고, 매체를 찾고, 그것들을 배치한다. 슈퍼바이지가 제작한 이미지는 평면(2차원) 드로잉과 수채화 그림부터 콜라주, 점토, 색 테이프 및 알루미늄 포일 조각상에 이르기까지 다양하다. '옮겨 가다'([그림 3-3], 판 1)는 산게타 라비찬드란(Sangeetha Ravichandran)이 가정폭력 보호소에서 그녀의 작업에 관해 이야기한 파스텔화다.

우리가 제공하는 매체의 특성을 주의 깊게 검토하는 것이 중요하다. 다른 사람들은 매체에 내재된 특성을 논의해 왔고, 치료에 사용할 수있는 다양한 매체의 중요성을 설명했다(Allen, 1995; Case & Dalley,

[그림 3-3] (판 1) 옮겨 가다
산게타 라비찬드란

1992; Hinz, 2009; C. Moon, 2010; Seiden, 2001; Seiden & Davis, 2013). 이 담론은 슈퍼비전을 위해 제공된 매체의 선택을 알려 준다. 미술 기반의 실습을 지원하기 위해 이러한 근거를 조사하도록 권장한다.

더 전통적인 학문적 환경에서 집단 및 개별 슈퍼비전을 제공하는 사람들은 가능한 한 많은 매체 선택권을 제공해야 한다. 이것은 정식 미술 교육 경험이 적은 사람들이 익숙하지 않은 매체와 표현 양식을 쉽게 탐색하도록 한다. 나는 슈퍼바이저가 자신들에게 익숙하고 편안하게 사용할 수 있는 매체만을 제공할 것을 강력히 추천한다. 다른 사람들에게 학습 난이도 차가 큰 특성을 가진 매체를 사용하도록 권장하는 것은 임상 문제에 중점을 둔 협업 환경을 지원하는 데 유용하지 않다. 기본적인 사용법은 괜찮지만, 그 의도가 매체 작업을 통해 임상 업무의 슈퍼비전을 지원하는 것임을 기억하는 것이 중요하다.

슈퍼비전을 하는 동안 슈퍼바이지에게 특정한 대화나 주제에 반응하는 미술 작업을 요구할 때 명확한 의도를 갖는 것이 중요하다. 이미지를 빠르게 만드는 것은 생각과 반응을 탐구하는 효과적인 방법이 될 수 있다. 이러한 초기 이미지들이 더 깊은 작업으로 이어질 경우가 있다. 또한 그것에는 위험도 있다. 시간 제약은 이미지의 확장과 그것에 대한 슈퍼바이지의 성찰을 제한할 수 있다. 수업에서 주어진 시간과 인식, 그리고 가치를 인정받지 못한 빠른 응답은 학생에게 이러한 방식이 주문형 예술, 표면적이고 의무적인 처리 방식이라고 느끼게 할 수 있다.

슈퍼바이지에게 기반을 주는 매체를 활용하는 것, 슈퍼비전의 토론을 지원하는 것, 수업 중에 만들어진 반응 작품을 탐색하는 것 외에 슈퍼비전에서 이미지 작업을 쉽게 하는 많은 방법이 있다. 7장에서 이러한 미술 기반 미술치료 과제의 사례를 심도 있게 논할 것이다. 다음은 내가 치료사 수련과 대학원 업무 동안 슈퍼비전에서 이미지를 제작하기 위한 공간을 유지하는 몇 가지 방법이다.

기법 공유

기법 공유는 내가 학생들에게 매체 기반 경험을 서로 소개할 수 있는 장을 제공하기 위해 권하는 현장 슈퍼비전 수업의 한 부분이다. 학생 치료사가 새로운 매체나 과정을 소개하는 동안 강사나 가이드로 봉사할 기회를 제공하는 것 외에도, 이 경험적 학습은 임상 문제에 대한 집단 토론 동안 슈퍼바이지에 대한 배경과 기반을 제공한다.

슈퍼비전 집단은 각기 다르며, 독특한 요구와 기대를 가지고 업무에 임한다. 각자는 참여자들의 요구를 충족시키기 위한 자신만의 어조, 의례, 효과적인 시간 활용을 확립한다. 일부 현장 수업에서 학생들은 자신의 매체 목록을 추가하고 그들의 토론에 도움을 줄 수 있는 감각 플랫폼을 제공하는 이중 목적을 위해 서로의 기법을 공유하기로 결정한다. 그 집단이 기법 공유를 우리의 일에 포함하기로 했을 때, 학생들과 나는 각각 일주일 동안 리더 역할을 하기로 서명했다. 그러고 나서 각 수업의 처음 5~10분 동안, 우리는 교대로 특정한 매체나 프로젝트로 우리의 기법을 가르친다. 초기 교육 후에 학생들은 새로운 기법을 계속 연구하거나, 다른 매체를 선택하거나, 자료를 사용하지 않고 대화에 참여할 수 있다.

우리는 천과 실로 싸개 인형을 만드는 것, '손가락 뜨개질'([그림 3-4]), '양말 동물들 만들기'([그림 3-5], 판 2), '펠트 바느질'([그림 3-6]), 소원봉 만들기, 유리 부적 만들기, 의도 구슬 만들기, 바느질과 자수 만들기, 판화, 구슬 장식 등 다양한 기법을 서로 가르쳤다. 초기 교육 후에 이러한 제작 기법은 간단하고 반복적이다. 그것들은 우리의 마음을 자유롭게 풀어 교실 토론에 집중할 수 있게 하는 동시에 자동으로 우리의 손이 빠르게 조작할 수 있게 한다. 리듬감 있고 촉각적인 작업은 슈퍼비전 임무의 강도를 방해하기보다 주의 집중력을 길러 준다.

산게타 라비찬드란의 기법 공유는 우리가 슈퍼비전 동안 어떻게 이런 종류의 이미지 제작하기에 관여하는지를 보여 주는 예다. 그녀는 우리에게 손가락 뜨개질 방법을 가르쳐 주었는데, 그것은 그녀가 이민 여

[그림 3-4] 손가락 뜨개질

바바라 피시

성을 위한 가정폭력 보호소에서 인턴으로 일했던 여성 중 한 명에게서 배운 기법이다. 손가락 뜨개질은 뜨개질 바늘 대신 손가락을 사용하여 실을 짜는 방법이다([그림 3-4]). 실타래를 다루는 이 방법은 복잡하지 않다. 그녀가 수업 초반에 그것을 시연했을 때 우리는 쉽게 실타래를 집어 들었다. 임상에 초점을 맞춘 토론에 임하면서 우리 중 상당수는 슈퍼비전 내내 뜨개질을 계속했다. 일부 학생들은 몇 주 동안 손가락 뜨개질을 했고, 이후에 스카프를 만들었다. 산게타는 자신이 우리 반 학생들에게 손가락 뜨개질을 가르쳤으며 우리가 그 과정을 즐겼다고 보호소에 있는 그 여성에게 말했다. 그 여성은 자신이 단순한 기법이라고 생각했던 것을 자신의 치료사의 수업에서 높이 평가된 것에 감격했다.

또 다른 회기에서 애슐리 멜렌데즈(Ashley Melendez)는 우리에게 양

[그림 3-5] (판 2) **양말 동물들 만들기**

에밀리 앨버리, 바바라 피시, 줄리 크라우스,
리 앤 릭티, 애슐리 멜렌데즈, 켈리 리들

말 동물을 만드는 방법을 가르쳐 주었다([그림 3-5], 판 2). 그녀는 우리에게 자신의 양말을 가져오게 하고, 자신은 폴리에스테르 섬유, 바느질용 바늘들, 실, 단추 등을 수업에 가지고 와서 그 경험을 하려고 계획했다. 그녀는 우리에게 샘플 양말 동물과 모형을 보여 주었다. 그녀의 교육에 따라, 우리는 양말을 잘라서 꿰맸고, 그 주의 각자 인턴 치료 경험에 관해 이야기하면서 그것들을 봉제 동물 인형으로 만들었다. 청소년기 남자 대상 약물 사용 프로그램에서 인턴으로 일하는 줄리 크라우스(Julie Krause)는 우리에게 펠트 바느질을 어떻게 하는지 가르쳐 주었다([그림 3-6]). 이 과정은 늘어나지 않는 양털을 펠트 바늘로 반복해서 찔러 형태와 디자인을 변형시킨다.

우리가 서로에게 가르친 그 밖의 기법들은 유리구슬로 긍정 부적 만들기, 안에 보금자리를 두른 천과 실 조각으로 싸개 인형 만들기, 저널

[그림 3-6] 펠트 바느질

에밀리 앨버리, 바바라 피시, 줄리 크라우스,
리 앤 릭티, 애슐리 멜렌테즈, 켈리 리들

로 사용하기 위한 손으로 만든 간단한 책 만들기 등이다. 매체 탐구의 가능성은 무궁무진하다. 중요한 것은 매체에 대한 다양한 경험을 공유하고, 다양한 매체를 시도해 보는 것이다.

이러한 매체 사용은 열띤 슈퍼비전 토론 동안 패턴화되고 감각적인 몰입을 하게 한다. 매체를 다루는 새로운 방법을 서로 가르쳐 줌으로써, 우리가 그들에게 제공하는 것과 같은 감각 활동으로 토론을 기반하여 내담자를 참여시키는 매체 기반의 방법들에 목록을 더한다. 비록 이 과정이 즐거울지라도 그것은 또한 우리의 일에 중요한 지원 역할을 한다. 그것은 우리가 종종 고통스럽고 토론하기가 어려운 문제들을 탐구할 때 감각적인 개입과 안도감을 제공하여 슈퍼비전에 진지하게 주목하게 하는 배경이다. 이러한 방식으로 매체를 다루는 것은 내담자 서비스의 질을 지원하는 데 도움이 된다.

이미지 다루기

우리가 슈퍼비전에서 미술작품을 다루는 방식은 치료에서 이미지를 어떻게 관리하는지에 대한 본보기가 된다. 우리가 어떻게 공간을 확보하고, 매체로 참여를 촉진하고, 슈퍼비전을 시행하거나 슈퍼비전에서 만든 이미지에 주의를 기울이느냐에 따라 그 효용이 결정된다. 이미지의 존재를 평가하고 다각적인 조사와 상호 지원의 초점이 되도록 하는 것은 작품에 대한 존경과 감사, 그리고 그것이 표현하는 관심을 나타낸다. 치료와 같이, 이미지를 제작하는 사람을 그 내용의 권위자로 보는 것이 중요하다.

초보 치료사의 관심사와 개인적인 자료를 캐묻기 위해 이미지를 사용하는 것은 슈퍼바이저로서의 우리의 역할이 아니다. 나는 치료에서 이미지와 함께 작업하는 산게타의 접근 방식에 동의하며(Steinhardt, 1998) 내가 슈퍼비전 하는 사람들에게 그 방식을 적용한다.

> 전이를 다루는 예술은 심리치료의 조력자가 될 수 있고, 도우미가 될 수 있지만, 나는 그런 것에는 관심이 없다. 나는 너무 빨리 말하거나, 방해받지 않거나, 단어를 조급하게 사용함으로써 남용되는 일이 없도록, [이미지]를 중심에 두고 [원문 그대로] 그것의 공간으로 만드는 데 관심이 있다.
>
> (p. 109)

슈퍼바이저는 초보 치료사가 만든 이미지가 개인적 의미를 지니고 있다고 생각할 때가 있다. 현명한 슈퍼바이저는 논의되고 있는 임상 작업과 관련이 없는 한 슈퍼바이지의 문제를 철저히 조사하지 않는다. 내담자와 마찬가지로, 슈퍼바이지도 종종 업무의 암묵적인 의미를 깨닫는 데 시간이 걸리거나 슈퍼비전에 대한 걱정을 나누는 데 과묵할 수 있다. 슈퍼비전의 관계를 뒷받침할 목적으로 부드럽게 이미지에 몰입시키는 것은 신뢰와 안전한 대인관계의 성장을 촉진한다.

종결을 위한 매체 정리

우리가 대학원이나 대학원 수련 과정 동안 슈퍼비전에서든, 아니면 집단 또는 개별 형식으로든, 정리하는 것은 회기를 마치는데 중요한 부분이다. 매체 정리는 슈퍼비전 종료에 행해지는 의례 일부가 될 수 있으며, 성공적인 종결이 되게 한다. 내담자가 심도 있는 논의를 거쳐 문제를 표면화하듯이, 슈퍼바이지는 다음 회기로 전환하는 중요한 방법으로서 정리하는 것을 활용한다. 초보 치료사가 직물을 모으거나, 오일 파스텔을 상자에 다시 넣거나, 붓을 씻으면서, 자신의 일상으로 되돌아간다. 이러한 과정을 슈퍼바이지와 함께 되돌아보는 것은 내담자를 위한 회기의 중요한 부분으로서 정리의 가치를 이야기할 수 있는 기회가 된다.

결론

미술 기반 미술치료 슈퍼비전에 매체를 의도적으로 사용하는 것은 초보 치료사의 임상 작업에 대한 성찰과 비판적 담론에서 그들의 깊은 참여를 독려한다. 슈퍼비전이 교실, 사무실, 스튜디오 등 어디에서 이루어지든, 우리가 환경에 대해 어떻게 생각하고 그것을 사용하는지가 중요하다. 사려 깊은 공간 사용은 교훈적인 매체의 사용만큼이나 중요하다. 우리가 이 도전적인 작업을 위한 공간을 만드는 방법은 치료적 관계의 유사성을 반영한다.

우리는 유연하면서도 일관성이 있는 미술 기반 미술치료 작업을 위하여 공간을 사려 깊게 구축하는 것이 중요하다는 것을 탐구해 왔다. 초보 치료사는 명확하게 설명하고 공유하기 어려울 수도 있는 새로운 경험들로 가득한 슈퍼비전을 매주 받는다. 그들이 정착하고 집중하는 데 도움이 되는 공간을 만드는 것은 이러한 슈퍼비전 과정을 지원한다.

슈퍼바이저가 자신을 제시하는 방식은 공간의 안전성과 예측 가능성에 이바지할 수 있다. 내가 미술치료사로 일했던 초기 몇 년 동안, 주거보호를 받는 아동들은 내가 보라색 플라스틱 가방을 가지고 있다는 것을 알아챘다. 그들은 보라색이 내가 가장 좋아하는 색이라고 짐작하고 이 정보를 사회적 윤활유로 사용했다. 아동들은 피튜니아나 바이올렛 같은 별명을 붙여 주며 나를 놀렸다. 그들은 보라색에 대한 시를 썼고 보라색으로 나에 대한 이미지를 그렸다. 이것은 종종 아동들이 안전하고 장난스러운 방법으로 나와 함께 어울리면서 우리의 관계로 들어가는 방식이었다. 보라색은 나의 상징색이다. 지금도 내가 보라색을 입었다는 사실은 내가 슈퍼비전하고 함께 일하는 사람들과의 대화 주제가 되고 있고, 이는 피상적이지만 개인적이어서 그들이 쉽게 어울릴 수 있게 해 준다.

미술 기반 미술치료 슈퍼비전에서 창의적인 작업을 위한 환경을 따뜻하게 하는 간단한 방법들이 있다. 우리의 초점을 바꾸어 경험을 중심으로 강화하는 의례 설계는 그 가치를 높이는 데 도움이 된다. 내가 양초와 차임벨과 함께 음식, 커피, 차를 가지고 오는 것은 작지만 강력한 중재로 편안한 공간을 마련하는 데 도움을 준다. 슈퍼바이저의 스타일과 그들이 지도하는 사람의 요구는 다를 수 있다. 그럼에도 슈퍼비전에 참여하는 사람들을 기반에 두고 집중시킬 수 있는 일관되고 친숙한 환경을 구축하는 것은 건강한 작업으로 이끈다.

공간을 활용하려는 슈퍼바이저의 의도는 미술 기반 미술치료 슈퍼비전의 성장 및 과정에 매우 중요하다. 슈퍼바이저가 환경을 변화시키는 방식은 심오한 작업과 협업을 위해 미술을 효과적으로 사용하기가 쉽게 한다. 치료사가 회기에서 민감한 문제를 다루는 안전한 장소를 만드는 것처럼, 초보 치료사가 슈퍼비전 할 자료를 준비하는 것처럼 슈퍼바이저도 공간을 잘 준비해야 한다.

이 장에서는 미술 기반 미술치료 슈퍼비전 동안 이미지를 제작하고 지원하는 몇 가지 방법에 대해 논의하고 예를 제시했다. 우리는 종결뿐만 아니라 업무에서의 참여를 지원하기 위해 슈퍼바이저가 공간, 시간, 매체를 의도적으로 사용하는 것을 살펴보았다. 이제 우리는 임상 업무의 이해를 돕기 위해 독립적으로 생성되고 슈퍼비전에 가져온 이미지로 작업하는 것으로 우리의 토론을 바꿀 것이다. 이어지는 장에서는 미술 기반 미술치료 슈퍼비전의 필수적인 부분으로서 통찰력을 탐구하고 뒷받침하기 위해 반응 미술을 활용하는 예를 제시할 것이다.

참고문헌

Allen, P. B. (1995). *Art is a way of knowing.* Boston, MA: Shambhala.

Allen, P. B. (2005). *Art is a spiritual path*. Boston, MA: Shambhala.

Ault, R. E. (1989). Art therapy with the unidentified patient. In H. Wadeson, J. Durkin, & D. Perach (Eds.), *Advances in art therapy* (pp. 222–239). New York, NY: John Wiley & Sons.

Barton, S., Gonzalez, R., & Tomlinson, P. (2012). *Therapeutic residential care for children and young people: An attachment and trauma-informed model for practice.* Philadelphia, PA: Jessica Kingsley.

Bloom, S. (1997). *Creating sanctuary: Toward the evolution of sane societies.* New York, Routledge.

Cane, F. (1983). *The artist in each of us* (Rev. Ed.). Craftsbury Common, VT: Art Therapy Publications.

Case, C., & Dalley, T. (1992). *The handbook of art therapy.* New York, NY: Routledge.

Henley, D. (1992). *Exceptional children: Exceptional art.* Worchester, MA: Davis Publications.

Henley, D. (1995). A consideration of the studio as a Therapeutic intervention. *Art Therapy: Journal of the American Art Therapy Association, 12*(3), 188–190.

Hinz, L. D. (2009). *Expressive therapy continuum: A framework for using art in therapy.* New York, NY: Taylor and Francis.

McGraw, M. K. (1995). The art studio: A studio-based art therapy program. *Art Therapy: Journal of the American Art Therapy Association, 12*(3), 167–174

McNiff, S. (1995). Keeping the studio. *Art Therapy: Journal of the American Art Therapy Association, 12*(3), 179–183.

Moon, B. L. (1998). *The dynamics of art therapy with adolescents*. Springfield, IL: Charles C Thomas.

Moon, C. H. (2002). *Studio art therapy: Cultivating the artist identity in the art therapist*. Philadelphia, PA: Jessica Kingsley.

Moon, C. H. (Ed.). (2010). *Materials and media in art therapy: Critical understandings of diverse artistic vocabularies*. New York, NY: Routledge.

Perry, B., & Szalaviz, M. (2006). *The boy who was raised as a dog and other stories from a child psychiatrist's notebook*. New York, NY: Basic Books.

Rubin, J. A. (1999). *Art therapy: An introduction*. Philadelphia, PA: Brunner/Mazel.

Seiden, D. (2001). *Mind over matter: The uses of materials in art, education and therapy*. Chicago, IL: Magnolia Street Publishers.

Seiden, D., & Davis, A. (2013). *Art works: How making art illuminates your life*. Chicago, IL:Ganesha Books.

Steinhardt, L. (1998). Interview with Joy Schaverien, PhD, London. *American Journal of Art Therapy, 36*(4), 109–114.

van der Kolk, B. (2014). *The body keeps the score: Brain, mind, and body in the healing of trauma*. New York, NY: Penguin.

van der Kolk, B. A., McFarlane, A., & Weisaeth, L. (1996). *Traumatic stress: The effects of over whelming experience on mind, body and society*. New York, NY: Guilford Press.

Wadeson, H. (1980). *Art psychotherapy*. New York, NY: John Wiley & Sons.

Chapter 04 

미술 기반 미술치료 슈퍼비전에서 이미지 활용

초보 치료사는 구두 설명, 성적 증명서, 과정과 진행 노트, 공식적인 사례발표를 통해 그들의 작업을 슈퍼비전받는다. 또한 슈퍼바이저인 나는 현장 방문, 상담, 사이트 관리자의 평가를 통해 초보 치료사의 업무를 직접 볼 수 있다. 미술치료사는 내담자의 동의하에, 임상적 그림을 슈퍼비전에 가져와서 내담자가 제작한 이미지를 보고 이야기하는 것이 일반적 관행이다. 이 작품들은 아마도 내담자가 회기에서 작업한 원본 이미지, 복사 또는 디지털적 표현일 수 있다. 치료사와 슈퍼바이저가 회기에서 표현된 이미지를 표현으로 볼 때, 치료 내용에 대한 보다 나은 이해를 한다. 이러한 이미지 활용은 치료 정보의 미묘한 차이를 포함하는 논의를 가져온다. 덧붙이자면, 나는 슈퍼바이저와 치료사 모두가 그들의 상상력과 치료적 통찰력을 증진시키기 위한 창조적인 과정을 이용하여 그들 자신의 이미지를 활용하는 것을 옹호한다. 상담, 치료 또는 다른 사회 서비스를 제공하는 사람은 그들의 업무를 탐구하기 위해 이미지와 은유를 활용할 수 있다.

초보 치료사의 실습에 대한 관리는 슈퍼바이저가 광범위한 선택 능력에 정통할 때 효과적으로 뒷받침된다. 3장에서 우리는 슈퍼비전 중에 이미지 제작을 용이하게 하는 공간을 만드는 방법을 토론했다. 우리는 예측 가능한 설정을 만드는 방법과 도전적인 자료를 다루면서 매체를 활용하여 언어적 문제를 해결하는 방법에 관해 이야기했다. 이제 우리는 우리의 실습을 이끌기 위해 독립적으로 만들어지고 슈퍼비전으로 가져오는 이미지들을 활용하는 방법을 살펴볼 것이다. 나는 이 일에 참여하는 방법을 제안하고 주의사항을 제공할 것이다.

반응 미술은 자신의 업무에 대한 치료사의 이미지 작업이다. 그것은 슈퍼비전뿐만 아니라 치료의 내부나 외부에 만들어질 수 있다. 의도와 반응 미술의 일반적인 원리에 따라, 나는 미술 기반 미술치료 슈퍼비전에 가져온 이미지로 작업하는 몇 가지 방법을 설명할 것이다.

나는 개인 치료에 속하는 것과 슈퍼비전에 중요한 개인 자료를 구별하여, 슈퍼비전 내용을 다루기 위한 이미지를 활용하는 방법에 대하여 논의할 것이다. 우리는 매주 반응 미술 과제, 사례 발표 피드백 이미지, 동화 과제, 그리고 대학원 과정에서 초보 치료사와의 적극적 상상 활용 및 슈퍼비전 성찰을 포함한 프로젝트에 대해 계속 이야기할 것이다. 우리는 슈퍼바이지의 이미지, 이미지 사용, 그리고 그것을 공유하는 나의 이유에 대한 성찰로 이 장을 끝낼 것이다.

글 또는 미술에 기반한 과제는 수련 중 슈퍼비전을 구조화하고 방향을 정하는 데 도움이 된다. 그것들은 결코 임상적으로 긴급한 논의보다 우선하지 않는다. 우리가 슈퍼비전에서 이미지와 상호작용하는 방법은 치료 과정, 초보 치료사의 고민, 그리고 그들의 강점과 도전에 의해 결정된다. 탐구와 기본 토론을 지원하는 가장 효과적인 방법은 반응 미술일 때가 있으며, 다른 경우 구술적 담론과 교훈적 정보가 더 적절한 때도 있다.

의도

미술 기반 미술치료 슈퍼비전이 효과적인 시선으로 사용되기 위해서는 의도적인 방향을 가져야 한다. 의도는 '나는 참석하여 피드백을 받는다.'와 같이 단순할 수 있다. 또는 '나는 왜 내 내담자가 나를 화나게 하는지 알게 된다.'처럼 더 복잡할 수 있다. 우리가 시간을 내어 우리의 노력으로 무엇을 얻거나 성취하기를 원하는지에 대해 생각하고 분명하게 말할 때, 우리는 우리가 일하고 있는 결과를 볼 가능성이 더 많다. 이러한 초점은 치료의 미묘한 점에 대한 개방성을 가져다주는데 이것은 우리가 초보 치료사의 불안에서 오는 역전이 문제를 이해하는 데 도움을 줄 수 있다. 기계적인 의도를 만들어 내고 사용하는 것은 같은 정보를 끌어낸다. 우리의 일에 신중하게 만들어진 의도를 사용하면 모든 능력을 발휘할 수 있게 되어, 우리는 미묘한 차이가 있는 정보를 더 많이 접할 수 있게 된다.

슈퍼비전은 중요한 기회며, 여기에 투자된 시간은 생산적으로 소비되어야 한다. 모든 논의가 가치 있는 것은 아니고, 모든 미술작품이 유용한 것도 아니다. 슈퍼비전에서 이미지 활용의 선택은 내담자를 위한 치료의 질을 보장하고 초보 치료사의 전문적인 성장을 촉진하는 이중 목적을 제공해야 한다.

슈퍼비전을 진지하게 받아들이는 것이 지루하거나 부담 없이 해야 한다는 것을 의미하는 것은 아니다. 그 과정은 자극적이고 흥미롭고 심지어 재미있을지도 모른다. 이미지 작업은 즐겁고 도전적인 작업을 지원할 수 있는 이중 수용을 갖추고 있다. 슈퍼비전에 활용한 이미지는 우리의 실습 내용—내담자가 공유하고 숙달하기를 희망하는 외상, 두려움, 불안뿐만이 아니라 이에 대한 치료사의 감정—을 담고 있다. 우리가 이미지를 슈퍼비전에 도입할 때, 그것은 시간을 하찮게 사용하는 것이 아니라 치료의 내용과 그것에 대한 반응을 다루려는 노력이다.

반응 미술

치료사로서 나의 초기 경험 이후, 나는 나의 이미지를 활용하고 이해하기 위해 연습했다. 나는 역전이를 탐구하기 위해 회기가 끝난 후 내 작품을 만들고 탐색하여, 치료적 관계를 명확하게 만들었다(Fish, 1989). 나는 기본 자원으로 이미지 작업을 계속한다(Fish, 2006, 2008, 2012, 2013). 이것은 내가 그들의 일을 견디게 하고 탐구하고 소통하는 데 사용되는 치료사의 기술로서 반응 미술에 대한 실무적인 이해를 끌어냈다.

나는 어떤 사건이 나를 강력하게 덮칠 때, 압도당하거나 혼란스러울 때, 지나치게 격렬해 보이거나 상황에 맞지 않는 반응을 보일 때 반응 미술을 한다. 이미지로 작업하게 되면 그 사건을 가져오게 되고 나는 외부에서 그것을 바라볼 수 있도록 형태를 부여할 수 있게 된다. 반응 미술을 통해 창조하고 성찰하는 것은 나의 속도를 늦추고, 깊이 있게 생각할 수 있게 되어, 이해를 얻고 반응하는 것을 피할 수 있도록 도와준다. 나의 경험을 정리하고 어떻게 반응할지를 선택할 때 잠시 멈추고 선택을 고려할 시간과 공간을 스스로에게 제공하게 되면서, 다른 사람과의 효과적인 의사소통을 돕는다. 그들이 말했듯이, 그림은 천 마디 말만큼 가치가 있다.

나는 내 작업을 통해 반응 미술이 매우 가치가 있다는 것을 경험했기 때문에, 학생들이 수련과 대학원 실습 과정 동안 슈퍼비전의 주요 자원으로서 반응 미술에 참여하도록 요청한다. 초보 치료사는 자신의 이미지를 만들고 다루면서, 그들 자신이 고요해지고 그들의 실습을 세심하게 생각할 수 있게 된다. 이미지는 통찰력을 가져다줄 수 있다. 그것은 개인적인 이해와 대인관계 이해를 증가시키는 데 도움을 줄 수 있고, 공감 능력과 그들의 일을 지속할 수 있는 능력을 높인다. 반응 미술은 내담자, 임상 팀 구성원 및 슈퍼비전 참가자와의 의사소통을 명확히 하는 데 유용하다. 그것은 치료사가 슈퍼비전 관계에서 발생하는 것들을 포함하여, 치료에 대한 역전이와 그 외의 개인적인 반응을 해결하도록 도울 수 있다.

이미지 작업

슈퍼바이저와 초보 치료사가 목격하고 지원하는 미술 기반 미술치료 슈퍼비전에 사용되는 이미지는 깊이 있는 작업을 위한 수단을 제공한다. 슈퍼비전 중이나 독립적으로 반응 미술을 만들어 회기에 가져올 수 있다. 슈퍼비전을 하기 전에 완성된 이미지는 가치 있는 자원으로 우리의 시간과 관점에 제공되어야 한다. 그것은 상황의 함의를 탐색하거나, 상호작용을 반영하거나, 피드백을 주기 위해 만들어질 수 있다. 미술작품을 완전히 활용시키기 위한 시간을 할애하지 않는 것은 기회를 잃는 것이다. 모든 이미지는 중요한 자원으로 환영받고 의도적으로 탐색해야 한다. 3장에서 논의하였듯이, 이미지를 만들 수 있는 공간을 만들고, 재료를 다루는 과정을 통해 기초와 다면적인 탐색을 지원한다.

미술 기반 미술치료 슈퍼비전이 집단 형식으로 제공될 때, 다양한 관점에서 풍부한 이미지를 제공한다. 현장 업무 중에 임상 문제에 관한 토론의 기반으로서 우리가 미술작품을 활용하여, 이슈에 관심을 기울이도록 돕는다. 모든 참가자가 그들 작업에 참여할 시간을 갖도록 하기 위해서 담론은 더 제한되어야 한다. 이미지는 우리가 문제의 핵심으로 신속하게 움직여 잠정적인 토론을 지원하고, 우리 모두에게 대인관계 공명과 공감의 기회를 증가시킨다.

임상 경험에 관한 미술작품을 창조하기 위한 배치는 외부로부터의 지속적인 이미지 흐름을 슈퍼비전으로 가져온다. 이러한 것들은 우리가 문제를 처리할 때 집단 토론을 지원하고 방향을 제시한다. 초보 치료사가 작품을 만드는 동안 얻는 이점을 넘어, 집단 내에서 공유될 때 슈퍼바이저뿐만 아니라 개인과 동료에게도 풍부한 자원이 된다.

개인 작업

치료적 통찰력을 기르는 것은 창조적 과정을 통해 슈퍼바이지가 이용할 수 있는 타고난 지식에 관한 관심과 인내, 믿음이 필요하다. 치료에 반영하는 이 방법은 슈퍼바이저가 내담자 치료를 보장하기 위해 지도하지만, 그것은 여전히 슈퍼바이지의 이미지와의 관계에 뿌리를 둔 개인 치료사의 창의적 여정이다. 통찰과 깨달음은 우리가 그것들을 받아들일 준비가 되었을 때 온다. 그들은 해설자의 관점을 대변하며, 초보 치료사가 이미지에 대한 자신의 이해를 찾는 것을 방해할 수 있다.

이전 장에서 논했듯이, 치료에서 다루는 자료와 슈퍼비전에서 탐구된 자료 사이에는 유사점이 있다. 각각에 사용하는 도구들은 종종 같다. 이 둘을 명확하게 구분하는 것이 필수적이다(Corey, Corey, & Callanan, 2011). 치료사와 슈퍼바이저는 회기의 내용에 공감할 수 있으며, 그것이 그들 자신의 경험으로 반향됨을 느낄 수 있다. 효과적인 작업은 치료와 마찬가지로, 슈퍼바이지의 자기성찰에 깊이 참여할 것을 요구한다. 근본적인 차이점은 슈퍼비전 자료가 임상 작업을 지원한다는 것이다. 다른 사람에게 제공되는 서비스와 관련 없이 개인 자료는 개인 치료의 작업이다. 이미지를 제작하고 탐색하는 것은 이미지를 제작하고 연구하면 치료와 관련된 문제와 자신의 임상 안에서의 치료 문제인지를 구별하는 데 도움이 된다. 문제가 중복되어 슈퍼바이지의 개인적, 직업적 삶에 영향을 미칠 때가 있다. 그런 경우, 슈퍼비전과 개인 치료 모두 제안된다.

반응 미술의 매주 과제

대학원 과정에서 학생들에게 미술 기반 미술치료 슈퍼비전을 할 때, 나는 그들에게 매주 반응 미술을 활용하기를 권한다. 그들은 이미지 안에 자신들의 인턴십 일부 측면을 반영하여 다음 수업에 가져온다. 나는 초보 치료사가 이러한 이미지 활용의 이해를 돕고 배우도록 하기 위해 치료사 수련 중 이 과제를 일관된 토대로 채택했다. 이 작품들은 학생들이 자유로운 매체 선택과 그들의 과정을 위한 무한한 시간과 공간을 가질 수 있도록 슈퍼비전 밖에서 창작된다. 이 작품들은 슈퍼바이지가 이미지에 초점을 맞추기로 했는지, 또는 구두로 자신의 문제를 연관시키는지를 토론하는 것을 지지한다. 작품은 다방면의 담론을 지원하면서 우리의 관심을 유도한다.

켈리 리들(Kelly Riddle)은 공립 초등학교에서 인턴십을 시작한 후 '첫날'([그림 4-1], 판 3)을 그렸고, 이를 슈퍼비전에 가져왔다. 그녀는 첫날에 학생들의 행동 프로그램과 학교의 문화를 배우려고 노력하면서, 학생들과 교사들에게 자신을 소개하느라 각 교실을 방문하는 데 시간을 보냈다.

[그림 4-1] (판 3) 첫날
켈리 리들

그녀의 그림에서 경험의 불협화음이 그녀를 얼마나 흥분시키고 압도했는지를 보여 준다. 그녀는 하얀 재봉틀 바느질들이 조형을 휘감고 있는 흔적을 만들었다. "'첫날'은 색깔과 소리, 흥분과 새로운 얼굴들로 온통 뒤섞여 있었다. 이 바느질은 이 혼합물 속에 있는 나의 존재를 나타내며, 그것을 모두 받아들여 나만을 위한 장소를 찾으려고 애썼다" (Kelly Riddle, 개인적 대화, 2015년 1월 22일). 그녀는 작품을 공유할 때 그림을 그리는 것이 경험을 정리하고 집중하는 데 도움이 되었다고 말했다.

각 학생이 돌아가면서 자신의 반응 미술을 발표할 때 슈퍼비전에서 담론을 풀어내는 흐름이 만들어진다. 우리는 피드백과 지지를 제공함으로써 문제를 해결하고 임상 작업을 목격하는 데 주의를 집중한다. 다음은 학생의 이미지로 이동하면서, 우리는 그 과정을 반복한다.

앨리슨 앤셀(Allison Ancel)은 사춘기 소녀에게 힘을 주기 위해 고안한 성폭력 예방 프로그램에서 일하는 과정에서 직면한 어려움을 묘사한 '경계'([그림 4-2])를 그녀의 슈퍼비전 수업에서 전시했다. 젊은 치료사로서, 인턴인 그녀가 여고생들과 함께할 것으로 예상했던 대인관계의 경계와 자기 개방의 잠재적인 강점과 본질적인 문제들에 대해 의문을 제기했다. 그녀는 프로그램이 시행된 학교에서 좀 더 친밀하고 덜 임상적인 환경으로 치료하기 위해 전문적인 기준을 고수하도록 위임 사항을 조정하려 노력했다.

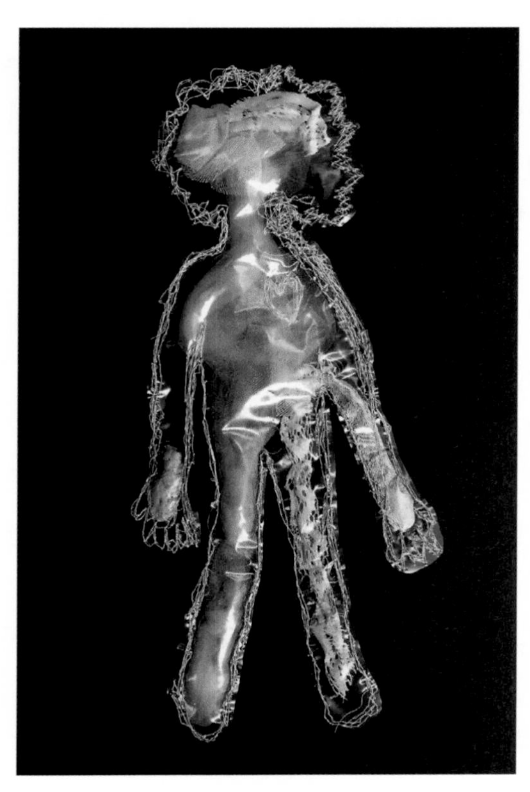

[그림 4-2] 경계

앨리슨 앤셀

그녀의 이미지는 자화상으로, 그녀를 투명한 플라스틱 인물로 묘사하고, 가장자리를 꿰매었으며, 모든 것들이 뒤틀리고 뒤엉킨 모습을 선명하게 보이게 했다. 그녀는 이 소녀들과 함께 작업할 때 느꼈던 개인적인 울림을 어떻게 간직할 수 있었을까? 그들의 가장 큰 관심사는 무엇이었을까? 그들 안에는 무엇이 들어 있었는가?

앨리슨의 연구는 의료 병원, 약물치료를 받는 청소년들을 위한 주거 프로그램, 정신의학적 치료를 받는 아동을 위한 치료 프로그램, 노인을 위한 보조 치료 시설을 포함하여, 매우 다른 환경의 경계들에 대한 집단 담론을 불러일으켰다. 우리는 기관 지침의 이유를 조사하고 내담자나 슈퍼바이지에 대한 개방의 영향력에 관한 생각을 공유했다. 우리는 함께 효과적인 치료적 경계를 지원하면서, 자기 개방의 의미를 고려할 때 치료에서 자극되는 역전이를 해결하고 탐색하는 것이 얼마나 중요한지를 논의했다.

앨리슨과 그 집단의 다른 사람들은 자기 개방을 신중하게 고려하는 것의 중요성을 깊이 성찰하면서 인턴십으로 돌아왔다. 내담자와 개인적인 자료를 공유하는 것의 몇 가지 결과에 대해 논의한 후에, 그들은 그들의 개인적인 경험의 잠재적인 가치와 그것을 공유하기로 할 때 세심한 고려의 중요성을 모두 인정했다. 규칙들을 철저히 준수하는 대신에, 앨리슨의 이미지는 치료의 중요한 측면에 대한 미묘한 의사결정에 참여하는 데 도움을 주었다.

레슬리 가브(Leslie Garb)는 치매를 앓는 성인을 위한 주간 치료 프로그램에서 인턴 경험을 반영한 그녀의 그림 '친숙함의 연약함'([그림 4-3])을 수업에 가져왔다. 그녀는 나이 든 어머니와 성인이 된 딸이 참석한 회기를 묘사했다. 앞의 탁자에 그림을 놓고, 레슬리는 어머니의 줄어드는 능력과 치매의 영향을 받는 딸을 주제로 토론할 때 어떻게 그

[그림 4-3] 친숙함의 연약함
레슬리 가브

녀들과 함께 앉아 있었는지에 대해 이야기를 나누었다. 그 작품은 레슬리가 가족을 유지하기를 갈망했던 연약한 관계를 전달할 뿐만 아니라 그녀가 이야기했던 슬픔에 공감하고 성찰하도록 도왔다. 그 집단은 공감의 중요성과 그것이 얼마나 개인적인 도전을 지속할 수 있는지에 대한 토론에 이바지했다.

이 일관된 반응 미술 과제는 창조적인 시선을 통해 치료 작업에 접근할 기회를 제공하며, 매체와 상상력을 활용하여 미술 기반 탐구와 이해의 방식에 접근할 수 있다. 학생은 자신의 감정과 반응을 통해 회기에서 진행 상황을 파악할 수 있다. 나의 의도는 초보 치료사에게 그들의 업무를 뒷받침하는 도구로서 반응 미술을 도입하는 것이다. 학생은 수련 내내 일관되게 그것을 활용한 후, 그들이 더 독립적인 전문적 업무로 옮겨 가면서 필요로 할 때 이를 활용할 수 있을 만큼 충분히 반응 미술에 익숙해질 것이다.

사례 발표 피드백

현장 슈퍼비전 수업에서, 학생 치료사는 학기마다 내담자와 함께 그들의 작업을 공식적으로 발표한다. 이들의 발표는 내담자의 나이와 인구통계, 현재 문제, 내담자 의뢰 사유와 경위, 내담자의 이전 치료 경험, 진단 및 강점, 치료의 기간, 목표, 과정을 포함하는 형식을 따른다. 그들은 회기의 개요를 제시하고, 슈퍼비전 집단에 제기한 질문들로 마무리 짓는다. 발표를 관찰하고 토론에 참여한 후에, 다른 슈퍼바이지들과 나는 그 작업을 고려하고, 다음 주에 발표자에게 피드백을 주기 위해 수업 이외에 반응 미술 작품을 만든다.

수업이 다시 시작되면, 우리는 피드백을 주기 위해 작업한 모든 이미지를 강의실 옆에 있는 탁자에 놓는 것으로 시작한다. 학생들과 내가 우리의 작품을 정리하면서, 함께 작품을 보기 시작한다. 학생 중 발표자 한 사람이 모든 이미지를 보고 나서 우리 각자에게 차례로 우리의 작업을 성찰하는 절차를 밟는 의식으로 발전시켰다. 각각 자신의 이미지와 사례 발표의 관계를 논의하여, 작업에서 두드러진 측면과 치료에 대한 관련성을 강조한다. 또한 많은 사람은 다른 사람의 작품을 성찰하기 위해 이미지를 제작하면서 반응 미술 작업이 드러내는 개인적인 통찰을 공유한다. 이러한 실습은 목격자, 피드백 및 협업을 위한 귀중한 기회를 제공한다.

미술치료 인턴인 츠-첸 리(Sze-Chin Lee)는 집에서 디지털로 '도와줘!?'([그림 4-4])라는 작품을 만들어 동료의 발표에 대한 반응으로 슈

[그림 4-4] 도와줘!?

츠-첸 리

퍼비전 수업에 가져왔다. 그 동료는 정신질환을 앓는 성인을 대상으로 한 행동 건강 병원에서 환자와의 회기를 설명했다. 치료사는 몇 년 동안 환자가 병원을 들락거렸기 때문에 직원이 환자의 말을 듣지 않는 것 같다고 설명했다. 츠-첸은 발표자의 환자가 바다에서 떠다니며 지나가는 배를 향해 소리치고 손을 흔드는 그림으로서, "나는 사람들을 내 행동으로 밀어낸다."라는 환자의 표현에 반응했다. 배는 항해를 계속했고 선원들은 구조해 달라는 그녀의 간청을 무시했다.

츠-첸은 그녀의 환자를 도움 없이 남겨진 사람으로 보는 그녀의 시각에 반응함으로써 동료의 일에 대한 피드백을 제공했다. 그의 반응 미술은 발표에 대한 그의 관심의 질(質)과 환자의 상황에 대한 치료사의 감정을 전달하는 데 있어서의 효과성을 보여 주었다. 우리는 우리 자신의 경험적 시선을 통해 우리의 만남을 본다. 버려진 환자의 이야기에 감동한 츠-첸은 깊은 물속에서 허우적거리며 생각할 수 있는 가장 무서운 상황에 그녀를 대변했다. 츠-첸은 싱가포르 출신이다. 그가 바다에서 고생하는 동료에 환자를 어떻게 표현했는지를 묘사했을 때, 그는 수심이 깊은 물에 대한 자신의 두려움과 그로 인해 야기된 공포를 공유했다.

이것은 목격자에게 너그럽고 강력한 방법이다. 슈퍼비전에서 사람들은 서로의 작품으로 공감을 찾아내고 반응 미술을 통해 표현하겠다는 다짐을 하면서 의도를 다듬는다. 이 이미지들은 이슈에 초점을 맞추고 공감과 지지를 보여 줄 수 있는 귀중한 피드백을 제공한다. 이 과제에 관련된 사람들은 종종 깊이 이해된 느낌을 묘사한다. 비판적 피드백과 공감을 보여 주는 것 외에도, 이러한 반응 미술 활용은 우리 자신의 관점에서 제시된 관심사에 반향할 기회를 준다.

발표를 듣고, 우리가 그것에 반응하여 미술을 창작하리라는 것을 아는 것은 인지적 · 감정적 · 창조적 수준에 대한 집중적인 관심이 필요하다. 상상력을 펼쳐 놓고 목격할 때, 우리는 창의적인 반응으로 융합할 재료들을 모은다. 이 임무는 슈퍼비전 집단의 초점을 겨냥한다. 크레이머(kramer, 1971)가 묘사한 치료적 관계에 관한 치료사의 관심은 그것과 유사한 질을 촉진한다. "치료적 상호 교환에서 심리치료사는 환자의 의사소통을 위해 개방 상태를 유지하여, 자신의 내적 생활에서 울림을 찾을 수 있도록 한다."(p. 89)

동화 과제

슈퍼바이지의 임상 작업을 창의적 잠재력으로 불어 넣기 위해, 나는 내담자의 상상력 관점을 제공하는 과제를 개발했다. 나는 학생들에게 그들의 내담자 중 한 명이 주인공으로 등장하는 동화를 쓰라고 요청한다. 내 의도는 수련 중인 치료사에게 그들 내담자의 견해를 도전으로 직면할 때, 강점과 회복력을 확인하는 보다 더 비언어적인 것으로 입장을 바꿀 기회를 주는 것이다. 우리가 내담자에게 창의적인 문제 해결을 위해 작업하라고 요구하는 것처럼, 그들과 함께 우리의 일을 안내하는 우리 자신의 이미지를 볼 수 있다.

이러한 이야기들 속에서 우울하고 괴롭힘을 당하는 내담자는 극복할 수 없는 장애물을 벗어나기 위해 자기 안에서 마법의 힘을 찾을 수 있다. 목소리를 듣는 내담자는 머나먼 행성으로 날아가서 머릿속의 거친 목소리에 맞설 수 있는 마법에 걸린 조언자를 찾을 수 있다. 가족이 없는 아동은 '새'로 변신해 땅에서 멀리 떨어진 토끼가 있는 새로운 집으로 날아갈 수 있다.

나는 이 연습 과정을 학생들의 의식을 확대하고 꼬리표와 진단으로 환자에 대한 고정 관념을 가진 제한적인 영향을 그들에게 일깨우기 위해 고안했다. 만성 정신질환의 과정을 지켜보는 것은 종종 고통스러운 일이다. 초보 치료사는 자기 내담자에 대한 새로운 아이디어와 희망으로 가득 차 있다. 그들은 확고한 정신병리학 경험, 제한된 자원, 그리고 기관의 지원 부족에 대해 실망한 경험 없이 맑은 눈으로 작업을 시작한다. 그런 이유로 그들은 종종 다른 사람이 포기한 내담자와 깊은 관계를 맺을 수 있다. 내성적이거나 치료를 활용하지 못할 것 같은 내담자는 이런 초보 치료사의 희망과 신선한 태도에 사로잡혀 있을 때도 있다.

슈퍼바이지는 이런 이야기를 내담자와 공유하지 않는다. 이것들은 그들 자신의 성찰을 목적으로 하며, 숨은 잠재력을 발견하는 데 도움이 되는 내담자의 강점을 상기시킨다. 언뜻 보기에, 이것은 임상 탐색과 거리가 먼 이야기처럼 들릴 수도 있다. 그러나 은유를 통해 실제 자원을 살펴봄으로써 초보 치료사는 문제 목록과 치료계획보다 더 많은 치료법이 있다는 것을 알 수 있다. 물론 이러한 임상 도구는 건강한 작업을 유도하는 데 필요하지만, 시와 창의성이 없으면 작업이 위험해지고 지루하게 반복될 수 있다. 이야기와 이미지를 사용하는 것은 슈퍼바이지가 자신의 강점과 잠재력을 높이 평가하면서 신선한 눈으로 내담자에 대해 생각하는 것을 배우는 데 도움을 줄 수 있다.

나는 보통 대학원 수련 중에 한 번은 동화 과제를 준다. 학생들은 때때로 처음엔 강하게 저항하며, 그것의 유용성을 이해하지 못한다. 일단 그들이 자기 내담자에 대한 이런 사고방식으로 참여하게 되면, 대부분은 그들의 생각을 바꾸고 그들의 실습을 심화시키는 데 도움을 준 과제를 되돌아본다. 우리는 7장에서 동화 과제에 대해 더 깊이 논의할 것이다.

적극적 상상, 상상적 대화, 목격자 글쓰기

상상의 자원에 접근하는 것은 임상 작업에 이해와 방향을 제시하는 또 다른 방법이다. 맥니프(McNiff, 1989)는 무의식은 인식의 부재를 묘사하는 용어로 사용 가능하다고 언급했다. 인식의 바로 바깥에 존재하는 정보를 위한 공간을 만들어 줌으로써, 우리는 암묵적인 이해와 치료에 사용할 수 있는 본능적인 반응과 고려되지 않은 자원을 조작할 수 있다.

이미지를 이용하는 한 가지 방법은 오픈 스튜디오 과정(open studio process)에서 사용되는 목격자 글쓰기(witness writing)를 통해서다(Allen, 2005). 이 실습은 융의 작업인 적극적 상상(active imagination; 1959, 1963, 2009)과 맥니프의 작업인 상상적 대화(imaginal dialogue; 1989)에 뿌리를 두고 있다. 이러한 방법들은 아직 우리의 의식적 사고에 도달하지 못한 개인과 집단 무의식의 정보에 접근하는 방법이다. 이 작업은 임상 실습에 적용될 수 있는 개인적이고 보편적인 이해 방법을 가져올 수 있다.

초도로(Chodorow, 1997)에 따르면 융은 적극적 상상의 과정이 두 부분으로 구성되어 있다고 생각한다. "첫째, 무의식이 올라오게 하고, 둘째, 무의식을 받아들이게 한다. 내가 융을 이해할 때 그것은 여러 해 동안 계속될지도 모르는 자연스러운 순서다."(p. 10) 한나(Hannah, 1981)는 무의식을 활용하는 융의 방법을 설명했다. "원칙적으로 적극적 상상의 첫 단계는 깨어 있는 동안 꿈을 보고 듣고 배우는 것이다."(p. 17) 이러한 무의식의 발현은 많은 형태를 취할 수 있다.

> 많은 사람에게는 그것들을 적는 것이 가장 쉽다. 어떤 사람은 그것들을

> 시각화하고, 또다른 사람은 시각화의 여부와 상관없이 다시 드로잉이나 그림으로 그린다. 의식의 방해가 심하면 종종 손만으로 환상을 그릴 수 있다. 때로는 마음과 상당히 다를 수 있는 현상을 만들거나 그린다.
>
> (Jung, 1968, pp. 21–23)

오픈 스튜디오 과정(Allen, 2005년)의 일부로 개발된 목격자 글쓰기는 적극적 상상을 발휘하는 구체적인 방법이다. 그것은 창조적인 과정을 상상적 만남의 창으로 삼아 우리의 개인과 집단 자원을 활용한다. 이 과정은 구체적인 단계를 포함한다. 각 참가자는 작업에 참여함으로써 무엇을 배우거나 성취하기를 원하는지 기술하는 의도를 명확하게 표현하는 것으로 시작한다. 의도는 직설적이거나 다면적이어서 이미 일어난 것처럼 현재 시제로 써야 한다. 당신이 의도를 쓸 때 당신의 목표를 고려해야 한다. 이 과정을 시작할 때마다 가능한 한 구체적으로 작성하는 것이 중요하다.

다음으로, 각 참가자는 이미지에 초점을 맞추고, 대화를 포함한 상상적 정보에 개방되며, 어떤 생각이나 대화가 오가든지 종이에 옮겨 적는다. 여기에는 작품을 묘사하고, 미술작품을 만들고 목격자 글쓰기를 하는 동안 표면화된 감정, 저항, 그리고 그 밖의 모든 것을 알아차리는 것이 포함된다. 이 과정은 완전하다고 느낄 때까지 계속된다.

글쓰기를 끝내면, 선택한 사람들은 다른 사람들이 논평하지 않고 그것을 목격하면 그들은 글을 큰 소리로 읽을 수 있다. 이것은 초보 치료사와 이미지 사이의 상호작용이 다른 사람들의 투사에 의한 개입 없이 집단 내에서 표현되고 공감하도록 한다.

각자 자신의 관점에서 내적 성찰의 기회를 얻고, 한 사람의 독서 공간을 확보하고 그 경험에서 얻을 수 있는 것을 취한다. 토론을 일시 중단하면 독자와 목격자 모두 작품과 연결될 수 있으며, 자신의 비판적 생각과 판단에 관여할 수 있는데, 이들은 이를 소리 내 표현하지 않고 메모한다. 독자와 목격자 모두 자신의 내면 상상 자원과 자신의 작업과 다른 사람의 작업에 자극을 받는 창조적 해결책에 접근할 수 있다. 그렇다고 슈퍼비전 자료와 상호작용적인 비판적 관여가 없다는 뜻은 아니다. 비판적 담론과 문제 해결은 목격자 글쓰기 과정을 따른다.

우리는 슈퍼비전의 일부로서 여러 차원의 목격자 글쓰기에 관여한다. 슈퍼바이지는 자신의 작품에 대해 구두 관찰을 상세하게 글로 쓰거나, 상상적 대화에 작품을 참여시키거나, 집단에게 목격자의 글을 읽거나, 조용히 앉아서 그들이 읽는 동안 다른 사람들을 목격할 수 있다.

슈퍼바이저가 선택한 슈퍼비전 철학과 방법을 명시하는 슈퍼비전 계약이 중요하다. 이 자원을 제공할 때 집단의 관심과 분위기에 맞추는 것이 중요하다. 치료사가 자신의 일에 대한 통찰력을 얻을 수 있도록 유용한 지지가 되기 위해서는, 심리적으로 모두에게 안전하다고 느껴야 한다.

슈퍼비전을 하는 동안, 나는 분석할 수 있는 풍부한 자료 그리고 그 과정에 참여할 시간과 관심이 있을 때 슈퍼바이지에게 상상력을 이용한 연구를 촉진한다. 목격자 글쓰기에 참여할 때, 우리는 자신의 이미지나 다른 사람의 이미지와 상호작용하여 주의를 필요로 하는 어떤 작품을 선택할 수 있다. 이러한 작업 방식은 상당한 시간과 집중력이 필요할 수 있으며, 현장 슈퍼비전 수업 중에는 시간이 짧다. 그런 이유로 나는 치료사 수련 동안 그 일에 덜 관여한다. 나는 임상적 자기성찰을 지원하고 나 자신의 슈퍼비전 통찰에 접근하기 위해 대학원 슈퍼비전에서 적극적 상상과 목격자 글쓰기를 더 많이 사용한다.

목격자 글쓰기를 돕고 적극적 상상이나 다른방법으로 상상력을 자극하는 자료를 활용하는 슈퍼바이저는 개인적으로 그 과정에 친숙해야 한다. 모든 상황에서 모든 사람에게 적절한 조사 방법이란 없다. 슈퍼비전으로 가져온 자료에는 직접적인 구두 개입과 지적된 문제 해결이 필요할 때가 있다. 다른 때에는 더 많은 상상 자원이 유용하다.

다음의 작품은 내가 슈퍼비전 수업을 위해 만든 작품으로 목격자 글쓰기를 통해 떠올린 상상 작업이 어떻게 슈퍼바이지와 슈퍼바이저 모두에게 어떻게 임상을 지도해 줄 수 있을지에 대해 이야기할 수 있다. 반응 미술은 내가 내 작품을 분석하고 이해할 수 있도록 도와준다. 적극적 상상과 목격자 글쓰기는 내가 의식 밖에 놓여 있는 사고의 자료에 접근하면서 이 과정에 더 깊은 울림을 주는 데 사용할 수 있는 도구다.

나는 노인 내담자를 위한 요양 시설에서 치매를 앓고 있는 여성과의 작업을 발표하는 슈퍼바이지에게 반응하기 위해 '반응 그림'([그림 4-5])을 그렸다. 이 이미지는 수련생과 여성 내담자가 나란히 앉아 그녀가 그린 아일랜드 농장에 있는 어린 시절의 집을 내려다 보고 있는 모습이다. 나는 그 이미지와의 상호작용에 초점을 맞추려는 의도로 글을 썼다. 즉, 나는 내 이미지가 미술 기반 미술치료 슈퍼비전과 학생의 내담자와의 관계뿐만 아니라 그 학생과의 관계를 개방적으로 끌어내도록 하는 것이다.

수련생은 내담자와 함께 앉아 그녀가 해야 할 모든 말에 주의를 기울인다. 내담자는 확신에 차서 그림을 가리키고 있는, 그 그림에 정통한 사람이다.

나: 누구 말할 사람 있어요?

수련생: 나는 아무것도 놓치지 않도록 주의 깊게 듣고 있어요. 나는 조심스럽고 존중해요.

[그림 4-5] 반응 미술

바바라 피시

내담자: 할 말이 많은데 쉽지 않아요. 이걸 보여 드리고 싶은데 말을 못하겠어요.

나: 그게 무슨 의미일까요?

내담자: 그림들의 중심에 그것이 있어요. 이건 내가 좋아하는 들판을 내려다본 것이에요. 나는 그 광경과 냄새, 손 안에 검은 흙, 녹색 식물과 태양을 기억해요.

수련생: 제가 어떻게 도와야 할까요?

내담자: 이래 봬도 내가 목격자예요. 전체 기억들을 찾지는 마세요. 나에겐 경험에 대한 중요한 스냅샷이 있어요.

나: 그것이 내가 학생과 작업하는 데 어떻게 도움이 될까요?

내담자: 그건 모두 다 똑같아요. 각 만남은 스냅샷을 제공하죠. 경험의 깊이를 평가해 주세요. 각자 쌓아 갈 자료를 제공하죠.

나: 좀 추상적이네요. 좀 더 명확하게 말해 줄 수 있어요?

내담자: 그것이 요점이에요. 나는 나보다 더 분명할 수 없어요. 나는 치매가 있어요. 스냅샷을 가지고 앉아 의미를 부여하는 것은 여러분의 직업이자 학생의 몫이지요. 이것 또한 함께하는 여러분의 작업에 해당돼요.

나: 고마워요.

이 경우, 목격자 글쓰기를 통한 이미지 작업은 효과적인 슈퍼비전 방향을 찾는 데 도움이 되었다. 목표는 그 내담자가 더 접근할 수 없었던 추억을 되살리는 것을 돕는 것이 아니었다. 치료의 초점은 내담자의 순간적인 일에 관여할 수 있도록 돕고, 대인관계 경험을 공유하고, 그녀의 삶을 풍요롭게 하며, 좌절과 상실, 고립의 감정을 줄이는 것이다. 내 이미지를 활용함으로써 그녀의 내담자 치료 목표를 이해하고 다루고 초보 치료사를 지원하는 데 있어 나의 역할을 분명히 했다.

슈퍼바이저의 이미지

이러한 상상 자원의 사용을 쉽게 하기 위해 슈퍼바이저는 다양한 재료에 익숙해지고 이미지-기반 연구를 활용해야 한다. 슈퍼바이저는 탐구할 내용을 식별하고, 안전하고 생산적인 개입을 지원하는 소모품을 발견하여, 제작된 이미지와의 상호작용을 촉진한다.

내가 슈퍼바이저로 일하든 치료사로 일하든, 나의 창조적 과정을 더 많이 할수록, 다른 사람의 작업을 더 창조적으로 잘 개발해 줄 수 있다. 나는 나 자신의 이미지 활용을 통해 이러한 실천에 전념한다는 것을 보여 준다. 나는 다른 사람들에게 나의 실습에서 어떻게 반응 미술을 만들고 그 사용법을 탐색하는지, 그 방법을 공유함으로써 그것의 가치와 잠재적인 함정을 인식하도록 돕는다. 비록 내가 슈퍼바이지에게 서비스를 제공할 때 이런 이미지를 활용하는 것을 옹호하지만, 창조적인 자기성찰은 슈퍼바이저에게도 도움이 된다. 나는 초보 치료사의 작업을 탐구하기 위해 반응 미술을 하면서 슈퍼비전의 통찰과 개인적 통찰을 얻는다.

슈퍼바이저로서, 우리가 자신의 이미지와 교감하는 방식과 다른 사람들의 이미지와 함께 일하는 방식은 초보 치료사가 자신의 작품을 효과적으로 자신의 실습에 활용하는 법을 배우도록 이끈다. 슈퍼비전 밖에서 이미지를 만들어 작업을 반영하고, 내 이미지와 과정을 나 혼자 간직하는 시간이 있다. 다른 시간에는 미술작품을 슈퍼비전에 가져와 내가 일하는 사람들과 공유하는 것이 유용하다는 것을 알게 될 때가 있다. 슈퍼바이저의 반응 미술은 미술 기반 탐색을 보여 주면서, 수련 중인 사람들에게 강력한 본보기가 될 수 있다.

슈퍼바이저는 슈퍼비전 밖에서 자신이 그린 반응 미술을 공유하기 전에 초보 치료사에게 도움이 되도록 자신의 공유 동기가 무엇인지 신중히 고려해야 한다. 이 결정은 슈퍼바이지와의 관계와 생산적인 담론과 학습에 대한 함의를 고려하여 이루어져야 한다. 슈퍼바이저의 작품들은 개인적인 작업으로 내담자나 슈퍼바이지와 공유될 경우 가치가 없거나 심지어 해로울 수도 있다. 예를 들어, 슈퍼바이저와의 관계에서 내 문제를 해결하기 위해, 나는 내 여동생을 떠올리게 하는 학생에 대한 역전이를 풀기 위해 작품을 만들지도 모른다. 그 이미지는 나의 수련에 중요한 일이지만, 학생들에게 보여 주는 것은 무의미하거나 적절하지 않다. 나는 나중에 그 작품을 회수해서 내가 만들고 명료성을 얻기 위해 사용했던 이미지의 한 예로서 다른 슈퍼바이지에게 보여 줄지도 모른다.

나는 나의 그림 '토네이도'([그림 4-6], 판 4)를 현장 슈퍼비전 수업에

[그림 4-6] (판 4) **토네이도**

바바라 피시

가져오기 전에 신중하게 생각했다. 폭력적인 폭발 사건 이후에 내가 그것을 어떻게 느꼈는지 표현하기 위해 이 그림을 그렸다. 당시 나는 행동 및 정서 문제를 가진 청소년을 위한 거주 시설에 자문을 맡고 있었다. 그 기관은 역기능적 운영으로 결국 문을 닫았다. 청소년의 공격적인 행동은 그 기관에서 벌어진 수년간의 체계적인 문제로 인해 촉발되었다.

나는 소녀들이 폭동을 일으키고, 운동장을 배회하고, 수많은 직원을 공격하는 것을 관찰한 후 이 이미지를 그렸다. 그러한 공격으로 소녀들은 여러 차례 체포되었다. 내가 그 사건에 대해 소녀들과 이야기했을 때, 그들은 안전하지 않다고 불평했다. 그들은 그 싸움이 그 전날 기관 직원들의 폭력적인 행동에 대한 보복이었다고 보고했다. 내가 이미지를 그렸을 때 나는 기관의 폭력의 고리를 고려했다. 나의 그림은 프로그램의 혼돈과 이에 대한 반응에 동요된 혼란으로 인해 소녀들의 갈팡질팡하는 모습을 묘사하고 있다.

나는 청소년들이 공격적인 집단 환경에서 협동하여 서성거렸을 상황에 대한 나의 느낌을 토네이도([그림 4-6], 판 4)로 그렸다. 이 작품을 그린 것은 내가 그 사건을 이해하기 위해 노력하면서 사건에 관한 생각을 견딜 수 있게 도와주었다. 그림을 다루면서, 나는 내담자들의 행동이 기관의 모든 직급에 있는 직원들의 역동과 얼마나 자주 일치하는지 깨달았다. 직원들이 안전하지 못하다고 느낄 때, 내담자들은 종종 똑같은 공포를 경험한다. 이러한 상황에서 외상에 대한 익숙한 반응에 뿌리를 둔 공격이 종종 뒤따른다. 이 그림은 내담자와 직원 모두의 행동에 의미가 있다는 것을 기억하는 데 도움이 되었다.

나는 이 무서운 사건에 대한 나의 반응을 관리하고 탐구하기 위해 이 작품을 만들었다. 곧이어, 나는 나의 슈퍼바이지들에게 반응 미술의 활용을 보여 주면서 그것의 가치를 보기 시작했다. 당시 그 이미지는 기관의 직원, 임상의, 관리자들에게 나의 고민을 분명하게 전달하는 데 도움이 되었다. 그 이후로 나는 초보 치료사가 이 역동을 이해하는 것을 돕기 위해 나의 반응 미술을 사용해 왔다.

슈퍼바이지에게는 실전에 대한 정직한 성찰이 중요하다. 초보 치료사는 자기 일을 하기를 열망한다. 일부는 말이 없거나 심지어 두려워할 수도 있지만, 초보 치료사의 위험은 그들이 그러한 강렬함에서 물러나는 것이 아니라, 그들은 스스로 강해질 수 있고 의심의 여지없이 그것에 익숙해질 수 있다는 것이다. 치료사가 어떤 사건 이후에 성찰의 시간 없이 자신의 속도를 유지하면, 그것은 나쁜 습관을 유발하여 건강한 치료법을 전복시키고 치료사의 복지에 영향을 미칠 수 있다.

몇 명의 인턴들이 내담자로부터 공격을 받은 후 나의 수업에 들어왔었는데, 그들은 그것이 큰 문제가 아니며, 모든 사람이 자신들의 구역에서 공격을 당한다고 말했다. 슈퍼바이저로서 나는 치료사의 말을 경청하고, 사건을 입증하며, 상황을 해결할 책임이 있다. 나는 치료사가 상황과 관련된 감정을 토론하고 사건을 전달하는 데 필요한 자원과 책임을 파악하는 것을 돕는다. 무엇보다도 나는 치료사에게 자신의 개인적인 안전이 작업에 중요하다는 것을 깨닫도록 도와준다. 개인적 안전과 대인관계의 안전에 대한 기대는 중요하다. 안전의 붕괴는 관련된 모든 사람에게 위험하다.

나는 이 작품을 나의 학생들에게 보여 주기 전에 많은 것을 고려했다. 왜 내가 학생 및 초보 치료사들에게 개인적인 이미지를 공유할까? 내가 일을 할 때 두려웠다는 것을 슈퍼바이지가 알면 도움이 될까? 이것이 그들에게 어떻게 도움이 될까? 나는 이 작품을 기관, 내담자, 직원의 기밀을 보호하는 방식으로 조심스럽게 발표하였다. 모든 프로그램이 역기능적이고 위험한 것은 아니다. 그런데도 대인관계의 투쟁으로 이어지는 정신의학적 문제로 인해 많은 치료사가 지역사회에서 쫓겨난 내담자와 협력한다. 기관 자체가 그들의 기대에서 부응하지 못하고 비현실적일 수 있다. 학생과 초보 치료사는 자신이 직면할 수 있는 도전에 대해 현실적인 이해를 얻는 것이 필수적이다.

회기 밖에서 만들어진 반응 미술을 공유할 때는 명확한 의도를 갖는 것이 중요하다. 슈퍼비전 피드백을 주기 위해 만든 이미지 외에도, 나는 그 일을 탐구하기 위한 슈퍼비전과 치료에 대한 반응 미술을 회기 밖에서 만든다. 이 작품들은 내가 다른 사람을 위해 제공하는 슈퍼비전 어디에도 없는 개인적인 반응과 내용을 포함할 수 있다. 나는 이것을 내 슈퍼비전이나 치료로 가져간다. 슈퍼비전을 진행하기 위해 혹은 치료사로서 내가 만든 이미지도 있는데, 그것은 슈퍼비전의 본보기로서 엄청난 가치를 지닌다.

미술작품을 공유하는 이유를 이해하는 것 외에도 슈퍼바이저로서 수업의 방향을 결정할 때 우리가 권력을 이용하는 것에 유의해야 한다. 슈퍼바이저의 개방이 경계에 영향을 줄 수 있다. 슈퍼바이지의 참여를 권장하거나 억제할 수 있다. 슈퍼바이지가 슈퍼비전 관계에서 그것을 공유하기 전에 공개된 자료를 이해하고 통합할 수 있는 능력을 세심하게 평가하는 것이 중요하다. 어떤 학생은 슈퍼바이저의 이미지를 실제적인 작업을 보여 주기 위한 진정한 노력으로 보고, 자기성찰, 역전이 해소, 자기 관리를 위한 모델로 이해할 수도 있다. 다른 학생은 공유되는 이미지에 혼란스러워하거나 겁을 먹거나 개방으로 인해 혼란을 느끼거나 슈퍼바이저에 대해 걱정하게 되어, 자신의 책임이 아닌 부담으로 떠안게 될 수도 있다.

슈퍼바이저로서, 우리는 우리의 반응 미술을 제시하고 설명하는 방법을 반드시 심사숙고해야 한다. 우리는 치료사가 내담자에게 자신의 이미지를 사용하는 방법을 보여 주고 있다. 학생의 심리적 안정을 확보하기 위해서 슈퍼바이저는 가장 상처받기 쉬운 학생을 압도하지 않는 방식으로 집단을 지원해야 한다. 한 학생에게 너무 강렬한 이미지와 토론은 모두를 위한 안전의 결여를 초래한다. 슈퍼바이저는 슈퍼비전에 가져온 그들의 이미지가 학생들의 상상력을 발휘하거나 그들을 압도할 잠재력을 가지고 있다는 것을 명심해야 한다. 이러한 이미지와 그 밖의 것들을 공유함으로써 내가 성취하고자 하는 것을 신중하게 고려한 후, 나는 다음과 같은 지침을 개발했다.

슈퍼바이저의 이미지를 공유하는 이유

- 이 작업이 어떤 점을 전달하기 위해, 슈퍼바이지의 실습을 반영하기 위해, 또는 피드백을 주기 위해 특별히 만들어진 것인가?
- 이 작품은 미술 기반 미술치료 실습에 대한 개인적인 헌신을 보여 주고 있는가?
- 미술작품을 공유하는 것은 슈퍼바이지가 직장에서 직면할 수 있는 현실적인 도전의 사례를 제공할 것인가?
- 동료와 효과적인 의사소통을 지원하기 위한 반응 미술의 활용을 보여 주는가?
- 이것은 슈퍼바이저의 문제로 제기되어야 할 구체적 요점을 전달하고 있는가?
- 이것은 자기 관리를 보여 주는가?

슈퍼바이저의 이미지를 공유하지 않는 이유

- 치료에서 나온 슈퍼바이지의 자료는 슈퍼바이저의 계획된 면담보다 우선되어야 한다.
- 슈퍼바이저는 사전에 그 이미지를 꼼꼼히 살펴보지 않았다. 이것은 슈퍼바이저가 작업을 처리하는 데 도움을 주는 집단에 책임이 있다고 느끼게 할 수 있다. 이것은 슈퍼바이지의 책임이 아니다.
- 슈퍼바이저가 슈퍼바이지의 활동을 해결하는 데 너무 많이 관여하고 있어서 그 과정 및 이해를 완전히 돕지 못한다.
- 이 일은 초보 치료사의 작업과 관련이 없다.
- 이 작품이 다루는 내용은 한 명 이상의 슈퍼비전 집단 구성원에게 안전하지 않을 수 있다. 이 경우, 슈퍼바이지가 종료하지 않고 대화를 받아들일 수 있도록 민감한 관련 사안을 다룰 방법을 고려하는 것이 중요하다.

'토네이도'([그림 4-6], 판 4)는 계속 슈퍼비전에 대한 논의에서 유용한 발판이 되고 있다. 초보 치료사는 내 이미지에서 처리된 나의 감정을 보면 두려움을 표현할 수 있게 허락을 받는다. 내가 치료를 제공하는 동안 일어나는 격렬한 상호작용을 어떻게 관리하는지를 보여 줌으로써, 학생과 초보 치료사는 자기 자신의 것을 다룰 수 있다고 믿을 수 있다.

결론

우리는 반응 미술이 슈퍼비전에 사용될 수 있는 몇 가지 방법에 대해 논의했다. 그 외에도 더 많은 것이 있다. 그것은 우리의 상상력과 임상 작업에 참여할 수 있는 능력만큼 무한하다. 미술 기반 미술치료 슈퍼비전은 어려운 자료를 보유하고, 유리한 지점에서 새롭게 탐구하고 개인적인 성찰, 대인 의사소통 및 상상력을 통해 참여할 기회를 제공한다. 슈퍼비전은 치료로 인해 발생하는 내부와 외부 문제를 탐구하는 장이다. 반응 미술은 치료 문제를 보고, 역전이를 탐색하며, 우리의 일에 대한 현실적인 기대를 확립하는 것을 도울 수 있을 뿐만 아니라, 체계적이고 실용적인 우려를 이해하고 소통할 수 있도록 도움을 줄 수 있다.

다음에서는 미술 기반 미술치료 슈퍼비전의 문제점과 기회에 대해 설명한다. 이 작업은 두 장으로 나뉘어 있다. 5장 '슈퍼비전의 힘'에서는 대인관계에서 의사소통을 명확하게 하기 위한 이미지 활용에 대해 논의하고, 슈퍼바이지에 대한 인식을 뒷받침하는 성찰을 위한 자원으로서 역할을 한다. 6장 '해로움의 접촉: 우리는 목격한 것에 어떻게 영향을 받는가'는 치료와 슈퍼비전에서 목격하는 외상적이고 고통스러운 내용을 관리하고 배울 수 있는 이미지 활용에 대한 논의로 깊이 들어갈 것이다. 이렇게 두 장에서 우리는 건강한 실천을 유지하고 지원하기 위해 반응 미술을 사용하는 방법을 탐구할 것이다.

참고문헌

Allen, P. B. (2005). *Art is a spiritual path*. Boston, MA: Shambhala.
Chodorow, J. (1997). Introduction. In J. Chodorow (Ed.), *Encountering Jung:*

Jung on active imagiation (pp. 1–20). Princeton, NJ: Princeton.

Corey, G., Corey, M. S., & Callanan, P. (2011). *Issues and ethics in the helping professions* (8th ed.). Belmont, CA: Brooks/Cole, Cengage Learning.

Fish, B. J. (1989). Addressing countertransference through image making. In H. Wadeson, J. Durkin, & D. Perach (Eds.), *Advances in art therapy* (pp. 376–389). New York, NY: John Wiley & Sons.

Fish, B. J. (2006). *Image-based narrative inquiry of response art in art therapy* (Doctoral dissertation). Retrieved from Dissertations & Theses database. (UMI no. AAT 3228081).

Fish, B. J. (2008). Formative evaluation of art-based supervision in art therapy training. *Art Therapy: Journal of the American Art Therapy Association, 25*(2), 70–77.

Fish, B. J. (2012). Response art: The art of the art therapist. *Art Therapy: Journal of the American Art Therapy Association, 29*(3), 138–143

Fish, B. J. (2013). Painting research: Challenges and opportunities of intimacy and depth. Ins. McNiff (Ed.), *Art as research: Opportunities and challenges* (pp. 209–219). Chicago, IL: University of Chicago Press.

Hannah, B. (1981). *Encounters with the soul: Active imagination as developed by C. G. Jung*. Boston, MA: Sigo Press.

Jung, C. G. (1959). *The basic writings of C. G. Jung*. New York, NY: Random House.

Jung, C. G. (1963). *Memories dreams and reflections*. New York, NY: Vintage Books.

Jung, C. G. (1968). *Alchemical studies vol. 13, collected works*. Princeton, NJ: Princeton University Press

Jung, C. G. (2009). *The red book: Liber novus* (S. Shamdasani, Ed) (M. Kyburz, J. Peck, & S. Shamdasani, Trans.). New York and London: WW Norton.

Kramer, E. (1971). *Art as therapy with children*. New York, NY: Schocken Books.

McNiff, S. (1989). *Depth psychology of art*. Springfield, IL: Charles C Thomas.

Chapter 05 

슈퍼비전의 힘

문화적 역량

슈퍼비전은 성찰과 힘의 사용에 대한 책임 있는 인식이 필요하다. 이 장은 슈퍼비전 관계와 치료적 관계의 교차성* 및 힘에 관한 영향력을 이해하기 위해 이미지를 사용하는 것을 보여 준다. 나는 반응 미술의 사용을 지지한다. 이는 다양한 경험, 맥락 및 관점을 가진 다른 사람들과 건강한 실습에 필요한 인식을 얻으려고 진행 중인 작업에서 슈퍼바이저와 슈퍼바이지의 노력을 지원하는 도구다. 여기에 제시된 예는 미술 기반 미술치료 작업의 가치와, 개인 및 사회문화적 맥락에 대한 통찰력을 지원하고 의사소통의 미묘한 차이와 대인관계의 이해를 강화하는 것을 보여 준다.

문화적 정보를 바탕으로 하는 일은 치료와 마찬가지로 철저한 슈퍼비전이 중요하다. 슈퍼비전 관계에 있는 사람들은 인종, 계급, 성별, 나이, 종교, 성적 취향, 신체적 · 정서적 · 지적 능력을 포함할 수 있는 맥락에서

* 신분, 인종, 성별, 장애 등의 차별 유형들이 별개로 존재하는 것이 아니라 서로 결합하여 영향을 미치는 것. 출처: 국제영어대학원대학교 신어사전-역자 주

서로 다르며, 이 모든 것은 역사적 사건과 현재 사건의 영향을 받는다. 이러한 것들은 가치관, 개인적 관점 및 세계관에 기초하기 때문에, 세심한 성찰 없이는 이 차이들은 종종 대인관계의 오해와 슈퍼비전 및 치료에서의 힘과 특권의 오용으로 이어진다. 이러한 맥락이 명백한 차이인지 아니면 미묘한 차이인지에 관계없이 다양한 시각에 주의를 기울이는 접근은 매우 중요하다. 슈퍼비전은 슈퍼바이저와 초보 치료사가 자신들의 교차성뿐만 아니라 그들이 함께 일하는 사람들의 교차성을 반영하도록 요구하는 수련이다. 탈워(Talwar, 2010)는 교차성의 포괄적인 본성을 설명했다.

> 사회적 계층을 구성하는 체계는 서로 연결되어 있고 사회의 제도에 내장되어 있다. 개인으로서 우리는 각각 문화적으로 정의된 범주를 통해 각자의 삶을 경험한다. 그들을 통해 우리는 지배 또는 종속의 위치를 점유할 수도 있고, 때로는 둘 다 경험할 수도 있다. 그러므로 정체성은 고정된 범주가 아니라 이동과 변화를 일으키는 복잡한 교차성들의 집합이다.
>
> (p. 15)

문화적 역량은 다른 정신건강 전문 분야에서와 마찬가지로 치료에서도 필수적이다. 그것은 슈퍼비전에서도 치료만큼이나 중요하다. 비교문화적으로 작업하고 슈퍼비전에서 대인관계의 미묘한 차이를 이해하기 시작하려면 전념, 연구 그리고 깊은 개인적 성찰이 필요하다. 슈퍼비전에 관한 미술 작업은 내담자와 슈퍼바이지의 문화적 맥락뿐만 아니라 슈퍼바이저 자신의 문화적 맥락에 관한 자기성찰 탐구에 도움이 될 수 있다. 반응 미술을 창조하고 탐구하는 것은 우리 자신과 함께 일하는 사람들 모두의 행동이나 기대를 끌어낼 수 있는 우리의 의식 아래에 놓여 있는 것을 볼 기회를 제공한다. 테어 마트(Ter Maat, 2011)는 문화적으로 유능한 슈퍼비전을 위해 똑같이 중요한 문화적으로 능숙한 실습을 위해 필요한 네 가지 영역을 설명한다.

> (a) 자기 인식, (b) 다른 문화의 신념과 행동에 대한 인식과 지식, (c) 미술치료사와 내담자 사이에 존재하는 문화역동과 상호작용에 대한 인식과 지식, (d) 기법과 미술치료사와 다른 문화적 배경을 가진 내담자에게 윤리적이며 적절한 개입.
>
> (p. 9)

교육자들은 훈련, 실습, 슈퍼비전에서 교차성에 대한 성찰적 접근의 중요성에 대해 논의해 왔다(Calisch, 2003; George, Greene, & Blackwell, 2005; Hiscox & Calisch, 1998; Howie, Prasad, & Kristel, 2013; Talwar, 2010; ter Maat, 2011). 나는 당신이 자신의 이해를 돕기 위해 이러한 자원 및 그 밖의 다른 자료들을 조사하기를 권한다.

나는 슈퍼바이저로서 대인관계와 체계적인 작업에 존재하는 것을 포함하여, 힘에 대한 많은 징후를 조사하기 위해 나의 미술 작업을 동반한다. 이런 계층화된 상호작용에서 타인과 관계를 맺으면서 자신의 문화적 맥락에 대한 인식을 유지하는 것은 어려운 일이다. 우리가 슈퍼비전에서 관계를 맺을 때 문화적으로 뿌리 깊은 관점과 학습 방식을 염두에 두는 것이 중요하다. 우리가 슈퍼비전하는 사람을 희생시키면서 우리 자신의 편견을 조장하는 것을 피하기 위해서는 지속적인 각성과 진실성이 필요하다.

슈퍼바이저는 평가의 책임과 권한을 갖는다. 비록 학생과 함께 학위 교육을 하고 초보 전문가와 대학원 수련을 함께하며 동료가 될 수 있지만, 그들은 동등하지 않다. 이러한 힘의 불일치는 효과적인 작업을 지연

시킬 수 있다. 슈퍼비전은 치료 중에 일어나는 일을 정확하게 기술하는 슈퍼바이지의 능력에 달려 있기 때문에, 개인적으로 오해를 받는다고 느끼는 사람은 슈퍼비전에 민감한 문제를 가져오지 못할 수도 있다. 슈퍼바이저는 문화적 인식, 학습 방식, 미묘한 대인관계 및 체계적인 반응에 민감한 자료를 안전하게 조사하도록 지원하는 관계를 제공해야 한다. 우리의 슈퍼비전 관계에서 특권과 힘의 사용을 의식하려고 노력함으로써, 우리는 다른 사람과의 효과적인 작업을 감독하고 지원하는 사람의 목적에 대한 통찰력과 명확성을 높일 수 있다.

나는 백인, 유대인, 상류 중산층, 미국 시민으로서 선진 교육 학위를 받았으며 미술치료사로 수십 년간 경험을 쌓았다. 나는 나의 힘과 특권을 이해하려고 열심히 노력하여 나의 경험과 상황을 엄청난 장애물로 제시하는 대신, 슈퍼바이지가 슈퍼비전에서 안전하게 느끼고 들을 수 있도록 돕기 위해 고군분투한다.

슈퍼비전에 서로 다른 문화가 있을 때 오해의 소지가 팽배해진다. 임상 작업을 논의할 때, 슈퍼바이저와 슈퍼바이지의 최선의 의도들이 다른 문화적 관점에 뿌리를 둔 교착상태에 다다를 수 있으며, 슈퍼바이지는 무력감을 느끼고 임상 상황에 대해 논의하지 못할 수도 있다. 경청하는 것만으로 충분하지 않다. 슈퍼바이저는 피드백에 대한 반응을 평가할 때 주의를 기울여야 하며, 이처럼 다양한 맥락에서 슈퍼비전을 할 때는 추가적인 자원을 모색해야 한다. 비교문화적 작업은 자기성찰, 반성과 훈련을 위해 개인적으로 지구력이 있어야 하며 끊임없는 변화와 복잡한 특징들을 제공한다.

나는 광범위한 문화적 · 사회경제적 환경에서 온 초보 전문가들에게 슈퍼비전을 제공한다. 나는 내가 슈퍼비전하는 사람들과 나 자신 사이의 여러 교차성과 단절을 인식한다. 나는 미국 및 국제 지역의 학생 치료사 그리고 초보 전문가와 함께 일했다. 그들은 20대 중반부터 60대 초반까지 다양한 연령대에 속했고, 인종, 계급, 성별, 나이, 종교, 성적 취향, 신체적 · 정서적 · 지적 능력에 뿌리를 둔 삶의 다양한 경험을 한 사람들이었다. 초보 치료사가 자신의 맥락을 인식하고 다루도록 돕는 것은 윤리적으로 건전한 실습을 위해 중요하다.

비록 나는 다른 문화 환경에서 온 사람들의 경험을 결코 완전히 이해할 수 없겠지만, 이러한 관계 선상에서 힘과 특권에 대한 나의 인식을 일깨우고 재인식하기 위해 책임을 지고 일한다. 이것은 나의 권력 사용을 제대로 인식하는 것과 내가 도움이 될 수 없을 때를 깨닫는 것을 포함한다. 슈퍼바이저는 전문성 개발, 모델링 및 인적 네트워크 형성의 기회를 촉진하기 위해 함께 일하는 사람을 지원할 책임을 염두에 두어야 한다. 이러한 상황과 다른 상황에서, 나는 학생과 초보 치료사가 내 경험과 능력의 범위를 벗어난 여러 가지 자원을 제공할 수 있는 다른 사람과 관계를 맺도록 돕는다.

운이 좋게도 나는 유학생들이 많은 학교에서 가르치고 있다. 나의 현장 슈퍼비전 수업에는 미국 이외의 지역에서 온 학생들이 여러 명 있는데, 그들 중 많은 학생은 제2외국어로 영어를 말한다. 이것은 담론의 다양성과 복잡성을 증가시키고 다양한 배경의 내담자들에게 중요한 통찰력과 자원을 제공해 준다.

자기 인식은 슈퍼비전과 치료 모두를 제공할 때 중요하다. 자기 인식을 구축하기 위해서는 작업이 필요하다. 이것은 우리의 세계관, 편견 그리고 선입견 등을 알려 주는 문화유산, 맥락, 경험 등을 살펴볼 것을 요구한다. 나는 첫 경력의 15년을 병원에 있거나 주거 보호를 받는 아프리카계 미국인 아동들과 보냈다. 나는 문화적 역량의 중요성을 인식하고 다른 사람과 내가 일하는 구조 관계 속에서 나 자신의 힘에 주의를 기울이려고 노력했다고 생각한다. 내가 의도적으로 내 전통을 조사하기 시작했을 때 나는 정체성이 우리 모두에게 주는 도전과 가치를 이해하기 시작했다.

나의 정체성을 이해하려는 의도적인 노력은 랍비이자 유대인 학자인 하임 포톡(Chaim Potok)이 이끄는 동유럽으로 가는 문화유산 여행에 어머니와 동행했을 때 시작되었다. 나는 내가 유대인의 유산이라는 것을 알고 있었지만, 그 경험 이전에 나는 자신을 유대인으로 생각하지 않았다. 나는 유대인 역사에 관심이 없었고 홀로코스트에 대한 정보를 회피했다. 나는 『죽음의 수용소에서(Man's Search for Meaning)』(Frankl, 1985)를 읽고 '자화상'([그림 5-1])을 그리면서 여행을 준비했다.

[그림 5-1] 자화상

바바라 피시

폴란드와 리투아니아에서 우리 가족이 걸어 다녔던 거리를 걸으며 홀로코스트 이전에 그들의 삶에 대한 역사와 그동안의 운명에 대해 듣고 난 후, 나는 내 뿌리의 중요성을 이해하기 시작했다. 여행에서 돌아온 후에야 나는 내가 그린 자화상이 유대인 여성임을 깨달았다.

여행을 하면서 나는 거리를 걷다가 전쟁 전에 유대 문화와 종교 연구의 중심지였던 리투아니아의 빌라(Vilna)에 유일하게 남아 있는 회당을 방문했다. 1800년대 후반 어머니의 친할머니는 리투아니아의 대량 학살을 피해 도망쳤다. 나는 나치에 의한 리투아니아 유대인의 대량 학살 현장인 빌라의 포나 포레스트(Ponar Forest)를 방문한 후 '사라진'([그림 5-2], 판 5)을 그렸다.

[그림 5-2] (판 5) **사라진**

바바라 피시

나는 폴란드와 체코를 거쳐 문화유산 여행을 계속했고, 경험의 감정은 더 강렬해졌다. 나는 그림 그리기를 멈추고 대신에 내가 본 것을 사진 촬영해서, 나중에 열어 볼 내 감정을 디지털 방식으로 알아차렸다. 여행에서 귀국한 후에 나는 그 경험을 이해하려고 10년 이상 공부하며 그림을 그리고 글을 쓰면서 나의 존재에 관한 가족 역사의 영향을 이해하려고 노력했다. 나는 과거의 중요성을 표현하기 위해 '유산'([그림 5-3])을 그렸다. 이 수채화 그림은 나의 팔을 무겁게 끌어당기는 해골

[그림 5-3] 유산

바바라 피시

을 벗어나려고 애쓰는 나의 모습이며, 유대인 문화의 유산과 그에 수반되는 세대 간 외상을 상징한다.

나에게 이 탐구의 중요성은 개인적인 것을 넘어, 다른 사람에 대한 역사와 유산의 영향에 대한 진가를 알아보고 나의 인식을 심화시키는 데 도움이 되었다. 내 유산에 대한 새로운 인식이 다른 사람의 역사, 맥락, 도전을 이해한다고 말할 권리를 갖는 것은 아니다. 나의 정체성과 역사에 대한 눈가림을 거둬 내는 것은 나 자신뿐 아니라 나와 함께 일하는 사람에게도 중요하다는 것을 깊이 인식하는 데 도움이 되었다. 내가 배운 것은 나 자신의 삶에서 세대 간 외상의 영향을 이해하기 시작했기 때문에, 다른 사람들의 외상 유산에 공감하는 데 도움이 되었다.

나는 내가 아프리카계 미국인 아동들 그리고 그들의 가족과 함께 일할 때 직면했던 불신, 그들의 치료 그리고 복지 체계에 대한 저항과 그 의미에 대해 다르게 생각하기 시작했다. 나는 미국에서 아프리카계 미국인에 대한 지식이나 동의 없이 수행된 실험과 강제 수용소에서 강행된 유대인 실험을 생각했다. 나는 유대인이 살았고 죽었던 유럽의 유대인 거주지역인 게토를 방문했던 것을 기억하면서 시카고의 빈민가에 사는 아프리카계 미국인의 어려움을 생각했다. 나는 사람이 걷는 보도를 만들기 위해 비석이 부서지고 제거된 유대인 묘지에서 내가 어떻게 신성모독을 느꼈는지를 기억했다. 나는 미국의 문화를 통해 엮어 만들어진 과거와 현재의 인종 차별주의와 학대 행위를 고려했다. 자기 인식에 관한 나의 작업은 시작이었다. 그것은 내가 해야 할 일이 훨씬 더 많다는 것을 알도록 도와주었다. 그것은 치료사이자 슈퍼바이저로서의 나의 민감성을 더하여, 정체성의 영향에 대한 내적 이해를 얻을 수 있도록 돕는다.

나의 슈퍼바이지가 제작한 이미지는 그들의 문화적 성찰을 위한 자원으로 사용된다. 내가 대학원 작업에서 본 미술치료사인 리사 토머스(Lisa Thomas)는, '들이쉬기와 내쉬기'([그림 5-4], 판 6) 그림을 슈퍼비전에 가져왔다. 그녀는 초등학교에서 사회경제적으로 어려움을 겪고 있는 가정에서 온 아프리카계 미국인 아동들과 함께 자신의 작품에 대해 토의한 것에 관해 이야기했다. 자신의 흑인 정체성을 밝힌 치료사인 리사는 그녀의 애틋한 감정과 그들의 콤플렉스와 켜켜이 쌓인 전후 사정을 다루면서 아동들에 대한 슬픔에 몸부림쳤다. 그녀는 그들 개인과 가족에 닥친 경제적 · 제도적 · 사회적 도전과 그들의 투쟁이 미치는 영향을 보았을 때 그들이 고통을 참는 것이 이 아동들에 대한 그녀의 사랑과 슬픔을 자극했다고 말했다. 그녀는 그저 '그것들을 퍼 담아 옮겨 버릴 수 있기'만을 바랐다.

리사는 아동들을 구하려는 갈망이 그들 가족의 복잡한 도전에서 자신을 강인하게 만들었다는 것을 깨달았다고 계속해서 말했다. 이것은 부모를 자녀 양육에 참여시키는 것이 얼마나 중요한 일이었는지 그녀가 이해했기 때문에 특별한 의미가 있었다. 그녀의 복잡한 감정을 불러일으킨 상황을 예로 들면서 리사는 자기 자녀를 정신 감정하기 위해 데려간 후, 아이에게 처방된 약을 주는 것을 거절한 한 소년의 어머니에 대한 자신의 좌절감을 설명했다. 그녀는 자기 자신을 검고 못생긴 아이라고 지칭하는 또 다른 아동에 관해 이야기했는데, 그 아동은 집에서 들었던 밝은 색 피부의 매력에 대해 'color struck'*의 가치관을 가지고 있다는 것을 리사는 되풀이해 언급했다. 리사는 그 용어를 인종 차별주의에 바탕을 둔 아프리카계 미국인 가정에 가끔 존재하는 편견이라고 설명했다.

*흔히 아프리카계 미국인이 사용하는 말로, 피부색에 대한 혐오감-역자 주

[그림 5-4] (판 6) 들이쉬기와 내쉬기
리사 토머스

우리는 내담자의 어머니들이 이러한 방식으로 행동하게 만드는 요인이 무엇인지에 대해 이야기했다. 왜 한 어머니는 자기 자녀에게 약을 처방하는 것을 거부할까? 왜 또 다른 어머니는 자신의 아이에게 검고 못생겼다고 말했을까? 우리는 그녀의 역전이와 아동들에 대한 그녀의 구원과 환상에 대해 함께 논의했다. 우리는 그녀의 내담자 가족의 믿음과 가치 그리고 그녀의 가족에 의해 영향을 받은 그녀 자신의 가치 사이의 차이점을 탐구했다.

리사는 이러한 행동의 근원을 나보다 훨씬 잘 이해했다. 그녀는 약물치료의 낙인과 그 어머니가 경험하고 있을지도 모르는 의료체계에 대한 불신, 그리고 자기 아이의 피부색에 반응하는 다른 어머니의 내면화된 인종 차별에 대한 감정을 묘사했다. 그녀는 '들이쉬기와 내쉬기' 작품을 언급하면서, 아동들에게 공명하기 위해 숨을 들이쉬고 부모들의 이해를 돕기 위해 다가가서 숨을 내쉬는 것과 같다고 했다.

슈퍼비전에서 자신의 이미지에 대한 토의를 통해 리사는 복잡한 관계를 탐구할 수 있었고 나는 여러 계층의 다문화 작업에 관해 깊이 공감할 수 있었다. 이런 상황에서 치료사와 내담자 모두가 아프리카계 미국인이었다. 힘, 특권, 사회경제적 지위 그리고 교육과 관련하여 그들 사이에는 큰 차이가 있었다. 백인 슈퍼바이저인 나는 그 상황에서 리사의 특권과 힘을 지지하고 그녀의 자기성찰을 권유하며, 그녀가 동요된 개인적인 반응들을 탐구하는 데 개방적일 수 있도록 격려하는 동안, 나 자신의 힘과 특권을 염두에 두려고 노력했다.

개인 공간

공간과 시간은 치료에서 중요한 요소로, 오해가 있으면 치료에 문제가 될 수 있다. 이러한 측면을 이해하는 데는 대인관계의 가치, 문화적 규범 그리고 효과적인 의사소통이 중요하다. 공간과 시간 사용의 다양한 관점에 대한 성찰을 지지하는 것은 슈퍼비전에서 중요한 부분이다.

샌디 이(Sandie Yi)는 20대 초반의 대만 여성으로 내가 성인 발달장애인 센터에서 대학원생 슈퍼비전을 할 때, 미술치료 인턴이었다. 슈퍼비전 시간에, 샌디는 내담자 중 한 명인 나이 많은 남자가, 몸을 바짝 기울여 그녀에게 이야기하면서 침을 튀겼다고 말했다. 나는 그녀가 그에게 좀 더 개인적 거리를 달라고 요구할 것을 제안했다. 나는 그 조언이 내담자에게 더 적절한 사회적 상호작용의 본보기가 될 것이며 그녀가 자신의 경계를 정의할 방법을 제공하리라 생각했다. 샌디는 수업시간에 피드백을 받아들였다. 그녀는 슈퍼비전에 되돌아와서, 정기적으로 그 남자의 같은 문제를 보고했다. 그때마다 나는 그 남자의 방향을 바꾸고 보다 적절한 교류를 도울 수 있는 경계를 구축함으로써 그 문제를 다루는 그녀를 지지했다.

학기 말에 샌디는 나에게 자신보다 나이가 많은 남자에게 맞서는 것이 문화적으로 금지되어 있다고 느꼈기 때문에 그 상황이 지속되었다고 말했다. 나의 충고를 이해했음에도 불구하고, 그녀는 그의 나이와 지위에 합당하다고 느끼는 공손한 태도를 보이면서도 그에게서 물러날 방법을 몰랐을 것이다. 힘의 부족함을 해소하기 위해, 그녀는 내 지시를 따르지 못하는 자신의 무능력이 나를 실망하게 했다고 느꼈다. 문화 전반에 걸친 잘못된 인식 때문에, 그녀는 들리지 않았고, 지지를 받지 못했으며, 현재 치료에서 진행 중인 문제를 슈퍼비전에서 해결할 수 없다고 느꼈다. 일단 그녀가 자신의 관점을 공유해 주면, 나는 그녀가 내담자와 공간을 구축할 수 있는 그녀만의 방법을 발견하는 것같이 그녀를 도울 수 있었다. 학기 말에 그녀는 '용기를 내어' 그 남자에게 개인적 거리두기를 해 달라고 요구할 수 있었고, 그녀가 그와 대화를 나눌 때 있던 '침 튀기기'를 끝낼 수 있다.

시간

나는 20대 일본 여학생 치료사와 함께 일했는데, 그녀는 아동을 치료하는 정신건강의학병원의 인턴이었다. 매주 그녀는 대학원 수련 교육과정에서 요구하는 것보다 더 많은 시간 작업을 했다는 기록을 제출했다. 나는 그녀가 일에 대한 열정으로 자신에게 요구되고 지속 가능한 것 이상으로 시간을 연장할 수도 있었기 때문에 걱정했다. 시간 초과가 계속되었을 때, 우리는 그녀가 적절한 경계를 유지하고 실무 습관을 기르는 데 필요한 시간을 어떻게 줄여야 할지 이야기했다. 우리의 대화는 잘 되는 것 같았고 그녀는 남은 시간을 학업에 쓸 수 있다고 말하면서 피드백에 감사하는 것처럼 보였다. 하지만 다음번에 보고서를 제출했을 때, 그녀의 작업 시간은 여전히 프로그램의 요구 사항을 훨씬 초과했다.

우리가 그 문제에 대해 몇 번 논의하고서 그녀가 시간을 줄일 것이라고 약속한 뒤에, 나는 더 깊은 대화를 시작했다. 나는 그 여학생 치료사에게 그녀가 할애하는 과도한 시간의 이유가 문화적 기반에 근거하는지 질문했다. 그녀는 놀라서 눈이 휘둥그레지더니, 이내 안심하는 듯 보였다. 그녀는 일본에서는 직원이 상사보다 먼저 퇴근하는 것은 무례한 것으로 간주한다고 말했다. 인턴은 오전 8시에 일을 시작했지만, 그녀의 슈퍼바이저는 오전 11시에 출근하여 오후 7시가 넘어서야 퇴근했다. 그러나 그녀는 이것이 학교에서 요구하는 시간을 훨씬 초과했음에도 불구하고 퇴근할 수 없다고 느꼈다. 이 학생과 내가 그 이유가 문화적 기반이라는 것을 깨달은 후에, 그녀는 자신이 편안하게 느끼는 방식으로 시간을 단축함으로써 이 문제를 해결할 수 있었고, 자신의 시간을 재평가하고 자기 관점에서 건강한 경계를 세울 수 있었다.

낙인

질병, 장애, 의료 개입에 대해 문화적으로 뿌리내린 태도는 치료 과정에서 중요한 요인들이다. 치료에서 이러한 영향을 탐구하는 것은 효과적인 개입을 지원한다. 치료사와 내담자의 교차성에 더해, 슈퍼바이지와 슈퍼바이저 사이에 같은 요인들도 검토해야 한다. 이러한 복잡하고 미묘한 관점은 건강한 작업을 돕기 위해서도 고려해야 한다.

미국에서 고등학교, 대학, 대학원을 다닌 한국 여성 미술치료사인 정은 진 박(Jung-Eun Jeanne Park)은 한국으로 돌아가 아동을 위한 미술치료사 일을 시작했다. 원격 미술치료 슈퍼비전 동안, 그녀는 자폐증 스펙트럼으로 진단받은 어린 소녀와 함께 자신의 작업을 탐구했다. 정은의 그림인 '상자 안 어린이'([그림 5-5])는 자물쇠가 채워진 문과 접근을 위한 작은 사다리뿐인 상자 안의 또 다른 상자 속에 있는 소녀를 그렸다.

우리는 스카이프를 통해 슈퍼비전을 하면서 함께 그림을 보았다. 정은이 아이의 집에서 그 아이를 만났을 때, 그녀는 어린 내담자의 정신 상태에 대한 부모의 태도를 알게 되었다고 말했다. 정은은 내게 한국인은 동질성을 중시하며 심리적 장애가 있는 가족을 다른 사람에게 노출시키는 것을 꺼린다고 말했다. 완벽함과 아름다움에 대한 그들의 생각은 '정상'이라는 관념과 맞물려 있고, 그 관념에서 벗어나는 사람은 쉽게 받아들여지지 않는다. 그녀는 소녀의 부모가 자신의 딸이 언제 '더 좋아질지'를 묻지 않았다고 내게 말했다. 그들은 딸이 언제 '정상'이 될지 물었다.

정은은 그녀가 문화적 편견, 고정관념, 그리고 부모의 태도에 의해 격리된 소녀를 어떻게 느꼈는지 묘사했다. 소녀의 부모는 딸이 남들과

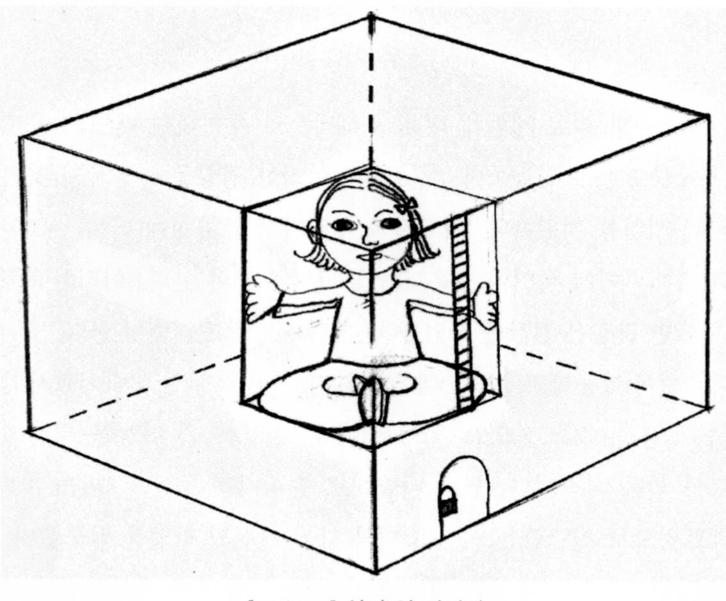

[그림 5-5] 상자 안 어린이
정은 진 박

다르다는 것을 부끄러워했고, 자녀가 다니는 특수학교와 작업 치료에 함께하는 사람들을 포함한 좁은 범위의 사람들에게만 딸을 노출했다. 부모는 아이가 그 이상의 세계로 나아가는 것을 통제함으로써, 딸의 성장 능력을 제한했다. 외국에서 교육을 받은 정은은 한국 문화에 뿌리를 둔 자신의 신념과 정신질환에 대한 서구적 개념, 그리고 그것에 대한 보다 전통적인 한국인의 태도 사이에서 갈등했다. 그녀는 서양 교육을 받은 한국 태생의 미술치료사로서 아동의 성장을 지원하는 동시에 소녀와 부모의 가치를 존중할 방법을 찾는 작업을 했다.

이 경우, 나의 슈퍼비전 역할은 자문 역할과 초보 치료사의 진심 어린 작업을 목격하는 것이었다. 정은의 그림은 내가 그녀의 딜레마를 이해하는 데 도움을 주었기 때문에, 나는 그녀가 자신의 문화적 경험의 힘으로 치료를 제공하는 방법을 찾기 위한 작업을 하도록 지지했다.

침묵

슈퍼비전에서 가장 이해하기 어려운 것 중 하나는 침묵이다. 이것은 슈퍼비전이나 치료에서 모두 저항으로 오해되는 경우가 많다. 침묵은 슈퍼바이지에게 무력감과 좌절감을 불러일으킬 수 있는데, 이것은 종종 이 문제를 이해하는 데 역효과를 초래한다. 내가 슈퍼비전에서 침묵에 직면할 때, 나는 그것의 의미를 이해하기 위해 작업한다. 침묵의 대인관계적 뿌리를 넘어 문화, 특권, 힘이라는 맥락을 고찰하는 것은 유용하다.

침묵은 때로 지정된 상호작용 방식, 권위에 대한 존중, 또는 교육적 환경에서 상호작용에 대한 문화적 기대로부터 오는 경우가 있다. 중국에서 온 한 학생은 나에게, 그녀의 교육 경험에 의하면, 학생은 말하기 전에 먼저 자신의 생각을 가다듬어야 한다는 것을 배웠다고 했다. 토론에 대한 이러한 접근 방식은 그들이 만들고자 하는 지점까지 그들의 방식을 이야기함으로써 이 담화에 이바지하는 다른 학생들과 극적으로 대조를 이룰 수 있다. 중국 학생은 그녀가 이바지하고 싶은 것을 명확히 할 때, 토의가 진전되었다고 말했다. 이것은 그녀가 정말로 사려 깊게 있으며 재료를 열심히 다룰 때 그녀가 참여하지 않는 것처럼 보이게 했다. 이는 슈퍼바이저가 학습에 대한 다양한 속도와 접근법 그리고 슈퍼비전에 참여하는 방식을 위한 공간을 확보하는 도전이다.

신앙

내담자는 자신의 세계관을 뒤흔드는 관계성과 대인관계 문제 때문에 치료를 받으러 온다. 어떤 사람 또는 어떤 것에 대한 믿음은 그들과 함께 일하는 치료사뿐만 아니라 내담자에게도 귀중한 자원을 제공할 수 있다. 그러나 치료의 일부로 종교와 영성에 대한 논의로 복잡한 문제를 제기할 수 있다. 민감성과 높은 수준의 임상 기술이 있으면 이런 미묘한 대화들은 효과를 얻는다. 그런 복잡한 논의를 다룰 수 있는 준비가 되어 있지 않다고 믿는 슈퍼바이저는 초보 치료사에게 종교는 논의되어서는 안 되는 주제라고 말할 때가 있을지도 모른다. 이것은 에린 가짐(Erin Gasim)의 사례에서 볼 수 있는데, 에린은 만성질환을 앓고 있는 성인을 위한 지역사회 정신건강 프로그램에서 일하는 학생 치료사이다. 에린은 자신의 신앙이 자기 일에 중요한 자원이 된다는 것을 알게 되면서, 그녀의 현장 슈퍼바이저가 내담자와 영성에 관해 이야기하지 말라고 말한 것을 이해하려고 애썼다. 에린은 현장 슈퍼바이저의 지시를 따르는 것과 그녀의 내담자가 회기 내에 가져온 종교적 내용에 주의를 기울이는 그녀의 책임을 수행하는 것 사이에서 괴로워했다.

에린은 그녀의 갈등을 현장 슈퍼비전 수업에 가져왔다. 그녀는 영성을 치료에 포함하기 위한 슈퍼바이저의 개방성 결여와 내담자의 다양성에 맞춘 서비스를 제공하려는 기관의 사명을 조화롭게 유지하기 위해 노력했다. 나는 그녀가 침묵하고 실망했다고 느꼈기 때문에, 현장 슈퍼바이저가 정한 한계에 대해 어떻게 생각하는지 알아보기 위한 이미지 제작을 제안했다. 이것은 그녀에게 그 문제의 중요성을 명확히 하고 그녀가 그녀의 동료들과 교감하는 것을 도왔다. 그녀는 자신의 경험을 되새기며 말했다.

나의 슈퍼비전 수업과 다른 수업들의 맥락에서, 나는 지도에 대한 나의 믿음을 활용하여 나의 질문이나 관심사들에 대한 미술 작업을 계속하도록 격려받았어요. 나는 내 말을 경청하고 평가받는다는 느낌을 경험했어요. 슈퍼비전에서, 나는 목소리를 크게 내도록 격려받고 내 목소리도 중요하다는 것을 확신했어요.

(에린 가짐, 개인적 대화, 2015년 4월 7일)

에린은 학교에서 슈퍼비전을 받으면서 의논한 작업 일체를 만들었다. '자화상'([그림 5-6])은 입을 붕대로 묶어 말문이 막힌 자신을 표현

[그림 5-6] 자화상

에린 가짐

한 작품이다. 그녀는 자신과 다른 사람들에게 강요되었다고 느꼈던 침묵을 탐구하기 위해 이 이미지를 공유했다. 그것은 나와 그녀의 동료들, 그리고 학과 동료들에게 그녀의 영적 가치에 대해 침묵했을 때 그녀가 어떻게 느꼈는지 설명하는 데 도움이 되었다. 이 작품을 제작함으로써 그녀는 자신의 관심에 대한 귀중한 통찰력을 얻을 수 있다. 영성과 관련된 그녀의 공적 목소리를 찾으려는 에린의 도전은 그녀의 훈련 내내 계속되었다. 그녀의 이미지 제작은 치료사로서의 일과 성장을 뒷받침하는 필수적인 자원이 되었다. 그녀는 자신의 이미지 사용을 요약해서 말했다.

> 나는 미술의 도움으로 연결점이 생겼다고 믿어요. 미술은 나의 목소리를 되찾는 데 중요한 역할을 했고 불편하거나 어려운 문제를 이야기하는 다리역할을 했어요. 창작은 미술치료사로서 내 역할을 더욱 잘 이해하는 데 도움이 되었고, 나 자신을 표현하기 위해 자신의 미술작품을 어떻게 사용하는지를 모델링하는 측면에서도 도움이 되었어요.
>
> (에린 가짐, 개인적 대화, 2015년 4월 7일)

에린의 탐험은 그녀에게 주어졌던 가치를 넘어서, 그녀의 작품이 나에게 몇 가지 차원에서 유용하다는 것을 알게 했다. 그녀의 슈퍼바이저 교수로서, 그녀의 진심이 담긴 시각적 표현은 내가 종교적 논의를 금지하는 것에 대한 그녀의 갈등과 그것이 그녀에게 미치는 영향을 이해하는 데 도움이 되었다. 에린의 이미지는 내가 슈퍼비전에서 다양한 가치의 복잡성을 살펴보는 데 도움이 되었다. 그녀의 미술 작업, 그리고 그것에 대한 그녀의 설명은, 서로 다른 핵심 가치들에 대한 안전하고 정중한 표현을 지지하는 슈퍼바이저 책임의 중요성을 강화하였다.

유대인 여성으로서, 나의 종교적 실천이 학문적인 작업과 업무 일정에서 고려되지 않을 때 나는 종종 신앙에 근거한 논의에 침묵하고 나의 주장을 내세우기를 꺼린다. 에린의 작업은 전문적인 환경에서 신앙을 공유하는 것에 대한 나의 방어적 태도를 살피는 데 도움이 되었다. 나는 이 글을 쓰면서도 이것이 내 인생에서 공개하기에 안전한 부분이 아니라고 나에게 말하고 있다. 슈퍼바이저로서 자기성찰 작업에 관여함으로써 우리는 슈퍼바이지에 대한 인식을 높이고, 그들이 효과적으로 실습을 할 수 있도록 지원한다. 미술 기반 미술치료 슈퍼비전은 이러한 문제에 대한 이해와 소통을 강화하기 위해 이미지를 추가 자료로 제공한다.

의무 보고

슈퍼바이저와 치료사는 아동, 노인, 장애인에 대한 학대와 방치를 의무적으로 보고해야 한다. 내담자와 치료사 사이의 오해는 다문화적으로 작업할 때 그리고 교차성이 고려되지 않을 때 효과적이지 않거나 부적절한 개입으로 이어질 수 있다. 슈퍼바이저는 그들이 학대와 방임을 보고할 때, 사람들을 지도하는 데 중추적인 역할을 한다. 이러한 중요하고 민감한 상호작용을 다루는 데 있어 명확성이 부족하기 때문에 사회 서비스 기관과 미국의 아동복지 제도에서 본질적인 권력과 특권 문제들은 더 심각해진다.

내담자들이 규율을 어떻게 묘사하는지 탐구하는 의무 보고에 대한 슈퍼비전 토론에서, 싱가포르의 한 학생 치료사는 중국어로, '훈육'이라는 단어는 '때린다'라는 단어와 같다고 말했다. 영어를 사용하는 치료사가 중국 아동으로부터 그의 부모가 그를 '때린다'라는 말을 들었을 때,

보호 서비스에 대한 핫라인 보고서는 필요한가?

언어와 문화적으로 관습화된 태도는 미묘한 차이가 있으며, 깊이 몸에 배어 있다. 행동을 설명하는 언어를 이해하는 것은 중요하다. 인종, 성별, 나이, 종교, 성적 취향, 그리고 신체적 · 감정적 · 지적 능력에 기반한 개인을 기술하기 위한 용어의 사용은 시간에 따라 변화하기 때문에 경계할 필요가 있다. 선호하는 용어에 관한 탐구는 존중과 지지의 뜻을 나타낸다.

치료사와 슈퍼바이저는 상황을 이해하고 적절히 조처하기 위해 이용할 수 있는 모든 자원을 사용해야 한다. 나는 주로 아프리카계 미국인 보육원에서 주거 보호를 하는 아프리카계 미국인 동료들의 수련을 제공했다. 우리는 그들 중 몇 명이 어렸을 때, 매를 맞으면서 훈육을 받았는지 물었다. 방 안의 거의 모든 사람이 손을 들었다. 우리가 그들 중 얼마나 많은 사람이 학대를 당했다고 느꼈는지 물었을 때, 누구도 그들이 학대를 당했다고 표현하지 않았다. 이 수련은 비교문화 의사소통에 근거한 잘못된 의사소통의 가능성에 대해 우리 모두가 생각하는 데 도움이 되었다.

자기성찰 수련은 슈퍼바이저가 초보 치료사의 작업에서 학대와 방임을 보고하는 일을 지도할 때 가장 중요하다. 미심쩍은 권력과 특권에 의해 동기가 부여된 행동을 하는 것은 우리가 치료하는 사람들에게 평생 영향을 미칠 수 있다는 것을 생각하면 가장 해로울 수 있다. 의무 보고는 슈퍼바이저의 감독을 요구하는 주제들을 만든다. 학대 사건은 어떻게 치료사에게 먼저 전달된 후 현장 슈퍼바이저에게 전달되고 있는가? 학대 신고에 대한 시설의 방침은 무엇이 있는가? 치료사는 보고서를 작성하기 전에 고려해야 할 미묘한 사실을 밝힐 수 있는 정보를 내담자에게 요청하면서, 사건에 대한 설명을 구했는가? 보호 서비스 또는 관련된 것을 보고하는 과정에서 결정하기 전에 내담자에게 알렸는가? 보고에 참여하는 것은 내담자가 자신의 인생 과정에서 힘을 느끼는 것을 도울 수 있다. 부모나 보호자가 조사에 대해 분노하는 경우를 대비한 안전계획이 수립되어 있었는가? 부모나 보호자의 반응에 내담자가 대처하는 것을 돕기 위해 직계 가족 이외의 지원을 찾기 위한 노력을 했는가? 이러한 질문들은, 이민 상태뿐만 아니라, 사회경제적 스트레스 요인, 약물 사용, 그리고 기타 가정폭력을 야기하는 다른 요인들에 대한 복잡한 이해, 보호 서비스에 그 사건 보고를 포함할 수 있는 책임감 있고 효과적인 개입을 촉진한다.

'도망'([그림 5-7])은 학대를 보고하는 학생이 갈등하는 감정에 대한

[그림 5-7] 도망

바바라 피시

나의 반응을 공유하기 위해 슈퍼비전 밖에서 제작해서 수업으로 가져온 그림이다. 이것은 문화, 계급, 특권 그리고 단체에 관한 대화를 활성화하는 데 도움이 되었다. 우리는 아동복지 제도에 대한 역사적으로 뿌리 깊은 문화적 불신의 타당성을 탐구하여, 학대 및 방임 보고의 의도하지 않은 결과의 가능성과 불안정한 아동복지 제도 내에서 어떻게 기능할 것인지에 대해 논의했다. 우리는 제도적 변화를 지지하며 함께 일하는 내담자를 어떻게 지원해야 하는가에 대한 이야기를 계속했다.

슈퍼바이저와 슈퍼바이지로서 우리의 대인관계 역할의 역동을 이해하는 것은 결코 끝나지 않는 도전이다. 성별, 인종, 계급, 나이, 종교, 성적 취향, 그리고 신체적 · 정서적 · 지적 능력 외에도, 우리가 다양하고 복잡한 문화적 맥락과 마찬가지로, 슈퍼비전이라는 평가적 성격에는 권력의 고유한 특성이 있다. 또한 초보 치료사와 내담자가 가지고 있는 권력, 특권, 능력 사이에는 차이가 있다. 비록 우리가 수사관이 될 수 없고 학대 혐의를 조사할 수는 없지만, 보고하는 것을 명확히 하는 것은 중요하다. 일단 보고서가 만들어지면, 초보 치료사뿐만 아니라 노련한 전문가도, 종종 그 이후 사건의 과정을 구체화하는 데 별 역할을 하지 못한다고 느낀다. 학대와 방임이 명확하고 절차를 밟는 예도 있지만, 제도는 도움이 되는 방식으로 반응하지 않는다. 초보 치료사가 자신의 내담자를 지지하고, 자기 자신을 돌보고, 체계적인 변화를 위해 작업하면서 이러한 실패를 헤쳐 나갈 수 있도록 돕는 것은 슈퍼바이저의 책임이다.

역전이

대인관계 역동은 슈퍼비전에서 역전이가 일어날 때 훨씬 더 복잡해진다. 효과적인 슈퍼비전은 슈퍼비전 관계에서 야기된 개인적인 반응을 이해하기 위한 노력을 포함하여, 슈퍼바이저의 자기성찰 수련으로 만들어진다. 문화적으로 민감한 방식으로 역전이를 다룸으로써, 우리는 슈퍼비전 관계뿐만 아니라 슈퍼바이지의 작업 내용에 의해 촉발된 깊이 내재한 관점, 태도 그리고 신념을 인식할 수 있다.

탈워(Talwar, 2010)는 교차성의 성찰적 특성이 역전이 개념의 선례를 가지고 있다고 주장한다. 여기서 역전이라는 용어는 무의식적 투사에 대한 프로이트(Freud)의 개념(Kahn, 2002)에서 내담자에 대한 치료사의 모든 반응(Corey, Corey, & Callanan, 2011) 또는 이 경우에는, 슈퍼바이지에게로 확대되었다. 슈퍼비전에서 역전이를 이해하기 위한 작업은 치료에서 교차하는 의식을 인식하고 지원하는 데 필요한 자기성찰적인 자세를 뒷받침해 준다.

나의 역전이를 탐색하고 이러한 대인관계 작업의 복잡성에 대한 나의 평가를 깊이 있게 하려고 나는 이미지를 사용하였다. 불분명한 관계 역동을 이해하기 위해 나는 슈퍼비전 밖에서 슈퍼바이지에 대한 이미지를 제작할 때가 있다. '아프리카 직물'([그림 5-8])은 내가 슈퍼바이지와의 의사소통에서 겪었던 어려움을 이해하기 위한 나의 미술 기반 미술치료의 투쟁을 보여 준다. 나는 이 이미지를 슈퍼비전 관계에서 대인관계 역동과 나의 관점을 이해하기 위한 자기성찰 작업으로 그렸다. 이 경우에, 나 자신의 배움을 위한 것이었고 나는 이것이 슈퍼바이지에게 어떤 도움이 될지를 알지 못했기 때문에, 나의 이미지를 그녀와 공유하지 않았다.

나는 현장 슈퍼비전 수업에서 어떤 학생을 지원하기 위해 애쓰면서 '아프리카 직물'([그림 5-8])을 그리기로 했다. 나는 우리가 그녀의 작업 내용을 탐색했을 때, 그녀가 참고 있다고 느꼈다. 나는 그 상황에 내가 어떻게 이바지하고 있는지 보기 위해 나 자신을 확인하려고 애쓰면서, 우리의 관계를 생각했다. 그러고 나서 나는 그 역동들을 더 탐구하기 위해 이미지를 그렸다. 그녀는 아프리카계 미국인이기 때문에, 나는 아프리카 직물을 그리기로 했다. 이 작품을 만드는 데 깊이 들어갈수록, 이 탐색이 타당하지 않는다는 것을 나는 깨달았다. 왜 이 작품이 우리 관계를 조사하는 데 어울리지 않는지는 많은 이유가 있었다. 나는 그녀가 아프리카 전통성을 가지고 있는 것을 자신의 정체성으로 받아들이는지에 대한 여부와 그 학생의 배경에 대해 어떤 것도 알지 못했다.

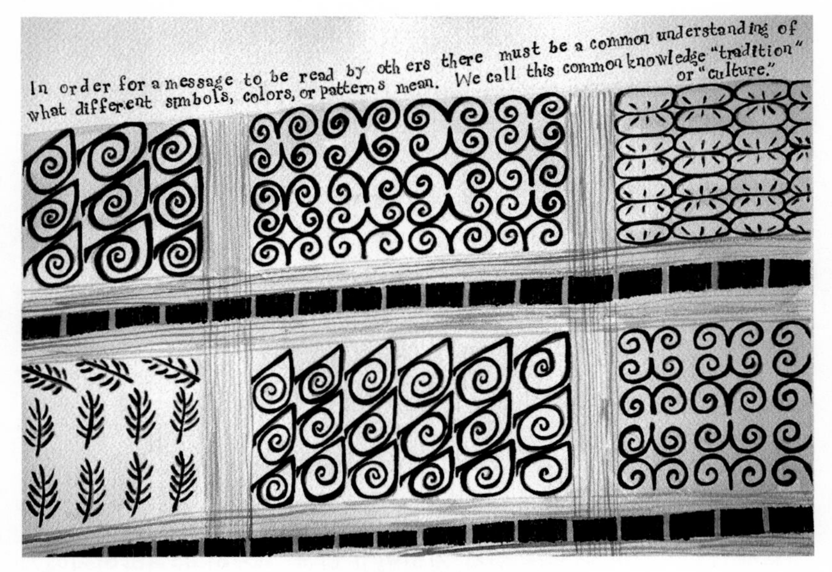

[그림 5-8] 아프리카 직물

바바라 피시

그림을 그리기 시작하고, 나는 '아프리카 직물'이 어떻게 생겼는지 모른다는 것을 깨달았다. 나는 그것을 찾기 위해 온라인에 접속했고, 아프리카에는 많은 나라와 문화가 있으며 그들은 천을 다양하게 사용하고 그들만의 패턴과 의미가 있다는 것을 알았다. 천을 자세히 들여다보면서, 색과 무늬가 얼마나 구체적인지 깨달았다. 나는 내가 이해하지 못하는 상징들을 그리기 시작했다. 내 이해가 피상적이었다는 것을 알고서야, 나는 상징들을 찾아보고 가나에 있는 아샨티(Asante)가 만든 아딘크라 천 이미지를 그리고 있다는 것을 발견했다. 나는 아샨티가 직물을 만드는 방법과 내가 작업한 사진에 있는 기호들의 의미에 대해 읽었고, 내가 모방한 천이 전통적인 의식에서 상복으로 사용되었다는 것을 알았다.

나는 그림을 탐구하면서, 우선 현장 수업에 참여하는 슈퍼바이지와 내가 아무 관련성이 없다는 것을 깨달았다. 나는 내 가정이 우리 사이의 역동보다는 내가 그 학생을 이해하려고 노력했던 방법에 더 치중했다는 것을 인식하면서 겸허해졌다. 나는 내 탐구가 의도적이라고 생각했지만, 특정 개인을 이해하기 위한 일반적인 지식이 많이 있다고 가정했었다. 나는 이 탐구가 그녀의 역사와 다면적인 맥락에 대해 배우고 그녀를 지지하는 데 도움이 될 귀중한 통찰력을 제공하는 데 도움이 될 것이라고 잘못 생각했다. 특권적 관점에서 보면, 나는 내가 학생의 조언 없이도 그 주제를 파악할 수 있다고 생각했던 것이다. 나는 일반화된 조사를 통해 문화의 복잡성과 그 영향에 대해 배울 수는 없지만 각 개인을 경험의 권위자로 보고 상황에 대한 피드백과 방향을 물어봐야 한다는 것을 깨달았다. 그림 그리기와 이미지 작업은 나 자신의 성찰과 슈퍼비전에서 그것을 탐색하는 것뿐만 아니라, 교차성을 탐구하는 방법에 대한 정보를 얻게 하였고 비교문화적 이해의 복잡성에 대한 인식을 높였다.

결론

슈퍼바이저로서 우리는 자기성찰 작업에 전념하는 모델링을 만들어야 하고 인식과 기술 향상을 위해 지속적으로 노력하고 헌신해야 한다. 테어 마트(2011)는 문화적으로 능숙한 수련을 위해 필요한 작업을 설명했다.

> 이러한 능력을 습득하고 숙달하려면 단순히 미술치료사가 이미 알고 있는 것을 보완하는 것 이상이 필요하다. 이러한 개념들을 개인적이고 전문적인 영역으로 내재화시키는 것이 필요하다. 성찰하는 것, 슈퍼비전의 많은 시험과 실수, 옳고 그름을 아는 것, 좋은 판단을 하는 것, 그리고 많은 유머와 청렴함을 소유하기 위해서는 정직한 헌신과 노력이 필요하다. 이것은 다른 문화 집단 및 그들의 개별 구성원들과 협력하는 데 효과적인 것으로 입증된 기술에 대한 집중적인 탐색을 요구한다. 이것은 각각의 미술치료사들이 시작하도록 격려받는 평생의 신나는 여행이다.
>
> (p. 9)

미술에 기반을 둔 슈퍼바이저는 이 실습을 지지한다. 이미지 기반 표현 양식은 계층화된 의사소통을 명확히 할 수 있으며, 특히 다문화적으로 작업할 때 유용하다. 그들은 건강한 작업을 지원하는 자원에 치료사와 슈퍼바이저의 이미지를 추가한다. 이러한 반응 미술의 사용은 우리가 권력과 특권의 사용에 대해 반성하면서 그들의 힘을 지지하고, 우리가 함께 일하는 사람들의 맥락과 관점을 파악하는 데 도움을 줄 수 있다. 이미지를 제작하고 탐색하는 것은 치료뿐만 아니라 슈퍼비전에 있어서 우리의 인식과 유능한 작업 능력을 더한다.

성찰적이며 문화적으로 능숙한 실습에 참여하고 그들의 슈퍼바이지들을 같은 전문적 기준으로 감독하는 것은 슈퍼바이저의 책임이다. 슈퍼바이지와 그들 내담자의 맥락에 대한 이해는 슈퍼바이저로서 우리 자신의 맥락, 권력과 특권, 개인성, 그리고 전문성에 대한 인식에서 시작되어야 한다. 우리의 교차성과 슈퍼비전이 가져오는 평가적 요소는 힘의 차이를 만든다. 의식적이고 책임감 있는 성찰이 없으면, 효과적인 슈퍼비전은 흔하게 늦춰진다.

참고문헌

Calisch, A. (2003). Multicultural training in art therapy: Past, present and future. *Art Therapy: Journal of the American Art Therapy Association, 20*(1), 11–15.

Corey, G., Corey, M., & Callanan, P. (2011). *Issues and ethics in the helping professions* (8th Ed.) Belmont, CA: Brooks/Cole, Cengage Learning.

Frankl, V. E. (1985). *Man's search for meaning*. New York, NY: Simon and Schuster.

George, J., Greene, B. D., & Blackwell, M. (2005). Three voices on multiculturalism in the art therapy classroom. *Art Therapy; Journal of the American Art Therapy Association, 22*(3), 132–138.

Hiscox, A. R., & Calisch. A. C. (Eds.). (1998). *Tapestry of cultural issues in art therapy*. Philadelphia, PA: Jessica Kingsley.

Howie, P., Prasad, S., & Kristel. J. (Eds.). (2013). *Using art therapy with diverse populations: Crossing cultures and abilities*. Philadelphia, PA: Jessica Kingsley.

Kahn, M. (2002). *Basic Freud: Psychoanalysis for the 21st century*. New York, NY: Basic Books.

Talwar, S. (2010). An intersectional framework for race, class, gender, and sexuality in art therapy. *Art Therapy: Journal of the American Art Therapy Association, 27*(1), 11–17.

ter Maat, M. B. (2011). Developing and assessing multicultural competence with a focus on culture and ethnicity. *Art Therapy: Journal of the American Art Therapy Association, 28*(1), 4–10.

Chapter 06

해로움의 접촉: 우리는 목격한 것에 어떻게 영향을 받는가

우리는 고통스러워하는 사람과 함께 일하면서 우리가 듣는 이야기와 보는 이미지에 감정적 영향을 받을 수 있기에, 자신이 불안정하고, 융통성이 없으며, 무감각하고, 다른 어떤 것도 받아들일 여지가 없다는 느낌에 빠진다. '해로움의 접촉(Harm's Touch)'은 우리가 목격한 것에 의해 어떻게 영향을 받는지 설명하는 독창적인 개념이다(Fish, 2006). 이것은 타인과의 경험에 관한 영향과 가치를 이해하기 위한 기본 틀이다. 반응미술은 이 주제를 파악하고 탐색하며 다른 사람에게 전달하는 도구다.

외상 생존자와 함께 일하는 사람들은 사건에 노출된 결과로 그들 자신이 외상 반응을 일으키는 것은 드물지 않은 일이다(Trippany, Kress, & Wilcoxon, 2004). 이러한 영향은 종종 대리 외상(Pearlman & Caringi, 2009; Pearlman & Saakvitne, 1995), 2차 외상(Figley, 1995)과 소진(Baker, 2003)의 논의에서 다루어진다. 해로움의 접촉, 대리 외상과 2차 외상은 회기 안에서나 밖에서도 영향을 미칠 수 있다. 이런 모든 것은 치료사에게 해로울 수 있으며, 그들의 일을 방해하여 치료사는 지쳐 소진될 수 있다.

해로움의 접촉은 위험뿐만 아니라 가치를 보유한다는 점에서 대리 외상 및 2차 외상과는 다르다. 이 개념은 우리가 목격한 것에 대한 병리적 반응만을 의미하는 것은 아니다. 그것은 개인적인 성장을 위해 잠재력이 풍부한 방식으로 참여할 기회를 제공하여 우리가 더 깊이 참여하고 공감할 수 있게 한다. 주의를 세심하게 기울이지 않고, 해로움에 접촉하게 되면 우리는 우리의 삶과 일에 전적으로 참여할 수 있는 능력을 제한하는, 대리 외상과 2차 외상과 같은 경로에 빠질 수 있다. 이러한 방식으로 외상 자료와 함께 우리의 만남을 재구성하는 것은 그들을 거리 두기 하고 병리화하는 임상 용어로 묘사하는 대신, 관계적인 관점을 제공한다.

해로움의 접촉은 자기 일을 깊이 경험하는 사람에게는 불가피하며 누적된다. 그것은 우리가 내담자와 동료들의 말을 들을 때, 그리고 우리가 슈퍼비전을 제공할 때 발생한다. 우리는 외상 사건을 직접 목격하거나, 거리에서 노숙인을 보거나, 또는 뉴스에서 전쟁의 이미지를 보는 것에 의해 영향을 받을 수 있다. 그것은 자신의 꿈속으로 슬금슬금 파고 들어와 개인적인 관계에 영향을 미치는 침습적인 사고와 반추로 나타날 수 있다.

이 자료는 초보 치료사와 슈퍼바이저에게 도전적이며 그들이 슈퍼비전 하는 동안 자신의 실습을 탐색하게 한다. 슈퍼바이저는 그들의 업무를 이해하기 위해 노력하면서 슈퍼바이지를 지원하는 것 외에도 슈퍼비전의 내용에 대한 그들 자신의 반응에 맞서야 한다. 이 자료를 통해 관리하고 배우는 실습이 없으면, 그것은 시간이 지남에 따라 축적되어 유독성을 가질 수 있다. 해로움의 접촉 개념은 심오한 작업을 목격함으로써 얻을 수 있는 위험뿐만 아니라 이점을 인정하고, 이러한 경험을 관리하기 위한 모델을 제공한다.

반응 미술

나는 치료의 강도에 대한 창의적인 대답으로 일찍이 해로움의 접촉을 관리하기 위해 반응 미술을 사용하기 시작했다. 미술가이자 치료사인 나는, 내 인생에서 강렬한 감정을 관리하기 위해 항상 반응 미술을 사용했기 때문에, 명확한 이유 없이 수년간 나의 이미지들에 눈을 돌렸다.

인턴 시절에 병원 침대에 누워 있는 환자의 허약한 몸, 붕대로 감은 손, 팔과 다리를 고정하는 가죽 벨트를 보았을 때, 나는 나의 감정에 빠졌다. 나는 주말 휴가를 마치고, 급성 정신질환을 가진 성인을 치료했던 병원 인턴으로 복귀하고 있었다. 내가 그곳에 도착했을 때, 나는 기계적 구속 상태에 있으면서 일주일 전 미술치료에서 함께 작업했던 젊은 여성을 발견했다. 내가 금요일 오후에 퇴근했을 때, 그녀는 먹는 것을 단호하게 거부하고, 자신이 다니는 교회 사제에 대한 낭만적인 환상에 사로잡혀 있음에도 불구하고 또렷한 정신으로 방 안에 조용히 앉아 있었다. 내가 월요일 아침에 돌아왔을 때, 그녀는 첫 조현병 삽화의 시작을 경험하면서 두려움과 모순을 느꼈다. 그녀는 환각으로 겁에 질려서, 자신의 눈알을 빼려고 했다. 그녀가 4점 기계식 구속 장치로 고정되어 있고, 그녀를 보호하기 위해 손이 붕대에 감겨서 침대에 누워 있는 것을 보면서 그 상황에 나는 압도되었다.

내 정신은 빙빙 돌고 있었다. 그 상태로 있는 그녀를 보면서 나는 겁을 먹고 혼란스러웠다. 나는 병원을 나와 집으로 갈까 생각했다. 내가 그곳에 머물러 있으면 눈물을 흘릴까 걱정이 되었다. 나는 일주일 전에 우리가 작업하는 동안 무언가를 놓친 것이 있을까 봐 두려웠다. 나는 무력감을 느끼면서 그 장애가 시작되는 것을 보게 되는 것은 아닌지 의심했다. 그녀는 자해하였고, 따라서 그녀를 안전하게 지키기 위한 가죽으로 된 구속 장치를 사용하는 것을 보고 나는 심한 충격을 받았다. 그녀는 의사가 효과가 있는 약을 찾기 위해 노력하는 며칠 동안 감금 상태에 있었다.

나는 그들이 그녀의 자해를 막고 있다는 것을 알 수 있었음에도, 구속 장치 사용에 충격을 받았다. 기계적 구속의 사용은 나를 혼란스럽게 했다. 나는 전에 제압된 사람을 본 적이 있었지만, 그들이 제공한 견제에 편안해지는 누군가를 본 것은 이번이 처음이었다. 그 뒤 며칠을 지켜보면서, 나는 그녀가 감금에서 벗어날 때 어떻게 그녀가 공포에 압도당하는지를 보았다. 간호사가 혈액순환과 동작의 범위를 보장하기 위해서 한번에 한 팔과 한 다리씩 주기적으로 가죽 수갑을 제거했을 때, 그녀는 더욱 동요하며 소리를 지르기 시작했다. 그녀는 가죽끈이 제자리에 돌아와 다시 단단히 고정되었을 때에만 편안하게 쉴 수 있었다. 그 약물이 그녀의 마음을 안정시키는 것을 도울 때까지 구속은 그녀를 편안하게 했다. 나는 정신질환의 중대한 영향과 안전을 보장하기 위해 의학적 및 기계적 개입의 사용에 관하여 생각하기 시작했다.

나는 내가 본 것에 관하여 느끼는 모든 것을 담아내기 위해 집에서 '구속'([그림 6-1])을 그렸다. 나는 다른 사람들과 함께 그 경험을 탐구하기 전에 그 경험에 대한 나의 개인적인 반응을 풀어야 할 필요가 있음을 알았다. 나는 그 밖의 어디에서 달리 방향을 틀어야 할 곳이 없어서 이 작품을 그렸다. 내가 색연필로 작업을 한 이유는 그들이 제공하는 통제와 예측 가능성이 나를 편안하게 할 것을 알고 있었기 때문이다. 그 이미지는 내가 그들을 이해하기 위해 노력하는 동안 나의 감정을 견디는 데 도움이 되었다. 나는 여성의 급속한 상태 악화, 그녀의 자기 파괴적인 행동, 그리고 규제를 위한 구속 장치 때문에 그녀가 얼마나 편안해지는지 등에 대해 이해하려고 노력했다. 나는 또한 내가 목격

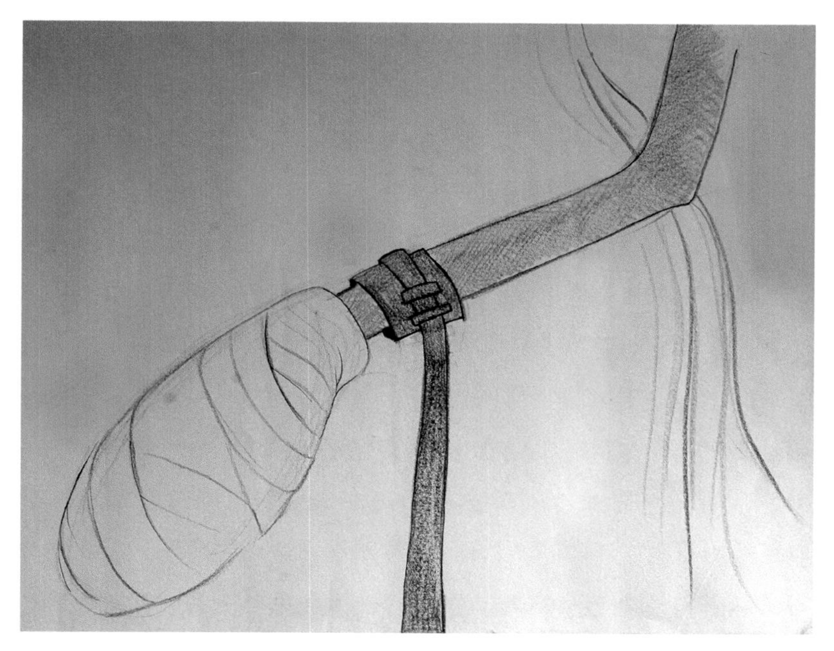

[그림 6-1] 구속
바바라 피시

한 그 모든 것에 대한 나의 반응을 이해하려고 했다.

이미지 작업을 하면서 나의 반응 일부가 건강에 대한 투쟁과 관련이 있음을 깨달았다. 나는 대학원에 입학하기 전에 갑작스러운 신체 질병으로 병원에 입원해야 했다. 병이 빠르게 발병하고 그것이 내 삶에 미친 영향으로 나는 충격을 받았다. 나는 직장을 그만두고 부모님께 도움을 요청했다. 병은 내 인생의 과정을 바꿔 결국 나를 대학원으로 가게 했다. 그녀가 자신의 삶을 되찾기 위해 몸부림치는 것을 보면서 나는 이런 문제들과 다른 것들로 동요되었다.

'구속'([그림 6-1])은 조현병의 발병과 영향을 처음 목격한 순간의 반응이었다. 나는 그녀의 마음이, 기능하는 사람에서 자신을 괴롭히는 사람으로 바뀌는 것이 얼마나 빠르고 깊게 진행되는지를 보고 두려웠다. 비록 그녀의 상황이 나와는 전혀 달랐지만, 과거의 나 자신을 떠올리게 했다. 슈퍼비전은 나에게 이 내용에 관여하고 그 경험으로부터 성장할 기회를 제공했다. 나는 그림을 수련 현장과 학교의 슈퍼비전 수업에 가져왔는데, 그 시간은 나에게 무슨 일이 있었는지 설명하고, 나의 반응을 이해하며 지지를 받을 수 있는 작업을 하는 데 도움이 되었다.

수년간 나는 이런 식으로 반응 미술을 만들어 나의 이해를 관리하고 심화시켰다. 시간이 지남에 따라 나는 이러한 경험이 나에게도 영향을 미치고 있음을 인식하고 내담자와의 연습을 명확히 하는 것 이외에 목격한 것의 가치를 보기 시작했다. 나는 반응 미술의 다양한 사용을 살펴보기 시작했다. 나의 이미지와 다른 사람들의 미술작품을 깊이 조사하고 자세히 살피면서(Fish, 2006), 나는 해로움의 접촉이라고 부르는 것을 이해하고 관리하기 위해 이러한 방식으로 내 작품을 사용하고 있다는 것을 깨달았다.

슈퍼비전에서 활용되는 반응 미술

해로움의 접촉은 우리가 목격하고 동시에 목격한 외상의 영향을 설명하는 광범위한 개념이다. 그것은 다른 사람의 시련을 받아들이는 우리에게 내재된 감각이며 깊은 공감과 이해를 위한 기회를 제공한다. 외상 자료는 내담자의 삶에서 비롯되며 치료와 슈퍼비전에서 마주치게 된다. 미술 기반 미술치료 슈퍼비전에 사용되는 반응 미술은 강력한 도구다. 의도를 가지고 사용한다면 우리가 목격하는 고통스러운 자료에서 가치를 찾는 데 도움이 될 수 있다.

노련한 치료사와 슈퍼바이저는 다양한 방법으로 회기 내용을 관리한다. 어떤 사람은 전문적인 거리를 두고 작업에 대한 임상적 관점을 취한다. 다른 사람은 목격자로서 자신의 역할을 경험하고 자기 자신의 공감과 타인과의 관계를 깊이 탐색할 기회로 삼는다. 슈퍼바이지와 슈퍼바이저는 슈퍼비전 중에 치료의 어려운 자료를 이해하려고 노력하기 때문에, 자신의 개인적인 반응과 치료에 대한 반응은 중요한 정보를 제공한다. 치료 과정을 명확하게 하는 효용성 이외에도 작업에 대한 우리의 반응을 이해하고 다루는 것이 중요하다. 전통적으로 임상가는 건강한 치료를 뒷받침하는 이 개인적인 일을 역전이라고 부른다.

초보 치료사는 강렬한 치료 매체에 취약하며, 그것을 효과적으로 다루기 위한 지원과 방향이 필요하다. 슈퍼비전의 중요한 기능은 슈퍼바이지가 그들의 작업에 어떤 영향을 받는지 이해하고 처리하도록 돕는 것이다. 토론에서 슈퍼바이지는 자원을 찾고, 무슨 일이 일어났는지 개념화하며 자신을 돌보는 방법을 배운다. 그것은 초보 치료사가 자신의 업무를 처리할 방법을 모색하면서 안내받을 기회다.

슈퍼바이저는 건강한 실습을 지원하기 위해 슈퍼비전 내용에 대한 개인적 반응 처리의 가치를 입증하는 데 중요한 역할을 한다. 미술 기반 미술치료 슈퍼비전은 해로움을 해결하기 위해 반응 미술을 주요 자원으로 사용한다. 초보 치료사는 종종 자신이 보는 것에 의해 압도당하기 때문에, 슈퍼바이저는 자신이 목격한 내용을 직접 관리하는 예를 제공하면서, 본보기가 될 기회를 제시한다. 슈퍼바이저가 슈퍼비전의 문제를 탐구하기 위해 반응 미술을 만들 때, 슈퍼바이지는 자신을 대신하여 치료를 제공하는 것에 대한 깊은 관심과 성찰을 목격할 실제적인 기회를 얻는다. 슈퍼바이저도 슈퍼비전의 내용에 의해 영향을 받는다. 나는 나의 이미지를 사용하며 다른 슈퍼바이저도 해로움의 접촉을 경험하기 위해 자신만의 이미지를 사용할 것을 권장한다.

다음의 이미지들과 이야기들은 미술 기반 미술치료 슈퍼비전의 한 사례다. 그것들은 해로움의 접촉을 다루는 반응 미술에서 보아 온 몇 가지 방법을 보여 준다. 나는 때때로 청소년을 위해 장기간 정신치료를 제공하는 주립 정신과 병원에서 일하면서 환자들의 분노 대상이 되었다. 나는 남자 청소년과 사건 직후 병원에서 '공포'([그림 6-2])를 그렸다. 그는 내가 한 무리의 환자들과 함께 앉아 있는 휴게실로 걸어와 숨을 죽이며 욕설을 퍼붓고 의자들을 공격적으로 밀쳤다. 내가 그에게 적절하게 행동할 수 있을 때까지 그의 방으로 가라고 하자 그는 나에게 화를 내며 주먹을 불끈 쥐고 소리 지르면서 위협하였다. 그 상황에 직원들이 끼어들자 싸움으로 번졌고, 그 결과 그는 기계적 구속을 당하게 되었다. 그 후 몇 시간 동안 나는 그가 구속된 방에서 위협적으로 외치는 소리를 들을 수 있었다.

[그림 6-2] **공포**

바바라 피시

내가 생각할 수 있는 모든 것은 도망가는 것이었다. 나는 두려움을 억누르고 그 경험으로 인해 내가 얼마나 충격을 받았는지에 대해 다른 사람들에게 알리기 위해 그림을 그렸다. 그것은 내가 무슨 일이 일어났는지에 대해 환자와 이야기할 때 누군가가 나와 동행하는 것을 포함하여 슈퍼바이저와 동료의 지원을 요청하는 데 도움이 되었다. 마침내 우리가 다시 만났을 때, 우리는 처음에 그를 격분하게 했던 관련이 없는 사건에 관해 이야기할 수 있었고, 우리의 관계를 회복했으며 치료를 재개할 수 있었다.

나의 그림은 그 사건 당시의 내 감정을 관리하고 전달하는 데 도움이 되었다. 나중에 나는 그것을 사용하여 나를 자극한 개인적인 문제를 탐색했다. 우리는 우리 자신의 복잡한 이유로 우리가 하는 작업에 매료된다. 치료사로서 우리가 우리의 내담자에게 미해결되거나 무의식적인 문제들을 일으키지 않도록 확실히 하기 위해서는 그 작업에 들어갈 때 우리의 동기를 이해하는 것이 중요하다. 치료의 수련은 다른 사람들과 우리의 작업에 대한 개인적인 반응을 탐구할 기회를 제공한다.

이 이미지에 대한 나의 탐구와 수련이 내 과거의 상처를 치유하는 방법이라는 것을 깨닫는 데 도움이 되었다. 어린 시절 괴롭힘을 당했던 성인으로서, 나는 그들의 공격성과 맞서 싸우는 사람들을 위해 안전한 장소를 만들 기회를 얻었다. 이러한 인식은 공격성에 대한 나의 반응, 통제에 대한 나의 필요성, 그리고 치료 작업을 지원하기 위해 내 기법을 사용하는 방법을 이해하고 관리하는 데 지속적으로 도움을 준다.

나는 그 개념을 이해하기 전에 해로움의 접촉을 작업하기 위해 '공포'([그림 6-2])를 그렸다. 반응 미술은 내담자를 만나기 전, 만나는 도중 또는 만난 후 언제든지 제작할 수 있다. 경험의 강도는 이 그림을 그린 것과 같은 방식으로, 수정된 의도를 가지고 이미지 작업을 함으로써 몇 년 후에 생산적으로 다시 검토할 수 있었다. 이 작품은 고도로 발전된 미술작품일 수도 있고, 봉쇄가 필요한 상황에 대한 빠르고 혼란스러운 표현일 수도 있다. 우리가 해로움에 접촉했을 때 우리를 돕기 위한 이미지 사용 능력은 그것을 사용하려는 우리 의도의 명확성에 달려 있다.

베스 엔터킨(Beth Enterkin)은 내가 대학원 슈퍼비전을 위해 만난 젊은 전문가였고 그녀는 외래 환자 가정폭력 프로그램에서 아동들과 함께 작업했다. 슈퍼비전 기간에 베스는 그녀가 봉사했던 가족들 안에서 일어난 폭력적인 사건의 사례를 설명했다. 그녀는 자신의 이야기를 나누면서 슈퍼비전의 회기 중에 몇 주 동안 '학대 목격'([그림 6-3])을 그렸다.

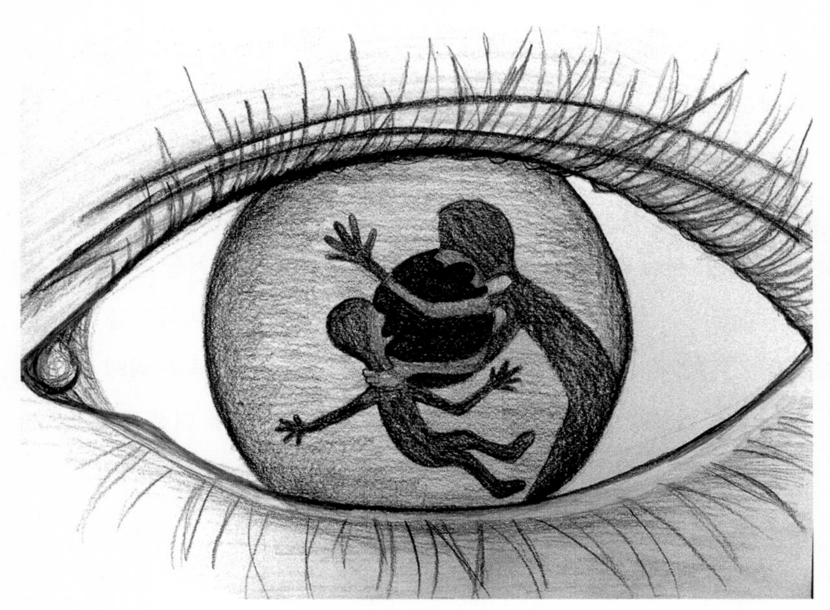

[그림 6-3] 학대 목격

베스 엔터킨

베스는 조심스럽게 아버지에게 공격당하는 아동의 모습을 반영하는 어머니의 시선을 그리는 동안, 신뢰할 수 있어야 하는 사람들로부터 신체적 학대를 견디어 낸 내담자에 관해 이야기했다. 그녀는 어린 내담자의 두려움, 그들의 안전계획, 그리고 좌절감과 무력감에 대한 그녀 자신의 감정을 설명했다. 베스는 아동들과 함께하는 회기에서 그녀가 관찰한 것, 그들의 행동이 무엇을 의미하는지, 그리고 어머니가 어떻게 그들을 지지할 수 있는지를 토론할 때마다 분열된 채로 일하는 한 어머니에 관해 이야기했다.

> 내가 그녀와 대화함에도 불구하고 그녀가 분열되었을 때 어디로 가고 있는지 이해하려고 노력하면서 그림을 그렸어요. 그녀는 그녀 자신의 학대, 즉 남편이 그녀에게 무슨 짓을 하고 있었는지에 대해 말할 수 있었어요. 그러나 이것이 자녀들에게 어떻게 영향을 미치는지 말하기 시작하자마자 그녀는 더는 나와 함께하지 않았습니다……. 그 이미지는 내가 그런 것들에 관해 이야기할 때 그녀가 왜 나와 함께 있는 것이 그렇게 힘들었는지를 지적 수준이 아닌 본능적인 수준에서 탐구하는 데 도움을 주었습니다. 내가 덜 좌절하고 그녀에게 동정심을 갖도록 도와주었어요.
>
> (베스 엔터킨, 개인적 대화, 2015년 4월 21일)

슈퍼비전을 하는 동안 베스와 나는 책임의 범위와 보살핌의 한계에 대한 논의를 위한 기초로 이미지를 만들었다. 그녀의 많은 내담자들의 학대 징후는 계속되었다. 비록 그녀가 거의 모든 회기가 끝난 후 아동보호 서비스에 그들에 관해 보고할지라도 부모는 대개 안전을 위한 조처를 하지 않았다. 그들이 변화를 수용할 준비가 될 때까지 베스가 제공할 수 있었던 것은 내담자의 지속적인 시련에 대한 그녀의 지지와 관심뿐이었다. 베스의 반응 미술은 그녀가 회기에서 목격한 것의 강도를 관리하는 데 도움이 되었다. 또한 그녀가 아동복지 제도를 다루면서 슈퍼비전에 대한 좌절감을 탐구할 때, 반응 미술은 그녀를 잡아 주는 힘이 되었다.

베스는 그림에서 의미의 단계들을 제시했다. 첫 이미지는 자녀의 학대를 지켜보던 어머니의 눈을 나타냈다. 그다음, 베스는 회기 중에 어머니의 이야기를 듣고 나서 그 눈을 그녀 자신의 것으로 보았다. 내가 그녀의 말을 듣고, 나만의 그림 작업을 하면서 나는 그 그림 속의 눈이 이제는 나의 것이고, 내가 그 이야기의 증인이 되었음을 알게 되었다.

우리는 그녀의 이미지를 두고 토론하면서 그녀가 어떻게 그렇게 극심하게 고통스러운 작업을 다루었는지 탐구했고, 해로움의 접촉과 치료를 제공하는 데 드는 개인적 대가를 살펴보았다. 우리가 목격한 그 이야기는 감당하기 힘들다. 슈퍼비전을 하는 동안 이미지를 제작하는 것은 슈퍼바이저와 슈퍼바이지 모두를 도와주고, 심오한 의사소통을 쉽게 한다. 압도적인 경험을 이해하고 공유하는 데 도움이 되는 반응 미술을 창조하는 것은 미술 기반 미술치료 슈퍼비전의 중요한 부분이다. 우리가 해로움에 접촉했을 때 대처하는 방법을 그림으로 목격할 때, 우리는 덜 고립되어 있으며 지지받는 것을 느낄 수 있다.

모든 사람이 독성 효과(toxic effects)를 완화하는 방식으로 이 까다로운 작업의 내용을 지원하거나 다루지는 않는다. 캐롤라인 헬러(Caroline Heller)는 대부분 주(state)의 병동이던 주거 시설 수련생으로 아동들을 위해 일했다. 그녀는 직원이 자신을 학대했다는 내담자의 주장을 조사하기 위해 현장에 온 사회복지사와의 만남에 대한 반응으로 '아동 학대 조사원'([그림 6-4])을 옷감, 노끈, 손톱 및 금속 날로 만들었다.

[그림 6-4] 아동 학대 조사원
캐롤라인 헬러

우리가 이 만남에 대해 논의했을 때, 캐롤라인은 조사원이 도착했을 당시 그녀는 조사원인 사회복지사가 소진되었던 것 같다고 말했다. 캐롤라인은 치료를 받는 아동을 묘사하는 데 종종 사용되는 임상 언어를 사용하여 자신이 본 것을 나에게 말하였다. "그녀가 신체 언어를 사용하며 이 상황에 대하여 마치 다른 사건인 것처럼 말하는 것이 증명하듯이, 그녀가 매우 둔감했던 것은 확실했어요"(캐롤라인 헬러, 개인적 대화, 2015년 4월 10일). 캐롤라인이 만든 이미지는 사회복지사가 자신이 일하면서 보았던 모든 것에 의해 어떻게 '손상된' 것처럼 보였는지에 대한 반응이었다.

캐롤라인이 슈퍼비전에서 '아동 학대 조사원'([그림 6-4]) 그림을 공유했을 때, 그것은 학대와 방임의 의무 보고에 대한 요건과 절차의 논의로 이어졌다. 여기에는 현장 슈퍼바이저에게 통보하고 통화를 문서로 작성하는 것도 포함된다. 우리는 내담자의 외상성 자료 공개를 지원할 때 회기에서 안전의 중요성과 이 작업을 지속하는 데 있어서 자기관리의 가치를 계속 탐구했다. 캐롤라인은 아동의 주장을 조사하기 위해 파견된 사회복지사의 마음이 닫힌 것처럼 보이는 것을 우려했다. 우리가 내담자 대변자이며 목격자로서 의무적인 신고자의 중요한 역할을 확인함에 따라 우리는 또한 보고서가 다루어지는 방식에 대해 종종 많은 사람이 느끼는 무력감을 인정했다.

우리는 의무 보고자로서 캐롤라인의 작업으로 요구되는 행동들을 넘어서는 해로움의 접촉에 관해 이야기했다. 우리는 외상을 목격할 때 발생할 수 있는 잠재적인 누적 효과를 인식했다. 만약에 그것이 해결되지 않으면 해로움의 접촉으로 인해 우리가 마비되거나 소진될 수 있다. 캐롤라인은 심한 학대를 경험한 내담자의 이야기를 듣는 것이 그녀에게 얼마나 힘든 일이었는지 설명하였다. 우리는 함께 자료와 만나고 자기관리에 관여하는 전략을 탐구하여 우리 자신의 작업에서 어떻게 해로움에 접촉하는지를 보완하였다.

역전이 탐색에 이용되는 반응 미술

초등학교 프로그램의 인턴 켈리 리들(Kelly Riddle)은 최근 어머니가 유방암으로 사망한 어린 소녀를 맡고 있었다. 소녀의 슬픔에 대한 그녀의 반응은 분명했다. 소녀는 자신의 슬픔과, 아버지와 새로운 누군가의 데이트가 어떻게 진전되기 시작했는지 매주 이야기했다. 켈리는 그 아동을 염려하였고, 종종 슈퍼비전에서 그들의 작업을 논의하였다.

'꿈'([그림 6-5], 판 7)은 켈리가 회기 후에 그녀의 내담자에 대하여 경험했던 꿈을 다루기 위해 그림으로 그려 슈퍼비전에 가져온 반응 미술이다. 내담자는 죽음으로부터 살아 돌아온 그녀의 어머니에 관한 악몽을 말하면서 치료 중에 정신이 혼미해졌다. 소녀가 새로운 현실을 이해하려고 애를 썼을 때, 켈리는 압도당하는 기분이었다.

[그림 6-5] (판 7) **꿈**

켈리 리들

내담자가 우리의 꿈에서 그들의 길을 발견할 때, 그것은 종종 우리가 해로움에 접촉되었고, 다루어야 할 역전이가 있다는 표시다. 켈리는 반응 미술을 슈퍼비전에 가져옴으로써 자기 꿈의 의미를 공유하고, 어린 소녀와 함께하는 작업의 방향을 잡을 수 있었다. 켈리는 이 작품이 숲으로 대변되는 소녀를 고립과 슬픔에서 벗어나도록 그녀를 숲 밖으로 데리고 나가는 모습을 묘사했다고 말했다. 그녀가 그림을 공유하고 꿈을 묘사한 후, 우리는 켈리의 감정의 강도와 소녀에 대한 그녀의 구출 환상에 관해 이야기했다. 우리는 깊은 슬픔을 지원하는 도전적인 작업과 내담자가 준비되기 전에 어려운 감정에서 벗어나도록 하고 싶은 것이 얼마나 솔깃한지를 함께 논의했다.

켈리의 역전이는 더 깊어졌다. 그 후 그녀는 나에게 자신의 어머니가 성인 초기에 생명을 위협하는 상처를 입었다고 말했다. 어머니의 상실 가능성에 대한 그녀의 경험은 어린 내담자의 상실과 더욱 동일시하게 되었다. 비록 당시에는 이 사실을 알지 못했지만, 켈리의 그림은 어린 내담자에 관한 그녀의 강한 반응이 슈퍼비전 집단의 관심을 불러일으켰다. 그것은 그녀가 치료에서 소녀를 지지하면서 소녀의 상실을 처리하는 동안 그녀의 현실적인 기반을 회복할 수 있었다.

반응 미술의 학제 간 이용

치료사 또는 상담사가 아닌 사람은 그들이 함께 작업하는 사람의 시련을 목격할 때 해로움의 접촉에 영향을 받을 수 있다. 호스피스 시설에서 풍부한 경험이 있는 간호사 제럴딘 고먼(Geraldine Gorman)은 간호대학의 교수로 그녀가 슈퍼비전 했던 학생 간호사들에게 반응 미술을 소개하기 위해 나를 초대했다. 나는 환자와의 첫 경험을 지원하는 간호사들의 임상 후 회의에 격주로 참석했다. 회의가 진행되는 동안 학생 간호사들은 전통적인 구두 발표를 했다. 수업을 마친 후 모든 사람이 이미지를 제작하고 다음 주에 그것을 공유하기 위해 가져와 발표에 응답해야 했다. 이것들은 정교한 미술작품이 아니라 학생들의 집에 있던 재료들로 제작된 심오한 표현이었다. 이 수업의 토론은 학생 간호사들이 그들의 참여 강도에 대해 마음을 열 수 있게 하는 데 도움이 되었고, 작품을 공유하면서 더욱 깊어졌다. 그들은 자신의 작업을 공유하면서 서로에게 지지를 받았는데, 자신의 작업에 기반을 두고 덜 고립된 느낌이 들 수 있도록 돕는 자기성찰의 가치를 인정하였다.

우리가 우리 작업에 어떻게 영향을 받는지 탐색하기 위해 이미지를 제작하는 것은 어떤 미적 기량이 있는 사람들이라도 도움이 될 수 있다. 이미지를 통해 상황, 느낌 또는 반응을 의도적으로 탐색하고자 하는 의지만 있으면 되는 것이다. '줄기세포 장치에 관한 반응'([그림 6-6])은 고먼과 그녀의 환자들의 작업이다.

그녀는 이것을 병원 일과를 마친 후에 집에서 제작했다. 이 작품은 기계와 의료진에 의해 둘러싸인 환자를 나타낸다. 거기에 그녀는 이렇게 썼다. "그리고 줄기세포 장치에서 하루 더…… 네 명의 사상자와 집계"(제럴딘 고먼, 개인적 대화, 2014년 3월 14일). 그녀가 작품을 집단에 가져왔을 때, 자신이 슈퍼비전 하는 간호사들에게 자신의 경험 강도를 전달하기 위해 반응 미술의 사용을 시범 보였다.

[그림 6-6] 줄기세포 장치에 관한 반응

제럴딘 고먼

상담에 활용된 반응 미술

나는 주거 시설에서 청소년 치료 서비스를 제공하느라 고군분투하며 상담 작업을 할 당시에 해로움의 접촉을 경험했다. 한 기관에 있을 때 나는 뼈아픈 사연이 있는 십대 소녀를 만났다. 내가 운동장을 걷고 있을 때 한 소녀가 옆에 서 있는 보육교사와 함께 집 계단에 앉아 있는 것을 보았다. 그녀는 열다섯 살 정도였고, 반바지에 샌들을 신었으며 때

묻은 남성 민소매 티셔츠를 입고 집 앞 계단에 앉아 있었다. 내 소개를 하자 그녀는 자신이 이 집에 혼자만 살고 있다고 말했다. 내가 왜 혼자만 사느냐고 물어보자 그녀는 나에게 이유를 말했다. 소녀는 몇 주 전에는 많은 소녀가 이 집에 살았었다고 했다. 이 집에서는 싸움과 가출이 빈번했다. 소녀는 싸움이 자주 일어났으며, 특히 밤 근무 조에는 싸움을 말릴 직원들이 충분하지 않다고 말했다. 어느 날 밤 소녀가 잠들었을 때, 룸메이트가 '가출'을 중단하고 집으로 돌아왔다. 룸메이트는 침실로 들어와 잠자는 그녀에게 달려들어 주먹을 날리고 그녀를 물어뜯었다. 이 소녀는 깜짝 놀라 깨어나 몸을 돌려, 공격자를 거칠게 물어서 흉하게 망가뜨렸다. 지금 소녀는 폭행죄로 기소되어 다른 소녀들과 떨어진 집에서 혼자 살게 되었으며, 법원이 자신을 소년원에서 복역하도록 보낼지 말지에 대한 판단을 기다리고 있다. 내가 그 자리를 떠나올 때, "싸움을 말리기에는 직원이 충분하지 않았어요."라는 소리가 나의 귀에 쟁쟁했다.

나는 소녀의 이야기가 너무 혼란스러워서 '절망'([그림 6-7])을 그렸다. 나는 악에 받쳐 공격적으로 된 이 소녀를 묘사하면서 그녀가 관련된 이 비극이 견디기 어려웠다. 내 작품을 알리는 것의 가치를 찾기 전에 내가 그것을 어떻게 느끼는지 관리하는 방법을 찾아야만 했다. 상담자로서 나의 역할에서 볼 때, 내가 관찰한 폭력에 관한 이 사례와 다른 밝혀지지 않은 사례들로 걱정이 많이 되었다. 보호를 받는 아동들은 과거 외상과 공격이 일상적이었던 폭력적이고 불안정한 환경에서 자랐다. 이들을 돌보는 사람들이 외상에 개입하지 않았던 환경에 있을 때 어떻게 자신의 감정을 안전하게 치유하고 관리하는 것을 배울 수 있을까? 나는 내담자를 지원할 수 있는 제한된 직원의 수와, 내담자와의 상호작용 대부분을 담당하는 직원에게 주어지는 훈련, 지원 그리고 슈퍼비전에 관해 깊이 생각했다.

앞의 사연으로 나는 내담자의 관점에 대한 정보를 얻게 되었다. 나는 이미지를 그림으로써, 소녀가 묘사했던 경험의 공포에 함께 머물고 그것을 해체하는 데 도움을 받았다. 이 경험을 통해 나는 직원이 안전하게 치료 환경을 조성하고 유지할 수 있는 능력을 키울 수 있도록 하는 지원과 훈련을 요청하였고, 기관의 행정에 도움이 되는 피드백 및 제안을 할 수 있게 되었다.

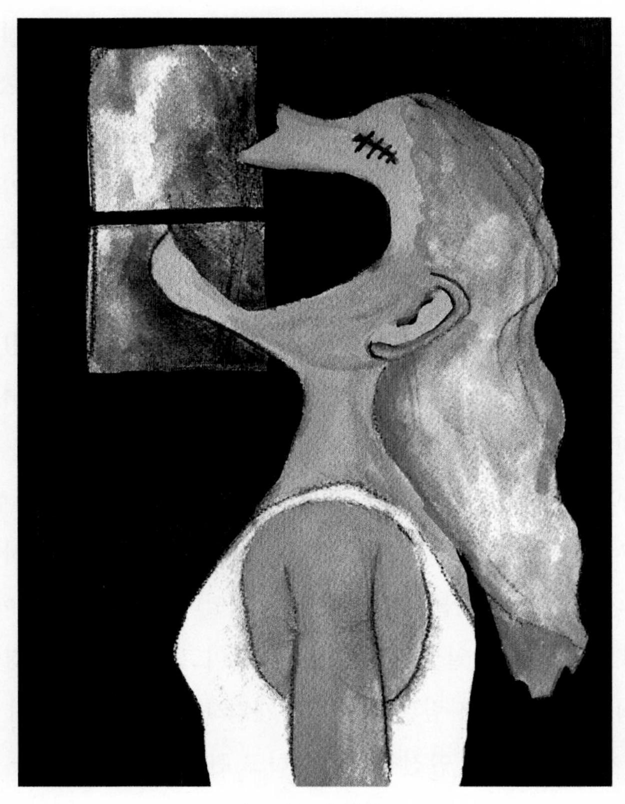

[그림 6-7] 절망

바바라 피시

나는 미술치료 인턴으로 수련하는 동안 내가 본 것에 관한 느낌을 담고 탐구하기 위해 그린 그림 '구속'([그림 6-1])에 대한 논의로 이 장을 시작했다. 나는 그 이미지를 머릿속에서 지울 수 없었기 때문에 반응 미술로 눈을 돌렸다.

30년 후, 나는 내가 상담했던 병원에서 일어난 사건에 관한 '구속 목격'([그림 6-8])을 그렸다. 나는 여러 해 전에 그랬던 것처럼, 그 사건이

[그림 6-8] **구속 목격**

바바라 피시

일어난 날과 같은 날에 집에서 이 이미지를 만들었다. 이번에 나는 인턴이 아니라 상담사였다. 나는 중증 정신질환과 외상을 앓고 있는 청소년에 대한 치료를 개선하기 위해 훈련과 감독이 필요한 병원 직원에게 상담하고 있었다. 나는 구속이 사춘기 소녀의 집단에서 일어나는 것을 보았고, 그곳에서 과도한 물리적 힘이 사용되는 것을 우려했다. 나는 남자 직원의 체격, 멍한 시선, 그리고 기계적인 외모에 충격을 받았는데, 그들은 통제력을 회복하기 위해 노력하는 그들에게 반대하여 몸부림치는 사춘기 소녀를 움직이지 못하게 하였다. 그 구속 자체에 미친 나의 유일한 영향은 그 소녀를 붙잡고 있는 남자의 방향을 바꾸는 것이었다.

이 작품을 통해 나는 활동가로 참여할 수 있었다. 나는 나의 팀에게 이미지를 가져와 병원 행정팀에게 직원들을 위한 향상된 수련과 슈퍼비전의 필요성을 강조했다. 이 작품은 그 사건에 관한 나의 감정들을 자제하도록 돕는 것 외에도, 내가 환자 치료 개선으로 이어질 것이라고 믿었던 주장을 옹호하면서 나의 우려를 설명할 수 있게 했다.

내가 수련을 하는 동안 '구속'([그림 6-1])을 그렸을 때, 나는 나의 경력 내내 계속해서 물어 왔던 질문들에 대해 생각해 보기 시작했다. 여기에는 자율과 외부 통제 사이의 균형, 힘의 역할, 그리고 정신질환의 치료 및 처치에서 신체적 통제의 사용 등을 이해하기 위한 노력을 포함한다. 입원환자가 자신이나 타인을 다치게 하는 경우가 있어 이를 반드시 막아야만 할 때가 있다. 이러한 맞닥뜨림에는 힘을 남용할 기회들이 많다. 나는 함께 일하는 사람을 안전하게 지킬 수 있는 인간적인 치료 방법을 옹호한다. 이러한 경험의 개인적인 충격을 성찰하면서, 나는 해로움에 의한 접촉이 힘, 통제와 기관에 관한 내 생각과 더불어 안전을 보장하기 위해 극단적 개입이 필요한 환경에서 일하는 것이 필요한 이유에 대해 물음을 제기하도록 돕는다는 것을 깨닫게 되었다.

치료에서 힘의 사용에 관한 나의 계속되는 질문은 작업에서 유사한 문제들로 고군분투하는 나의 슈퍼바이지가 자기성찰을 하는 데 지지적인 역할을 한다. 대학원 슈퍼비전에서 어떤 미술치료사는 그가 일하는 병원에서 청소년 집단의 폭력적인 구속에 참여한 후 자신의 질문을 탐구하면서 '더미'([그림 6-9])를 그렸다.

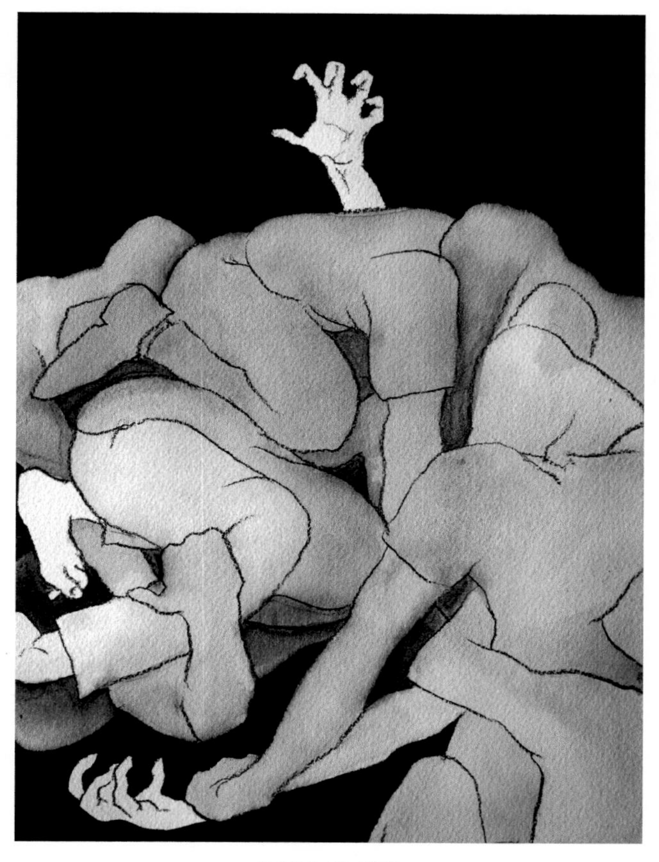

[그림 6-9] 더미

익명

그것은 흉흉하고 과도해서 나는 그에 대해 불평했어요……. 이러한 일들은 기관에서 일어납니다. 그것은 작업장을 반영한 것입니다. 나는 직장에 충실하다고 생각하고 싶지만, 아이들을 위한 나의 신의가 그 모든 것보다 더 높았어요. 그것은 내가 그림을 그리는 이유며, 나의 머릿속을 명확하게 해요.

(익명, 개인적 대화, 2015년 7월 1일)

그 치료사는 슈퍼바이저에게 구속에 관한 그의 우려를 보고하고, 직원과의 사후 토론에서 구속을 촉발한 원인을 검토한 후에 환자를 개별적으로 만났다. 그들은 함께 그의 분노를 초래한 징후와 문제들, 안전의 중요성, 그리고 미래에 그가 공격적인 행동에 의존하는 것을 방지할 수 있도록 돕는 전략을 이야기했다. 이 이미지와 함께 치료사의 작업은 그들 상황을 반영하고 이해하고 함께 작업함으로써 자신의 행동을 알리고 변화를 만드는 데 도움이 되었다. 그는 환자를 지원하고, 일어난 일을 처리할 뿐만 아니라 환자의 안전을 보장하기 위하여 사건을 보고할 책임이 있다는 것을 깨달았다.

우리가 슈퍼비전을 위해 만났을 때, 우리는 함께 사건을 성찰했다. 우리는 복잡한 외상을 견뎌 온 청소년과 함께하는 작업 강도와 직원 지원의 중요성에 관하여 이야기했다. 우리는 충분한 인원의 필요성과 그들을 위한 수련 및 슈퍼비전의 유용성을 포함하여, 계속해서 상황에 이바지했을지도 모르는 더 큰 체계적인 문제를 논의했다. 마지막으로, 치료사는 자신의 신체적 힘의 사용에 대하여 의문을 제기했다. 환자가 신체적 개입을 요구했을 때 남자 치료사의 역할은 무엇인가? 그는 공격적인 환자에 대한 신체적 조치에 참여해야 하는가? 무엇이 치료 관계에 영향을 미치는가? 슈퍼비전에서 반응 미술과 함께 그 문제를 탐색함으로써 치료사는 그가 어떻게 해를 입었는지를 살펴보고, 그 중요성을 이해하며 그 이상으로 아동들을 위한 효과적인 개입과 옹호에 새롭게 초점을 맞추는 것으로 나아갈 수 있다.

반응 미술은 우리가 내담자와의 대인관계 역동을 살펴볼 수 있도록 돕는 것 이상으로, 치료사가 기관과 구조적인 문제들에 대한 반응을 관리하고 슈퍼비전에서 그것들을 탐구할 수 있도록 도와주었다. 반응 미술은 그의 구속의 경험에 대한 처리를 돕는 것 외에도, 그가 일했던 곳의 관리 체계에 관한 우려를 전할 방법을 제공했다. 치료사는 우리가 일하고 있는 기관들이 그들 스스로 치료에 있어서 장벽이 되는 것을 볼 수 있었다. 역기능적 체계와 함께 그의 좌절감을 이해하는 것이 슈퍼비전의 초점이 되었다.

이러한 도전과제는 경험이 많은 전문가뿐만 아니라 초보 치료사에게도 해당한다. 이 이미지를 제작함으로써, 치료사는 역기능적 체계에 직면하여 그의 내담자를 위한 효과적인 치료를 제공하려는 시도를 제시할 수 있었다. 이러한 식으로 반응 미술을 하는 것은 우리가 그의 고군분투를 탐구하면서 그의 작품에서 역설적인 것을 표현하고 바라볼 수 있게 해 주었다.

평화를 위한 미술

우리는 치료사와 슈퍼바이저로서 외상에 대한 의도적인 목격자다. 또한 우리는 본의 아니게 우리의 동의 없이 일상생활에서 타인의 고통에도 노출되어 있다. 우리는 내적 · 외적으로 경험하는 일에 언제든 영향을 받는다. 전문성 개발의 일부는 비극, 위기 그리고 스트레스의 시대에 지역사회와 관계를 맺고 돕는 것을 배우는 것이다. 다른 사람의 전문성 개발을 촉진하는 슈퍼바이저는 때때로 이러한 노력의 지도자가 될 기회를 얻는다. 이것은 9 · 11 사건에 반응하여 내가 평화를 위한 미술을 시작했을 때의 일이다. 이것은 치료나 슈퍼비전 집단은 아니지만, 미술치료사와 다른 사람들이 그림을 그리고 평화로우며 현실에 기반을 둔 공동체로 함께 모여, 두려움에 대한 반응 대신에 대응하려는 우리의 노력을 뒷받침하려는 의도로 시작되었다.

나는 2001년 9월 11일 시카고의 집에서 뉴욕시 타워를 생중계하는 방송을 보았다. 서부 해안에 사는 가족에게 전화를 한 후에야 친구, 동료, 학생들의 안녕을 생각하기 시작했다. 나는 불안의 파동을 경험하면서 지역사회 사람들의 안녕에 대해 생각했다. 나는 학교에서 현장 집단 슈퍼비전이 다음 날 취소될 것임을 깨달았고, 학생 대부분이 그들의 집과 멀리 떨어져 있다는 것을 알았다. 이런 이유로 나는 우리 자신을 진정시키고 서로를 연결하려는 의도로 함께 그림을 그릴 기회를 주면서 나의 홈 스튜디오에서 수업하기로 했다.

다음 날 우리가 만났을 때, 우리는 촛불을 켜고 3시간의 회기 동안 함께 이미지를 제작했다. 몇 명은 조용하게 말했지만, 대부분은 우리가 느끼는 모든 것을 담고 있는 이미지 작업에 집중했다. 시간이 끝날 무렵, 우리는 우리와 함께하는 이웃과 다른 치료사 및 친구들이 함께할 수 있도록 초대하여 다음 금요일 저녁에 다시 만나기로 했다. 이것이 평화를 위한 미술이 시작된 과정이다. 그 후 우리는 금요일 저녁마다 나누어 먹을 음식과 사용할 미술 재료를 가지고 우리 집에 모인다. 우리는 공동체로서 연결하려는 의도에서 함께 촛불을 밝히고 그림을 그린다. 그 집단은 무료로 참여한다. 나에게 그 모임은 우리가 서로를 위해 제공하는 서비스다.

첫 번째 평화를 위한 미술 집단에서 나는 '9월 11일'([그림 6-10], 판 8)을 그렸다. 나는 내가 보았던 모든 것의 강렬함을 채우기 위해 자주색 경계선을 만들기 시작했다. 생방송이 보도된 후 끝없이 반복되는 모습으로 재방송되는 모습을 본 이미지들이 나에게 물밀 듯이 밀려드는 것처럼 느꼈다. 그 전날에 있던 모든 일을 생각하면서 수채화를 그리는 것이 마음을 편안하게 했다. 매체와 다른 사람들의 집중적인 미술작품과 함께한 이 감각적인 경험으로 나는 진정되고 다시 연결되어 있다는 느낌을 얻을 수 있었다.

또 다른 초기 회원인 메리 앤 턴넬(Mary Ann Tunnell)은 첫 번째 미팅에 '9월 11일'([그림 6-11], 판 9)을 그렸다. 그녀는 자신의 이미지에 중점을 두고 조용히 작업했다. 이것은 그녀가 몇 주 동안 그린 많은 작품

[그림 6-10] (판 8) 9월 11일

바바라 피시

중 하나이며, 그녀의 경험 강도에 초점을 맞춘 것이었다.

인류학자 디사나야케(Dissanayake, 1988)는 세계 행사를 진행하기 위해 문화 전반에 미술을 사용하는 방법을 조사했다. 그녀는 "미술은 분석 능력을 생략시킴으로써 우리를 사물의 실질적인 즉시성과 직접 연결해 준다. 우리는 색, 질감, 크기 또는 주제의 특수성과 힘의 직접적인 영향을 느낀다."(p. 67)라고 말했다.

[그림 6-11] (판 9) 9월 11일

메리 앤 턴넬

디사나야케(1988)는 그들에게 무슨 일이 일어났는지를 이해하도록 사건을 상기시키면서 강렬한 사건에 대한 접근과 재현을 돕기 위해 미술의 가치와 의례에 주의를 기울이도록 언급했다.

> 폭력적인 자연재해와 전쟁이 발생할 경우, 한동안 일상생활은 평소에는 거의 경험하지 못하는, 두렵거나 가슴 저미는 통렬한 흥분 상태가 된다. 이러한 재해를 경험한 개인은 그 심각성을 증명할 뿐 아니라, 그 시기에 침투했던 개인적 의미의 고조된 감각을 재경험하기 위해서 앞으로 종종 그들을 기념하는 것은 중요한 일이다.
>
> (1988, p. 139)

사고에 접하며 반응 미술과 함께한 나의 경험은 미술이 사건의 강렬함을 되돌려 놓을 뿐만 아니라, 문자 그대로 사건의 잠재력을 다룰 수 있다는 디사나야케의 믿음을 뒷받침한다. 나는 슈퍼비전을 할 때뿐만 아니라 평화를 위한 미술로 이미지를 그리는 동안 경험의 힘과 안도감을 느꼈다. 반응 미술은 그것이 지닌 현재의 감정을 관리하는 데 도움을 줄 수 있다. 나중에, 이 작품을 다시 찾아 "그 시간을 침투했던 개인적 의미의 고조된 감각"(p. 139)을 탐구함으로써 그 경험을 더 깊이 이해할 수 있게 된다.

평화를 위한 미술은 5년 동안 매주 이루어졌고 또 세계 행사로서 우리는 모임을 계속했다. '평화를 위한 미술 2012'([그림 6-12])는 우리 모임의 사진이다. 평화를 위한 미술은 나 자신을 진정시키고 나의 슈퍼바이지들을 지원하기 위한 소망에서 이루어졌으며, 그들이 함께 그림을 그리고, 경험을 공유하며 네트워크를 형성하고, 서로에게 영감

[그림 6-12] 평화를 위한 미술 2012
바바라 피시

을 불어넣어 주는 학생, 새로운 졸업생, 숙련된 전문가 그리고 그 밖의 사람들을 지원하는 모임이 되었다. 우리의 공동 의도는 다음과 같다. '우리는 미술을 평화로운 공동체 일부로 만들어 우리의 삶과 일에서 반발하는 대신 반응할 수 있도록 한다.'

결론

건강한 슈퍼비전은 업무를 관리하고 탐구하기 위한 도구를 개발하는 것을 지원함으로써 온전한 실습을 유지하도록 돕는다. 미술 기반 미술치료 슈퍼비전에서 해로움의 접촉을 다루는 치료사는 치료법이 치료사에게 미치는 강도와 영향에 관한 언어적 담론에 귀중한 관점을 추가한다. 해로움의 접촉을 관리하고 배우기 위한 전략이 없다면, 우리는 다른 어떤 것을 생각하거나 관심을 가질 수 없는 외상 이야기로 가득 찬 회기와 다른 경험들을 남길 수도 있다. 시간이 흐르면서 그것에 관해 만들어진 이야기와 이미지가 축적됨에 따라, 그것들은 우리에게 정서적 · 신체적 영향을 미치는 가공되지 않은 자료들로 채워질 수 있다.

반응 미술은 슈퍼바이저가 슈퍼비전에서 이미지를 계속 사용하면서 참여할 때 작업을 관리하고 학습하기 위한 유익한 전략을 모형화할 기회다. 학생과 초보 치료사는 종종 치료에서 일어나는 어떤 일들에 압도당한다. 미술 기반 미술치료 슈퍼비전은 슈퍼바이저와 슈퍼바이지 모두에게 그들의 실습에 대한 이해를 지원하고 심화시킬 수 있는 자원으로서 그들의 이미지를 참여시킬 기회를 제공한다. 반응 미술은 회기 전이든 도중이든 또는 회기 후든 언제든지 해로움의 접촉을 다루기 위해 그려져 슈퍼비전에 가져올 수 있다. 반응 미술은 여러 층의 내용을 보유하고 있으며, 시간이 지남에 따라 다시 방문할 수 있도록 우리에게 중요한 정보를 상기시키고 경험으로부터 새로운 자원을 가져다준다.

미술치료 인턴인 리 앤 릭티(Leigh Ann Lichty)는 아동 주거 보호기관의 아동을 위해 일하는 그녀의 현장실습에 대해 만든 반응 미술을 통해 해로움의 접촉 개념을 탐구했다. 그녀는 "내 개인적인 삶의 도전과 결합하여 치료사로서의 내 책임에 완벽하게 압도되어"라는 그녀의 감정을 반영하기 위해 수련 초기에 '해로움의 접촉'([그림 6-13], 판 10) 작업을 시작했다(리 앤 릭티, 개인적 대화, 2015년 2월 22일).

그녀는 그 당시에 작품을 완성하지 못했지만 무언가 더 필요하다는 것을 알고는 그것을 따로 두었다. 그녀는 수련이 끝날 때 작품을 완성하고 시간이 지남에 따라 자신의 작품에 대한 이해가 어떻게 변했는지 설명했다.

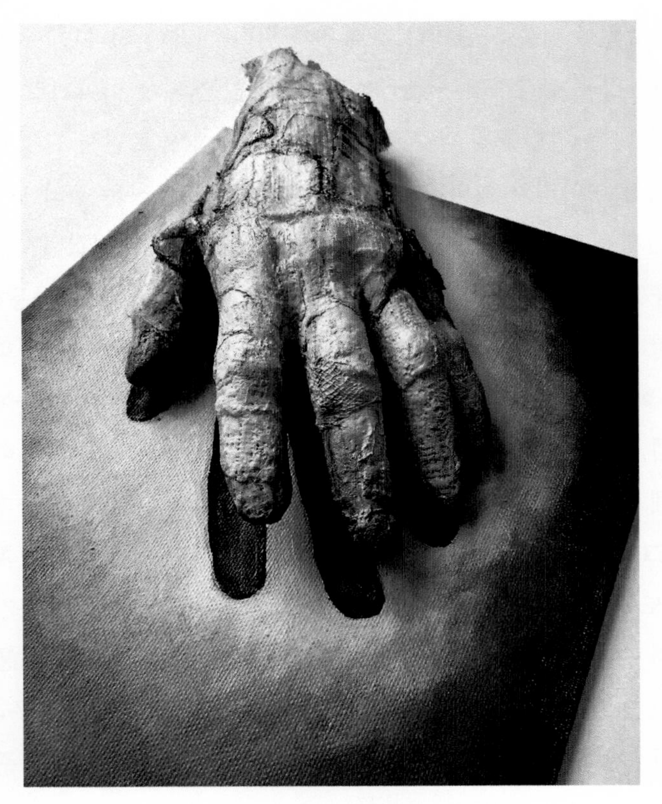

[그림 6-13] (판 10) 해로움의 접촉
리 앤 릭티

나와 내담자들과의 관계는 깊어졌어요. 나는 그들이 나에게 얼마나 많은 영향을 미쳤는지 알아챘고, 나도 그들에게 영향을 주었어요……. 이것이 내가 해로움의 접촉을 이해하는 기반입니다. 이 작품에는 입체적 손이 있는데, 나는 내 손으로 직접 주조했어요. 그 아래는 손 그림자가 그려져 있어요. 원래 나는 그림자로 아동들이 나를 어떻게 만졌는지, 즉 치료에서 나의 앞뒤 만지기, 주고받기, 희롱하기 등을 재현할 작정이었어요. 나는 그 후 그 그림자가 융의 그림자와 비슷하다는 생각을 해 왔는데, 그

> 것은 내가 치료 관계에 가져오는 나 자신에 관한 모든 것을 표현한 것입니다. 그것은 나의 과거뿐만 아니라 내담자의 영향으로도 해석될 수 있는데, 왜냐하면 그 요소들이 역전이를 일으키기 때문이지요……. 손은 금이 가고 불완전하지만, 혈관은 밝고 색이 다양해요. 이 손은 나의 치료적 관계처럼 완벽하지는 않지만 풍족하고 중요해요.
>
> (리 앤 릭티, 개인적 대화, 2015년 2월 22일)

우리가 해를 입었을 때 성공적으로 일하는 것을 배우는 것은 해로움의 독성 효과, 그리고 그것의 성장을 뒷받침할 기회에 대한 감사를 필요로 한다. 우리는 치료 및 치료 이외의 삶에서 그리고 경력 전반에 걸쳐서 해로움에 접촉되었다. 해로움의 접촉은 경험에 따라 변화될 수 있는 목격자로서 다른 사람과 완전히 관계를 맺을 기회를 통해 우리에게 온다. 해로움의 접촉을 이해하고 성장하기 위해 반응 미술을 하는 의도적인 실습은 치료 위생의 일종인 자기 돌봄이다. 그것은 우리가 목격하는 유독성 물질의 축적을 피할 수 있기에 회복력을 지지하고 건강한 생활을 유지할 수 있다.

해로움의 접촉은 우리의 초기 경험을 넘어 경험의 보편적 가치를 인식하고 공감, 이해 그리고 목적의식을 위한 우리의 능력을 심화시키는 기회다. 노련한 전문가와 초보 치료사도 피해를 잘 입는다. 반응 미술은 슈퍼바이저와 슈퍼바이지가 이러한 만남에서 배울 수 있도록 도와주고, 해로움의 접촉에 의한 해로운 영향을 관리하고 자신을 돌보는 것을 도울 수 있는 능력이 있다. 또한 반응 미술은 우리가 우리의 반응에 대한 초점을 효과적으로 맞추도록 도와주며, 우리가 사회적으로 책임질 수 있는 반응들에서 빠져나와 활동하지 않는 상태에 있는 것을 진정시켜 주는 잠재력을 갖는다. 반응 미술의 효용성은 우리의 분명한 의도에 달려 있다.

이 장에서 우리는 우리가 목격한 것에 어떻게 영향을 받는지를 이해하고, 우리의 경험을 포함하고, 조사하며, 전달하기 위한 자원으로 반응 미술을 사용하는 것을 제안하는 해로움의 접촉 개념을 제시한다. 여기에 해로움의 접촉을 다루기 위해 사용된 이미지의 예가 포함된다. 작품을 제작하고 탐색하는 것은 내가 슈퍼비전 하는 사람들과 나 자신 모두에게 개인적인 통찰력을 얻고, 공감 능력을 심화시키는 동시에, 우리가 해로움의 접촉의 해로운 영향을 없애도록 도와줄 수 있는 인식, 향상된 의사소통, 자원을 제공하는 것을 돕는다.

참고문헌

Baker, E. (2003). *Caring for ourselves: A therapist's guide to personal and professional well-being.* Washington, DC: American Psychological Association.

Dissanayake, E. (1988). *What is art for?* Seattle, WA: University of Washington Press.

Figley, C. E. (1995). *Compassion fatigue: Coping with secondary traumatic stress disorder in those who treat the traumatized.* New York, NY: Brunner/Mazel.

Fish, B. J. (2006). *Image-based narrative inquiry of response art in art therapy.* (Doctoral dissertation). Retrieved from Dissertations & Theses database. (UMI no. AAT 3228081).

Pearlman, L. A., & Caringi, J. (2009). Living and working reflexively to address vicarious trauma, In C. A. Curtois, & J. D. Ford (Eds.), *Treating complex traumatic stress disorders: Scientific foundations and therapeutic models* (pp. 102–122). New York, NY: Guilford Press.

Pearlman, L. A., & Saakvitne, K. (1995). *Trauma and the therapist: countertransference and vicarious traumatization with incest survivors.*

New York, NY: W. W. Norton.

Trippany, R. L., Kress, V. E. W., & Wilcoxon, S. A. (2004). Preventing vicarious trauma: What counselors should know when working with trauma survivors. *Journal of Counseling Development, 82*(1), 31–37.

Chapter 07 

대학원 과정의 슈퍼비전

슈퍼비전은 초보 치료사 업무의 세 가지 분야를 지원하며, 이 모든 것은 직업 윤리 강령과 실습 기준에 바탕을 두고 있다. 첫째, 슈퍼비전은 치료를 평가하고 개념화할 기회를 제공함으로써 내담자를 위한 효과적인 치료를 촉진한다. 이것은 내담자의 목표 개발을 지원하고, 공격성과 저항을 포함한 내담자 행동의 의미에 대한 인식을 가능하게 한다.

둘째, 슈퍼비전은 치료사의 효율적 기능을 지원한다. 이것은 내담자 서비스의 비판적 평가가 학생과 초보 전문가의 직관력에 대한 신뢰와 활용에 균형을 이루는 것이다. 슈퍼바이지는 자신의 힘, 문화적 민감성 및 역량 사용을 이해하는 것과, 새로운 상황을 이해하고 관리하기 위한 자원을 찾는 것의 중요성을 배운다. 그들은 정신병리학과 외상의 전문적인 첫 만남을 탐색할 때, 역전이와 저항역전이(Counterresistance)를 포함하여 치료에 대한 그들의 개인적인 반응을 풀어 준다.

셋째, 슈퍼비전은 학생과 초보 전문가가 그들이 일하는 체계를 탐색하도록 돕기 위한 장이다. 그들은 치료, 절차 및 문서의 양식을 이해하는 데 도움을 받는다. 슈퍼비전은 초보 치료사가 사전 동의의 중요성,

진단의 유용성 및 함축성, 약물 사용을 포함하여 치료의 윤리적 · 기술적 측면을 탐색함에 따라 지침과 지원을 제공한다. 이는 초보 치료사의 치료 과정에 대한 평가를 정리하여 내담자, 치료 팀 구성원 및 동료와 임상 문제의 효과적인 의사소통에 대한 인식을 촉진하는 부분이다.

미술 기반 미술치료 슈퍼비전은 이미지와 은유를 전통적인 언어 작업으로 통합한다. 3장과 4장에서 우리는 슈퍼비전 중에 이미지를 적극적으로 참여시키는 몇 가지 방법을 논의했다. 7장과 8장은 슈퍼비전이 이미지를 사용하는 것에 의해 다루어질 수 있는 일련의 문제를 보여 줌으로써 수련을 지원하기 위해 어떻게 이미지가 사용되는지에 대한 예를 더 자세히 설명할 것이다. 7장에서는 집단 슈퍼비전 수업에서 사용하는 과제를 제공한다. 수업시간에 미술 매체를 사용하면 학생이 초점을 맞추고 집중할 수 있다. 현장 슈퍼비전 집단에서 진행되는 교실 밖에서 생성된 미술 기반 미술치료 프로젝트는 탐색, 통찰력 및 이해의 장을 제공한다. 8장은 개별적인 대학원 슈퍼비전에 의한 보다 발전된 실습 사례로 구성된다.

슈퍼비전의 지원과 방향

수련을 받는 학생 치료사를 슈퍼비전하는 슈퍼바이저는 이들에게 치료를 제공한 그들의 첫 경험을 소개한다. 건강한 치료 및 학생 치료사의 학습 방식, 강점 및 문제점에 대한 요구 사항에 유의하면서 과정을 지도하는 것은 슈퍼바이저의 책임이다. 슈퍼바이저는 학생이 자신의 업무를 이해하고 건강한 실습을 유지하기 위한 전략을 개발하도록 도와주는 것이 중요하다. 슈퍼바이지의 책임은 통찰력을 찾기 위해 자료와 깊은 공감을 불러일으키면서, 방향과 피드백을 경청하고 통합할 용의가 있는 열린 마음을 지녀야 한다.

초보 치료사는 종종 새로운 인턴십을 시작할 때 예견된 불안을 경험한다. 나는 종종 학생들에게 인턴십의 가장 어려운 날은 슈퍼비전이 시작되기 전날이라고 말한다. 임상 작업을 개념화하고 반영하며, 의사소통하는 방법을 배우는 경력을 통해 치료사는 도움을 받게 된다. 수련 중인 치료사는 슈퍼비전에서 기대할 수 있는 것을 배우게 된다. 이 장은 기술 개발, 관심사의 명확한 표현, 문제 해결, 협업 및 지원의 가치를 배우기 위한 장이다. 학생들은 자신의 경력에 도움이 될 전문적인 목록을 개발하게 된다. 실제로 초기에 형성된 습관은 나중에 일하는 데 자원이 될 수도 있고 장애가 될 수도 있다.

수련하는 동안, 현장에 배치되어 일하는 슈퍼바이지는 그들의 교수 슈퍼바이저뿐 아니라 해당 기관에서 근무하는 치료사로부터 현장 슈퍼비전을 받는다. 미술 기반 미술치료 슈퍼비전은 두 장소에서 모두 사용할 수 있다. 수업하는 동안이나 수업 외에서 그림을 그리는 것은 초보 전문가가 불안한 에너지를 잘 담아내고 어려운 임상 자료를 가진 내담자를 지원하며, 공감대를 형성하고, 그들 자신에 대한 인내심을 키우는 법을 배우면서, 탐색에 집중할 수 있도록 한다.

미술 기반 미술치료 슈퍼비전은 당면한 주제를 조명하기 위한 상호작용 자료로 이미지를 제공함으로써 대학원 치료 수련에 중요한 역할을 한다. 많은 슈퍼바이저는 자신이 가장 잘하는 과제를 가지고 있다. 이것은 학생들이 치료를 개념화하고, 자신과 자기 일에 대한 이해를 탐구하고 심화시키며 그들의 실습을 지원하도록 돕기 위해 고안되었다. 미술 기반 미술치료 슈퍼비전은 사례 발표, 기록 반영, 진행사항 메모 및 기타 형태의 문서와 같은 표준 슈퍼비전 과제 외에도 이해 방법을 제공한다. 내가 사용하는 미술 기반 미술치료 프로젝트 중 일부를 공유하면 슈퍼비전의 이미지 사용에 대한 독자의 아이디어가 자극될 것이다.

미술 기반 과제

슈퍼비전 첫날, 학생들은 현장작업 정보를 전달하는 서류 작업을 진행하면서, 나는 미술가와 치료사로서 실제적인 문제에서 그들이 누구인가라는 핵심으로 초점을 전환한다. 나는 그들에게 자신의 이미지 중 하나를 다음 수업에 가져와 자신을 소개하라고 한다. 그들이 가져오는 이미지는 최근에 만들어진 것일 수도 있고 과거의 이미지가 될 수도 있다. 그들은 어떠한 매체나 이미지 형태도 선택할 수 있다. 수련 중인 학생들은 일반적으로 대개 반 친구들처럼 서로를 잘 안다. 이 실습은 그들에게 자신의 페르소나의 일부분이 치료사로서 어떤 가치를 지니고 있는지 이해하기 시작하면서 새로운 장에서 미술가인 자신을 다시 찾을 기회를 제공한다. 이 과제는 수련에 참여한 사람들이 미술가적 자아와 관계를 맺도록 돕기 위해 고안되었다. 슈퍼비전 과정 초기에 사용되어 초보 치료사의 이미지를 슈퍼비전에 가져오고 집단의 미술 기반 미술치료 문화 발전을 지원한다.

나는 내 이미지 중 하나를 가져와서 나를 소개하고 내가 수련의 일부로서 이미지를 사용하는 방법을 보여 주기 위해 이 실습에 학생들과 함께 참여한다. 나의 참여는 학생과의 이미지 기반 참여를 위한 대인관계의 기틀을 마련한다. 4장에서 논의했듯이, 슈퍼바이저의 이미지를 슈퍼비전에 가져오는 것은 신중하게 이루어져야 한다. 그 일은 먼저 슈퍼바이저에 의해 탐구되어 개인적인 의미를 풀고 난 후 슈퍼바이지의 이

익에 부합하는 경우에만 공유되어야 한다. 이러한 방법으로 슈퍼바이저의 반응 미술은 슈퍼비전 관계의 미술 기반 및 언어적 담론에 부가적으로 자원을 추가한다.

이 첫 번째 과제 외에도, 나는 대학원 수련 동안 다른 많은 미술 기반 미술치료 프로젝트를 슈퍼비전으로 사용한다. 4장에서 나는 학기 내내 그림에 표현된 꾸준한 이미지의 흐름을 슈퍼비전으로 가져오는 두 가지 지침을 설명했다. 다음은 이러한 과제의 예다. 매주의 과제는 학생 치료사들에게 인턴십의 일부 측면에 대한 수업 외의 부분을 제작할 것을 요청하는 반응 미술 프로젝트다. 그들은 이미지와 함께 다음의 각 수업에 돌아와 집단 내에서 그것을 다룬다. 또 다른 프로젝트는 학생이 공식적으로 발표한 사례 자료를 따른다. 나는 발표를 본 사람들에게 수업 후에 그것에 대한 반응 미술을 피드백으로 요구하고, 그다음 주 토론을 위해 그것들을 슈퍼비전에 가져오도록 요청한다. 발표자에게 귀중한 피드백을 제공하는 것 외에도, 그것은 종종 통찰력을 제공한다. 이러한 정기적인 과제 외에도 한 학기에 한 번씩 프로젝트를 제공한다. 동화 과제는 학생들에게 자신의 내담자 중 한 명이 주인공인 이야기를 쓰고 설명하며 발표하도록 한다. 이러한 작업은 학생이 은유의 시각을 통해 내담자와 자신의 도전과제를 생각할 수 있도록 도와준다. 이 격언적 틀은 내담자의 강점과 변화 가능성에 초점을 맞춘다. 현장 과제에서 학생들은 인턴십에서 동료들을 대상으로 미술 기반 미술치료 체험 훈련을 제공하도록 요청받는다. 시카고 예술연구소 독특한 프로젝트의 경우 대학원 미술치료 교육과정 학생들은 단체 미술 전시회(Art of Connection Exhibition)에 참가한다. 이 연례 미술 전시회는 내담자와 치료사의 이미지를 통해 그들의 관계를 탐색한다. 슈퍼비전에서 이 전시회의 의미, 윤리적 고려사항 및 각 학생의 전시회에 대한 기여도를 성찰하는 것이 우리가 함께하는 작업의 중요한 부분이다. 비록 대부분의 학생이 비슷한 전시 기회를 얻지는 않지만, 이 프로젝트가 제기하는 문제는 슈퍼비전에 대한 풍부한 자원이다.

슈퍼비전에서 이미지를 제작하는 방법과 이유

미술 기반 미술치료 슈퍼비전에서 이미지와 이미지 제작 과정을 사용하는 방법은 다양하다. 내담자는 미술치료 과정에서 상호작용의 강도를 관리하는 데 도움이 되는 중요한 문제를 토론하면서 매체를 가지고 작업한다. 마찬가지로, 매체를 다루는 것은 학생 치료사가 슈퍼비전에서 탐색하는 강력한 내용에 대처하는 데 도움이 될 수 있다. 매체를 사용하면 불안을 진정시키고 완화해, 학생 치료사가 종종 충격적이고 잠재적으로 혼란스러운 내용의 대화에 참여하고 주의를 기울일 수 있게 한다. 이제 우리는 현장 슈퍼비전 수업 중에 학생들의 매체 참여를 살펴볼 것이다. 이런 식으로 활용되는 매체에 대한 개인적인 경험을 통해 우리는 치료에서 매체의 가치에 대한 강한 인식을 얻게 된다.

현장 학습 토론에 집중적인 관심과 참여를 지원하는 방식은 학생들에게 슈퍼비전의 참여를 권장한다. 각 슈퍼바이지는 미술 매체의 사용 여부를 결정하고, 수업 중에 어떤 매체를 사용할 것인지 스스로 결정한다. 어떤 학생들은 매체를 사용하고 다른 학생들은 가만히 앉아 있기에, 우리는 앞으로의 작업을 지원하는 정서적으로 안전한 환경을 조성한다.

학생들이 수업시간에 그들의 실습을 하면서 제작한 이미지는 이용 가능한 어떤 매체로도 창조해 낼 수 있다. 매주 많은 학생이 각자의 물품을 가져오거나 진행 중인 프로젝트에서 일한다. 그들의 작품은 연필이나 마커로 낙서를 하는 것에서부터 미술작품이나 재활용되고 발견된 오브제로 만들어진 보다 정교한 이미지나 구조물에 이르기까지 다양하다. 그들은 매체를 다루면서 내담자의 수련에 관련해 토론하고 동료들의 토론에 이바지한다.

애니 타바크닉(Annie Tabachnick)은 최근 성학대 외상을 입은 12세 이하의 아동들을 대상으로 한 프로그램에서 일하는 미술치료 인턴이었다. 그녀는 어린 내담자의 복잡한 외상을 다룬 자신의 작업에 관해 이야기하면서 '이쑤시개 사람들'([그림 7-1])을 제작했다. 그녀는 이쑤시개를 치실과 함께 묶고 각 인물에 대한 구조를 형성하면서, 그녀가 아동의 외상을 다루기 위해 어떻게 미술과 놀이를 사용했으며, 아동이 다시 안전하게 느끼도록 도왔는지를 설명했다.

[그림 7-1] 이쑤시개 사람들

애니 타바크닉

행동 및 정서 장애 아동을 위한 주거 기관에서 일하는 미술치료 인턴 헬러(Heller)는 새를 반투명 직물에 장식했다([그림 7-2]). 그녀가 천을 꿰매 놓았을 때, 그녀는 취약하고 복잡한 가족 환경과 그들의 치료 구조에 걸림돌이 된 대인관계 및 체계 문제를 포함하여, 그녀의 내담자와 그들이 직면한 문제를 이야기했다.

매체를 능숙하게 다루어 형성된 표현을 제작해 내는 것 자체가 끝이 될 수 있다. 이러한 매체의 사용은 즐거울 수도 있지만, 회기에서 도전적인 내용에 초점을 맞추면서 배경으로 사용될 때도 중요한 가치가 있다. 페리와 살라비츠(Perry & Szalaviz, 2006)는 외상에 노출된 뇌를 진정시키기 위해 감각적 무늬를 사용하도록 권장했다. 페리는 외상을 입은 뇌를 조절하는 데 도움이 되는 동일한 감각적 중재가 그들이 함께 작업하는 사람들의 외상과 그들이 근무하는 환경에 영향을 받는 사람들에

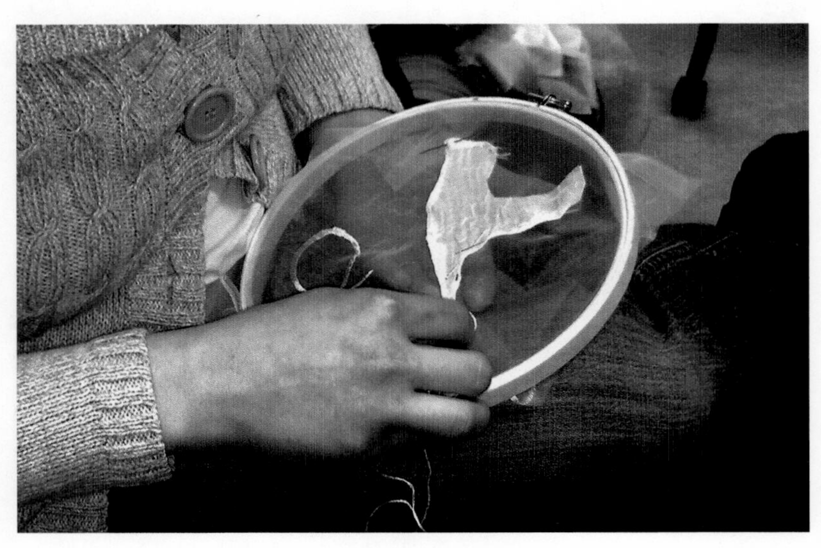

[그림 7-2] 자수

캐롤라인 헬러

게도 도움이 된다고 설명했다(Perry, 2008).

손가락 뜨개질은 우리가 기법 공유의 사례로 논의했던 매체들로 작업하는 방법이다. 만성적인 정신질환, 빈곤 및 약물 사용 문제로 시달리는 환자를 위해 정신병원에서 일하는 미술치료 인턴인 케이트 배링턴-워드(Cate Barrington-Ward)는 뜨개질하는 바늘 대신, 손가락으로 길고 다채로운 스카프를 뜨개질했다([그림 7-3]). 손가락 뜨개질은 예리한 도구 없이 그녀의 손으로 실을 직접 끼운다. 매주 그녀는 실을 가져와 병원에서의 상호작용에 대해 슈퍼비전 반에서 설명하면서 그것을 사용했다. 케이트의 논의는 단기치료의 안과 밖을 순환하는 이 급성 환자군의 구체적인 요구에 중점을 두었다. 그녀는 그들을 지원하기 위해 창조적인 과정을 어떻게 사용할지에 대한 격려와 아이디어를 모색했다.

[그림 7-3] 손가락 뜨개질

케이트 배링턴-워드

슈퍼비전 수업에서 진행하는 외부 미술

슈퍼비전 대화 중에 수련 중인 학생들은 수업시간에 제작한 이미지 이외에, 특정 과제에 대한 반응 미술을 만들어 수업에 가져온다. 나는 나의 작업에 대한 반응으로 제작된 이미지를 공유하며 창의력의 사용이 내 작업에 반영되는 것을 보여 준다. 여기에서 나는 슈퍼바이저가 초보 치료사와의 작업에서 이러한 자신의 과제를 수행하도록 격려하기 위해 사용하는 몇몇 프로젝트들을 제안한다. 반응 미술은 경험과 반응을 유지하고, 대인관계 및 체계 역동 관계를 탐색하며 전문적인 문제에 대한 통찰력을 얻고, 다른 사람들과 효과적으로 의사소통하는 데 도움을 줄 수 있다.

☑ 매주 반응 미술 실습

토론을 통해 임상 작업을 직접 탐색하고 내담자와의 회기를 검토하는 것 외에도, 나는 학생들에게 매주 반응 미술을 만들고 그것을 수업으로 가져와 인턴십 경험을 탐구하도록 한다. 이 작품들은 슈퍼바이지가 자신의 경험을 처리하고 반영하는 것을 돕기 위해 슈퍼비전 전에 만든 것이다. 내담자와의 협력을 통해 만들어진 반응 미술은 초보 치료사가 슈퍼비전에 가져올 수 있을 때까지 어려운 매체를 보유하도록 도울 수 있다. 일단 다른 사람과 공유가 되면, 이미지는 그들이 경험의 강도를 효과적으로 전달하는 데 도움이 된다.

슈퍼바이지는 자신의 이미지를 창조하기 위해 할당된 시간, 매체 선택 및 환경을 결정할 수 있는 능력을 제공하기 위해 수업 외부에서 이미지를 만들도록 요청받는다. 시각적 이미지에서 시와 공연작품에 이르기까지 이 작품은 치료적 관계, 동료와의 갈등, 또는 그들 작업의 다른 측면을 포함해 자신이 선택한 인턴십 문제를 탐색할 수 있다.

반응 미술을 슈퍼비전으로 가져오는 것은 슈퍼바이지가 회기에서 우려를 전달하고 담론을 깊게 하며 관련된 모든 사람의 대화를 풍부하게 하는 데 도움이 된다. 인턴은 수업 일부로 작품을 만들고 발표함으로써 집단과 함께 관심사를 논의하는 것에 전념한다. 이러한 작업 방식은 광범위하게 개별화된 표현을 지원하고 치료사의 성장을 시각적 기록으로 창조한다. 또한 초보 치료사가 수업 밖에서 의미 있는 방법으로 당면한 문제를 반영할 시간을 갖기 위해 스스로 책임을 지도록 요구한다.

각 학생은 자신의 이미지를 차례대로 전시하여 토론을 벌인다. 학생은 치료로 인한 문제 또는 우려 사항을 설명하고, 집단은 학생이 그 작업에 반영하면서 도전하고, 문제를 해결하며, 지원하는 과정에 참여한다. 학생들은 그들이 집단에서 원하는 종류의 피드백과 지원을 요청한다. 어떤 사람은 미술작품을 탁자 주위로 가져가서 모두에게 들고 보도록 요청할 수도 있다. 또 어떤 사람은 수업에서 이미지에 대한 의견 및 완전한 참여를 요청할 수도 있다. 또 다른 사람은 작품에 대해 언급하지 말고 내담자와 함께 작품에 대한 구두 설명에 초점을 맞추도록 요구할 수도 있다. 어떤 경우든 슈퍼바이지는 자신의 의도를 명확하게 표현하고, 슈퍼비전에서 성취하고자 하는 점을 분명히 말하며 집단에서 필요한 것을 요구한다. 미술작품은 학생들이 우려 사항을 해결하도록 할 수도 있고 더 많은 배경으로 작용할 수도 있다. 어느 쪽이든, 이미지는 토론을 위한 틀을 잡는 데 도움이 되며, 학생에서 학생으로 이동하는 리듬을 창조하고, 치료를 개념화하며, 임상 문제를 다룬다.

내 수업의 미술치료 인턴인 마이아 허버드(Maia Hubbard)는 '분리된 느낌'([그림 7-4])을 슈퍼비전에 가져와 고등학교에 재학 중인 여자 청소년들을 위한 역량 강화 프로그램에서 2주째 인턴십을 하는 그녀의 일을 설명하는 데 도움을 주었다. 학교에서의 첫날, 학생들은 집단으로 모여서 그들을 참여시키려는 시도에 적대적으로 저항했다. 그녀는 낙담했고 외부인처럼 느껴졌다고 말했다. 그녀의 이미지는 톱니 모양의 노란색 선으로 의자 무리로부터 분리된 의자를 묘사하고 있다. 학교생활에 적응하기 위해 노력하는 마이아는 학생들의 행동에 괴로워했다.

우리는 학생들의 행동을 이해하고자 하는 노력의 중요성과 마이아에 대한 그들의 태도가 무엇을 의미할 수 있는지에 대해 함께 이야기했다. 저항은 사람들이 느끼는 유일한 힘일 때가 있다. 학생들은 마이아의, 일에 대한 결심과 그녀가 머물 의도가 있는지를 시험하고 있었을지도 모른다. 그들의 거리 두기 행동은 대인관계를 안전하게 유지할 방법이었을지도 모른다. 마이아는 그들에게 생소한 사람이었다. 그들은 그

[그림 7-4] 분리된 느낌

마이아 허버드

녀가 인턴이었고, 연말에 떠날 것을 알고 있었다. 이러한 잠재적인 관계가 그녀를 그들의 삶 속으로 들여보내는 데 필수적인 위험을 감수할 만한 가치가 있는지를 결정하는 데는 시간이 걸릴 것이다. 마이아에게 역동성을 보고 그 행동이 소녀들에게 어떻게 도움이 될 수 있는지를 이해하도록 격려하는 것은 그녀가 그들의 거부를 개인적으로 받아들이지 않도록 도왔다. 그녀는 인턴십으로 돌아와 젊은 여성들을 참여시키기 위해 계속 일하면서 상황을 더 분명히 느꼈다.

노엘 킹(Noel King)은 수업시간에 자신의 행동에 어려움을 겪고 있던 청소년을 위해 중학교에서 봉사하는 인턴십 상황에 대한 반응으로 '실패'([그림 7-5], 판 11)를 그렸다. 노엘은 크리스마스 휴가에서 돌아온

[그림 7-5] (판 11) **실패**

노엘 킹

후에 두 젊은 내담자가 그녀에게 치료를 끝내고 싶다고 말했을 때 이 이미지를 그렸다. 자신이 종료하려는 그들의 소망을 탐색하려 할 때 그들은 논쟁에 들어가게 되었고, 그들의 회기 중간에 걸어 나갔다. 슈퍼비전에서 노엘은 자신이 이해하지 못했다고 우리에게 말했다. 그녀는 방학 전 학생들과 좋은 관계를 맺었다고 말했다.

'실패'는 매주 그녀의 반응 미술을 포함하고 있으며, 그녀의 인턴십 경험을 연대 순으로 기록한 수정된 책에 두 페이지로 나뉘어 있다. 노엘은 청각장애인이며 내담자와 수화를 사용하는 여성이다. 그녀는 이미지에서 무거운 짐을 안고, 흐물거리는 팔과 상처가 난 심장으로 자신을 표현했다. '실패'라는 말은 치료 끝내기를 원하는 내담자에 대한 그녀의 낙담하는 반응을 분명하게 전달했다.

노엘은 인턴십에서 일어난 일에 관해 이야기하면서 슈퍼비전 수업에서 그림을 제시했다. 그것으로 치료사의 부재에 대한 내담자의 반응과 관련하여 학급 토론을 시작했다. 내담자는 종종 치료로부터 멀리 떨어진 후에 치료에 다시 참여하는 것과 관련하여 양면적 행동을 보인다. 이 저항은 적대적이고 심지어 공격적인 행동으로 나타날 수 있다. 치료사와 분리되어 있을 때 발생할 수 있는 감정은 과거 관계에서의 갑작스러운 분리를 재조명하기 위한 유익한 장이 될 수 있다. 노엘은 자신이 실패했다고 느끼는 슈퍼비전 집단을 떠나는 대신, 내담자와 함께 처리하고 치료에 사용할 수 있는 치료의 예측 가능한 부분으로 발생한 일에 대해 이해하게 되었다.

애슐리 멜렌데즈(Ashley Melendez)는 그녀의 그림 '압도당한!!!'([그림 7-6])을 그녀 앞에 있는 탁자에 놓고 노인을 위한 요양보호 시설에서의 인턴십에 관해 이야기하기 시작했다. 그녀는 학생 동료들에게 자신의 좌절감과 자신이 얼마나 압도당했는지에 대해 말했다. 그림은 애

[그림 7-6] **압도당한!!!**

애슐리 멜렌데즈

슐리가 수많은 것들이 새겨진 무거운 돌들을 머리에 이고 균형을 잡고 있는 것을 묘사하고 있다. 그녀의 도전과제는 무급 인턴십으로 인한 재정적 영향, 자신의 현장에서 메모하면서 보낸 시간, 내담자와의 관계, 집단운영, 저기능 거주자를 위한 지침 만들기, 서비스 중인 교육 제공, 사전 동의서 얻기, 석사 논문 작성, 슈퍼비전을 받기 등이 있다. 지원은 그녀의 목록에서 마지막이었다. 그림 속 애슐리는 눈을 감고 두 손을 주머니에 넣고 압도당해 홀로 서 있다.

애슐리는 자신의 작품에 대해 우리에게 말하면서 집단과 그녀의 반응 미술을 공유했다. 동료들은 활기차게 대화에 참여했고 그들 모두 비슷한 압박을 느끼고 있었다. 이 이미지는 토론을 지원하여 학생들에게 그들이 느끼는 압박에 대하여 환기를 시키고, 서로의 관심사에 공감대를 찾으며 자신의 인턴십 업무량을 관리하기 위한 창의적인 해결책을 고려할 기회를 제공했다. 대학원 수련 과정의 스트레스를 해소하기 위한 문제 해결 및 시간 관리 전략의 개발은 종종 슈퍼비전에서 논의되는 주제다. 애슐리는 우리들이 자신의 작업에 대한 도전을 이해하고 공감했으며 모든 것을 균형 있게 유지하는 데 어려움을 겪은 그녀에게 감사하게 생각한다는 확신을 갖고 자기 자리로 돌아왔다.

☑ 역전이 탐색

슈퍼비전에 도입되는 반응 미술은 초보 치료사와 슈퍼바이저가 치료와 슈퍼비전에 의해 자극받는 개인적인 반응을 탐색하는 데 도움을 줄 수 있다. 내담자에게 지나치게 격렬한 반응이나 몽롱한 정신 혹은 불확실한 감정은 역전이를 탐색해야 한다는 신호일 수 있다. 고전적인 분석적 정의에서 역전이는 내담자에 대한 치료사의 무의식적인 반응으로 설명한다(Kahn, 2002). 최근의 역전이 정의는 무의식적이든 아니든 치료사가 내담자에 대하여 갖는 모든 반응을 아우르는 것으로 더 포괄적이 되었다(Corey, Corey, & Callanan, 2011). 역전이는 내담자에 대한 긍정적 또는 부정적 반응으로 나타날 수 있다. 치료에 대한 개입을 피하기 위해서는 두 가지를 모두 다루어야 한다. 일단 치료사가 두 관계를 명료하게 이해하면, 치료 작업은 치료사의 개인적인 반응으로 방해받지 않게 된다.

미술 기반 미술치료 슈퍼비전은 역전이를 반영하고 이해하는 방법으로 이미지를 제공함으로써 명확해지고 잘 이해하게 된다. 슈퍼비전에서 이미지를 사용하는 것은 임상 작업을 방해하는 치료사의 개인적인 문제로부터 혼란을 덜어 주고, 내담자에 대한 치료사의 현실적인 관점을 지지한다(Fish, 1989; Lachman-Chapin, 1983; McNiff, 1989; Moon, 1998).

역전이를 경험하는 것은 치료의 한 부분에 해당한다. 비록 역전이가 도전적이기는 하지만 그것은 또한 치료사가 그 일에 깊이 관여하고 있음을 나타내는 지표이기도 하다. 나에게 있어서, 역전이를 발견하고 해결하는 것은 일본 고추냉이의 일종인 와사비를 먹는 것과 같다. 그 경험 자체는 매우 강렬하지만, 그 이후에 나는 분명하며 예리하고, 날카로운 느낌이 든다.

☑ 치료 문제 탐색

회기에서 내담자들이 연상하는 외상적 이야기들은 노련한 치료사뿐만 아니라 이 작업에 처음 참여했던 사람들에게 충격을 주고 심하게 불안감을 줄 수 있다. 아동 주거 보호기관에서 일하는 미술치료 인턴인 리 앤 릭티는 과거 외상을 관리하기 위해 어린 소년의 투쟁을 목격한 경험 묘사에 도움이 되는 '주먹'([그림 7-7], 판 12)을 제작했다. 그녀는 인턴십 초기의 한 회기에 이어서 이 혼합 매체 작품을 제작했다.

그녀는 회기에서 본 내용과 그에 반응하여 제작한 작품을 묘사하면서 다음과 같이 썼다.

> 너는 이를 갈고, 볼 안쪽을 깨물면서 의자 등받이를 꽉 움켜잡았다. 네 눈은 그 모든 것을 이해하려고 애쓰면서 맹렬하게 부딪쳤다. 나는 이 세

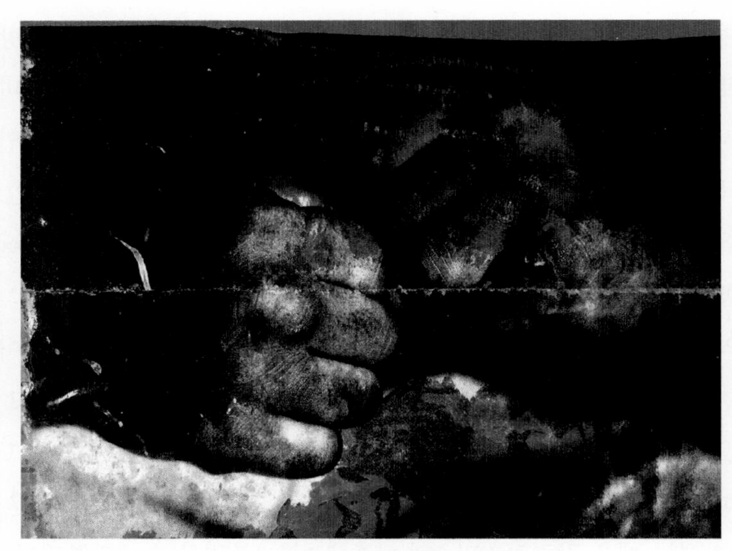

[그림 7-7] (판 12) 주먹
리 앤 릭티

상에 말로 표현할 수도 없는 일을 하는 나쁜 사람들이 왜 있는지 모르겠으며, 네가 그들에 대해 생각할 필요가 없기를 바란다.

(릭 앤 릭티, 개인적 대화, 2015년 2월 22일)

한 살짜리 아이의 어머니인 리 앤은 역전이를 관리하기 위해 일했다. 그녀가 인턴십에서 초기 외상이 미치는 영향을 보고 나서 자신의 아이에게 돌아가기 어려웠다. 이미지를 제작하고, 슈퍼비전을 통해 그것을 탐색하며, 그녀가 듣고 본 모든 것을 분류하면서 내담자와 효과적으로 관계를 유지하고 자신을 돌보는 방법을 찾을 수 있었다.

에밀리 앨버리(Emily Allbery)의 작품은 그녀의 경험을 반영하고 묘사하기 위해 만들어진 반응 미술의 또 다른 예다. 그녀는 한 의료 병원에서 아동 생활 프로그램을 수련하면서 '어린 시절'([그림 7-8])을 그렸다. 그녀는 자신의 작품을 탐색할 차례가 되었을 때 수업에서 자신의 그림을 공유했다.

> 얼마 후 당신은 병원에서 많은 시간을 보내야 하는 환아들이 그들 자신의 병동과 가정에서 형성된 성격을 통합하고 있다는 것을 알아차리기 시작할 거예요. 내가 전형적인 유년 시절이라고 생각했던 도식과 비교할 때, 병원에서 유년기를 보냈던 아동에게 '어린 시절'이라는 용어는 전혀 다른 의미를 담고 있어요. 이 특별한 환아는 부모의 보호자가 되기 시작했어요. 어린 환아는 부모를 위해 강하게 지냈지만, 반면에 치료를 시작할 때는 유아로서 가족이 이 아동을 돌보고 있었어요. 이제 역할이 바뀌었어요. 나는 환아를 돌보고 싶다는 느낌이 들었지만, 아 아동의 대처방식이 주변 사람을 돌보는 것이라는 것을 깨닫게 되었던 기억이 있어요.
>
> (에밀리 앨버리, 개인적 대화, 2015년 4월 29일)

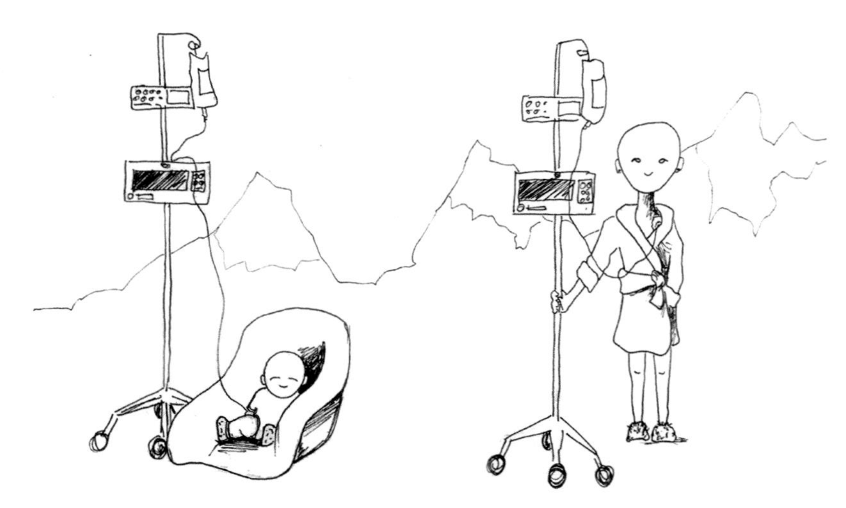

[그림 7-8] 어린 시절

에밀리 앨버리

이 이미지는 환아가 병원에서 생활하고 있는 것을 묘사하였으며, 처음에는 영아기, 다음은 어린 시절을 묘사했다. 에밀리가 민감하고 연약한 아동들과 몇 시간을 보낸 후, 그들이 그녀가 알았던 것과는 다른 어린 시절의 경험을 견뎌 냈기에 그들을 지지하면서 그녀가 어떻게 느꼈는지를 묘사하는 데 이 그림이 도움이 되었다. 그녀는 환아들이 질병의 영향에 대처할 수 있는 독특한 방법을 이해하는 것을 배우는 도전에 대해 논의했다. 그녀의 그림을 함께 나눔으로써 에밀리는 환아를 돕는 자신의 역할을 볼 수 있었고, 자기 일을 지속하는 데 도움이 되는 자기 관리를 위한 자원에 대해 전략을 세울 수 있었다.

켈리 리들(Kelly Riddle)은 교실에서 집중력과 행동통제에 어려움을 겪는 아동들과 함께 일하는 공립 초등학교의 미술치료 인턴이었다. 몇 개월 동안 아동들과 일한 후, 그녀는 긍정적 개입 방법을 모색했다. 그녀의 집단 회기 중 하나에서 학생들은 긍정적인 확언을 통합한 공동 퀼트를 만들었다. 켈리는 집단의 과정을 반영하기 위해 '집단에 대한 반응 미술'([그림 7-9], 판 13)이라는 그림을 집에서 그렸다. 이 작품은 벽화 주위에 모여 있는 아동들이 긍정적인 진술을 하는 모습을 묘사하였다.

켈리는 다음에 학생들에게 자신의 반응 미술을 보여 주었다. 아동들은 그 그림에서 자신들이 일주일 전부터 긍정적인 역할을 했다는 것을 알게 되어 기뻤다. 나중에 켈리는 아동들의 긍정적인 상호작용에 대한 영향을 공유하면서 슈퍼비전에 자신의 이미지를 가져왔다. 켈리는 지속적인 수련을 시작했다. 그녀는 집단을 시작하면서 일주일 전에 그들과 만난 후 만든 반응 미술을 공유했다. 그녀의 이미지는 부정적인 행동에 대한 한계를 설정하는 것에서 아동들의 긍정적인 일을 함께 회상하고 인식함으로써 그들의 관심을 끌도록 초점을 전환하는 데 도움이 되었다.

비록 반응 미술이 작품에 대해 의사소통을 하기 위해 만들어졌을지라도, 치료사는 그것을 내담자와 함께 사용하려는 의도를 고려해야만 한다. 그것은 치료적 관계와 더 나아가 내담자의 치료를 지원하기 위해서만 사용되어야 한다. 켈리의 실습은 그녀가 자신의 이미지를 통해 회기에서 그들을 어떻게 보았는지 보여 줌으로써 아동들의 참여를 도왔다. 비판에 익숙하고 부정적인 행동으로 주의를 끌기 좋아하는 사람들은 종종 긍정적인 상호작용에 대한 반영에 잘 반응한다. 켈리의 집단에서는 긍정적인 강화에 초점을 맞추었으므로 그들은 더 많은 것을 원했다. 이것은 그녀의 창조적인 개입이 되었다. 비록 내담자에게 반응하기 위한 이미지를 제작하는 것이 항상 가능한 것은 아니지만, 그것은 내담자에 대한 당신의 관심 정도를 보여 주는 강력한 방법이 될 수 있다. 이

[그림 7-9] (판 13) **집단에 대한 반응 미술**

켈리 리들

것은 당신의 반응을 물리적으로 보여 줌으로써 내담자의 이야기나 그들의 행동에 어떻게 영향을 받는지 의사소통하는 강력한 방법이다.

☑ 피드백을 위해 제작된 이미지

이미지는 우리의 경험에 대해 생각하고 느끼는 것을 전달하기 위한 강력한 도구다. 이 기술을 연마하기 위해 나는 학생들에게 슈퍼비전에서 서로에 대한 이해를 증명하는 방법으로 그들의 이미지를 사용하도록 요구한다. 4장에서 나는 피드백 과제를 위한 미술을 설명하였다. 슈퍼바이지는 동료의 사례 발표 자료에서 영감을 얻은 반응 미술을 제작한다. 이 과제는 발표자에게 피드백을 제공하도록 고안되었다. 나는 학생들과 함께 발표하기 위해 나만의 반응 미술을 제작한다. 다음 수업시간에 우리는 이미지를 나란히 배열하고 발표자와 함께 하나씩 탐색한다. 이것으로 우리는 초기 발표와 그것으로 생성된 모든 미술작품의 쟁점을 더 자세하게 계속 논의하게 되었다.

젠 커크패트릭(Jen Kirkpatrick)의 이미지 '현실'([그림 7-10], 판 14)은 동료 피드백을 제공하기 위해 만들어진 반응 미술의 예다. 수업 중에 한 학생이 지역사회 상담프로그램에서 미술치료 집단의 한 여성에 대한 작품을 발표했다. 학생은 그 여성이 '정상적인' 것처럼 보였다고 발표했다. 집단을 마친 후에 그녀는 그 내담자가 만성 조현병에 시달리고 계속 자기 비하하는 목소리를 듣고 있다는 사실에 놀랐다. 인턴인 그 학생은 내담자의 사고장애 징후를 보지 못했다. 슈퍼비전에 참여한 학생 중 한 명인 젠은 '현실'([그림 7-10], 판 14)을 그렸으며 동료와의 경험에 대한 이해를 보여 주기 위해 수업에 가져왔다.

사례 발표에 대한 슈퍼비전의 토론에서 우리는 다른 사람이 만든 이미지뿐만 아니라 젠의 반응 미술도 지지했다. 우리는 서비스를 제공하

[그림 7-10] (판 14) **현실**

젠 커크패트릭

기 전에 함께 일하는 내담자에 관한 임상 정보를 갖는 것이 중요하다는 점을 논의했다. 정보는 효과적인 치료를 지원할 뿐만 아니라 안전을 보장하기 위해 중요하다. 우리는 또한 내담자의 대인관계 평가와 임상 정보의 균형을 맞추는 것에 관해서도 이야기했다. 정신병리학의 시선을 통해서뿐만 아니라, 새로운 눈으로 내담자를 보는 것이 중요하다. 우리의 토론은 조현병과 다른 사고장애에 초점을 맞추는 쪽으로 옮겨졌다. 우리는 자아 동조적인 환각과 자아 이질적 환각의 차이점, 그리고 환각과 망상을 구분하는 방법을 탐색했다. 그리고 이러한 증상들이 과민성, 산만함 또는 부주의와 같이 대인관계에서 나타날 방법에 관해 이야기했다.

학생 치료사가 정신병리학에 대한 첫 경험을 이해하도록 돕는 방법을 찾는 것은 슈퍼비전의 중요한 부분이다. 치료계획 및 상담에서 효율적인 의사소통을 지원하기 위해 사용되는 진단 및 기타 암호화된 전문용어는 종종 학생을 당황하게 한다. 이러한 의사소통의 이질적 특성은 정신질환과 씨름하는 사람들의 새로운 경험과 결합하여 초보 치료사를 동요하게 할 수 있다. 비록 내담자를 제한하고 객관화하는 전문 용어의 무감각한 사용이 분명히 있지만, 초보 치료사가 정신의학적 분류의 의미를 이해하도록 도와주는 것이 중요하다. 진단의 목적은 의사소통을 보다 효율적으로 만드는 것이다.

엘리사 헤켄도르프(Elissa Heckendorf)는 만성 정신질환을 앓고 있는 성인을 대상으로 한 지역사회 상담 프로그램에서 수련생이었던 다른 학생이 발표한 사례에 응답하기 위해 '말하는 외상'([그림 7-11], 판 15)을 그렸다. 그녀가 발표하는 동안, 학생 치료사는 그녀의 내담자가 회기 중에 공유한 강력한 감정에 어떻게 휩쓸리게 되었는지를 묘사했다. 엘리사의 반응 미술은 그녀의 동료가 묘사했던 문자 그대로 감정의 파동을 나타낸다. 이 이미지는 우리 자신의 평형을 유지하면서 내담자가 치료를 받는 동안 정신적 외상을 안전하게 드러내도록 돕는 방법에 대한 수업 토론으로 이끌었다. 치료에는 사람들이 고통스러운 정보를 공유하기 시작하고 그들이 얼마나 많이 공개하는지 규제할 수 없는 경우가 있다. 그 후에 많은 사람은 안전하지 않다고 느끼고 그 반응으로서

[그림 7-11] (판 15) 말하는 외상

엘리사 헤켄도르프

치료사로부터 물러난다. 정신적 외상을 초래하는 자료에 대한 안전한 논의를 위해 틀을 잡는 일은 우리 자신뿐만 아니라 내담자의 감정에 주의를 기울일 것을 요구한다. 우리가 이러한 방식으로 감정의 홍수에 빠졌을 때, 그것은 내담자가 그것을 잘 느끼고 있으며 흐름을 멈출 수 없다는 표시일 수 있다.

우리는 내담자가 그들의 이야기를 천천히 하고 집중할 수 있도록 도와주는 방법에 관해 이야기했다. 초점을 전환하고 유지하기 위해 간단한 말을 하는 것이 도움이 될 수 있다. 나는 종종 내담자에게 그들이 이미 공유한 것이 중요하며 우리의 관심을 끌 만한 가치가 있다고 말한다. 더 많은 것을 나눌 시간이 있을 것이다.

나는 이 과제를 위해 만든 반응 미술에 대한 일관된 접근법을 개발했다. 나는 5.5인치 사각형 종이에 색연필로 각각의 그림을 그린다. 나는 두 가지 이유로 이것을 한다. 첫 번째는 실용적이다. 이 형식은 학생 슈퍼바이지의 작업에 반응하여 내가 제작한 많은 이미지를 창조하는 일관된 방법을 제공한다. 두 번째 이유는 그림의 크기와 모양이 일정하기에 학기가 끝날 때 종합 수업에서 개별 단위로 집단화할 수 있기 때문이다. 나는 10장에서 종결을 위하여 이 그림들을 어떻게 사용할지 논의할 것이다. 내가 제작한 이미지는 임상 경험을 위한 작은 창이다. 그것들은 피드백을 위한 강력한 도구며, 슈퍼바이저로서 내 일을 인도하는 데 중요한 자원이다.

다른 사람의 경험에 대한 미술작품을 제작하기에 충분한 관심을 기울이면 동료들에게 심오한 증거를 제공하는 동시에 확실한 관찰 기술과 공감대를 형성한다. 이 작품들은 적극적 경청을 보여 주고 발표자에게 강력한 피드백을 제공한다. 그것들은 또한 이미지를 만드는 학생이나 슈퍼바이저에 대한 통찰력을 제공한다. 때로는 이것으로 과제를 마치지만, 다른 경우에는 계속해서 이미지를 탐구한다.

☑ 목격자 글쓰기와 관련된 반응 미술

4장에서 나는 나의 슈퍼바이지 중 한 사람의 일을 재구성하는 데 나의 반응 미술을 탐색하기 위한 목격자 글쓰기를 사용하는 것에 대해 논의했다. 다음의 예는 내가 학생 슈퍼바이지에 대해 경험한 역전이를 명확히 하기 위해 목격자 글쓰기 사용하는 것을 보여 주며, 나의 반응을 이해하고 그녀의 작업을 효과적으로 지원하는 데 도움을 준다.

나는 때때로 슈퍼비전을 위해 제작한 이미지에 대한 나의 이해를 바꾸고 심화시키려고 목격자 글쓰기(Allen, 2005)를 가지고 작업한다. 시간이 허락할 때 나는 이 과정을 슈퍼비전 수업 시간에 공유하며, 그 일을 반영하기 위해 사용한다. 나는 이미지로 작업을 함으로써 배우거나 성취하거나 희망하는 것을 명확하게 서술하려는 의도를 작성하는 것으로 시작한다. 나의 탐색은 내가 그 작품에 계속 참여하는 동안 내 의도에 따른다. 내가 다른 사람들과 이러한 과정을 촉진할 때, 우리는 또한 목격자 글쓰기를 통해서 우리의 이미지를 활용한다. 그러고 나서 목격자 글쓰기를 선택한 사람들은 다른 사람들이 아무런 언급도 하지 않고 듣고 있을 때, 집단원들에게 소리 내어 읽어 준다.

슈퍼비전 수업 중에 우리는 반응 미술을 공유하여, 그 주 전부터 발표자에게 피드백을 전했다. 우리는 목격자 글쓰기를 통해 심층적인 탐구에 이미지를 계속 참여시키기로 했다. 나는 학생이 인턴십에서 환자와 환자를 대하는 방식에 대한 나의 반응 강도를 이해하려는 수정된 의도로 제작한 작품을 사용하기로 했다. 나는 그 과정이 나의 반응에 대한 통찰력을 가져다주고, 그녀와의 슈퍼비전 작업에 대해 알려 주기를 희망했다.

나의 작업으로 이어지는 상호작용은 성인 입원환자 정신 병동에서 집단을 돕는 미술치료 인턴을 관찰한 현장 방문에서 시작되었다. 나는 그 집단을 관찰하면서 인턴이 환자들에게서 차단되고 철수되었으며 멀리 떨어져 있는 것처럼 보여 마음이 불안했다. 그녀는 그들과 쉽게 상호작용할 수 없는 것처럼 보였고, 그들의 과정을 지원하기 위해 신속하게 반응하지 않았다. 인턴은 그들에게 구조, 지원 또는 처리 등을 거의 제공하지 않았다. 그녀는 너무 활동적이지 않아서 환자들이 거의 혼자 있는 것처럼 보였다.

나는 놀랐다. 그 학생과 나는 몇 달 동안 함께 일했으며 그녀의 이런 모습을 전에는 본 적이 없었다. 나는 그녀가 내가 관찰하는 것 때문에 긴장할 수도 있다고 생각했다. 설령 이것이 일부라고 해도, 그녀의 무던 상호작용을 나는 걱정했다. 나는 그녀가 환자를 두려워하거나 압도되었거나 회피하고 있기 때문에 완전히 참여하지 못하는 것이 아닌지 궁금했다. 내가 집단이 끝난 후에 나의 우려를 논의했을 때, 그녀는 그 문제에 대해 모호하고 불분명했지만, 더 잘하겠다고 진지하게 약속했다.

몇 주 후 인턴은 슈퍼비전 반에서 다른 집단과 함께 그녀의 작품을 발표했다. 그녀는 자신의 참여에 관해 이야기했는데 그 과정에 대한 그녀의 묘사는 제한적으로 느껴졌다. 그녀는 환자에 대한 배경 정보나 맥락적 정보가 없었다. 그것에 관해 물었을 때, 그녀는 집단을 운영하기 전에 환자의 환경보고서와 기록에 접속하려고 시도했지만 성공하지 못했다고 말했다. 그 인턴은 자기 일을 뒷받침할 정보가 너무 적었기 때문에 발표 내용이 부실해졌고, 나는 집단의 과정을 묘사하는 데 어려움을 겪었다. 나는 좌절감을 느꼈다. 그녀가 수업에서 최근의 집단을 발표할 때, 나는 몇 주 전에 그녀를 관찰했던 회기를 떠올렸다.

수업이 끝난 후 내가 그녀에게 피드백을 주기 위해 그림을 그리는 동안, 그녀의 현장 방문에 대한 나의 기억은 내 반응 강도에 더해졌다. 내가 '틈새'([그림 7-12])를 그렸을 때, 틈새가 이미지의 바닥에 나타났으며 인턴을 집단의 환자들로부터 분리했다. 다음 주에 내가 수업에서 나의 그림을 보여 주었을 때, 나는 그녀가 환자들과 온전한 관계 맺기를 망설이는 모습을 보았다고 다시 한번 말했다. 반응 미술에 관해 이야기한 후, 나는 이 조사 방식을 보여 주기 위해 슈퍼바이지들과 함께 목격자 글쓰기에 참여했다.

나는 나의 의도를 글로 쓰기 시작했다. 나는 이 학생을 슈퍼비전 하는 데 있어서 이미지가 무엇을 제공하는지 배운다. 나는 상상 대화에서 이미지를 계속 끌어들였다. 그 대화의 발췌 부분은 다음과 같다.

바닥의 틈새: 잘 부러지는 모든 것이 부서지기 쉬워. 너무 세게 누르지 마. 유연성에는 시간이 걸려.

나: 나는 유연성이 아닌 개방성을 찾고 있어.

바닥의 틈새: 개방되려면 시간과 신뢰가 필요해. 빨리 움직이면 부서질 거야. 이것은 너와 다른 사람들에게도 해당돼. 신뢰는 쌓는 거야. 강요하지 마. 말하기보다 더 많이 듣는다면 너희는 모두 무언가를 배울지도 몰라.

나: 고마워.

[그림 7-12] **틈새**

바바라 피시

비록 내가 그 학생과 한동안 일했지만, 우리의 슈퍼비전 관계는 여전히 새로운 것으로 느껴졌다. 이 이미지는 저항이 보통은 두려움에 뿌리를 두고 있다는 것을 상기시켜 주었고, 밀어내는 사람 대신 격려하는 사람의 역할을 다시 하게 했다. 내가 내 이미지에 귀 기울이지 않았더라면, 나는 그녀를 지지하는 대신 참여하는 것을 망설이는 초보 치료사와 계속 부딪혔을지 모른다. 얼마 후 나는 그 학생에게 슈퍼비전 중 그녀의 경험에 대한 나의 반응 미술과 목격자 글쓰기가 그녀에게 도움이 되었는지 물었다.

> 네, 물론이에요. 비록 그 당시에 나는 당신이 그린 반응 미술에 반응하지 않은 것처럼 보였다 할지라도, 나는 그 미술작품, 토론 내용, 그 집단 내에서 기능하는 방식, 그리고 나에 대한 당신의 관찰에 대해 성찰할 수 있었어요. 당신이 한 일을 돌이켜 보면서 나는 다양한 지식을 배웠어요. 그래서 나는 거기서 한 발짝 물러서서 전체적인 모습을 볼 수 있는 것이 도움이 되었다고 생각해요. 나는 이 경우에 무슨 일이 일어나고 있는지 이미 알고 있었다고 생각합니다. 하지만 그것은 여전히 당신이 그것을 깨닫고 싶은지 아닌지에 대한 것이에요. 거기에 본질적인 차이가 있는 거죠?
>
> (익명, 개인적 대화, 2015년 7월 2일)

이런 식으로 그림을 그리는 것은 내가 슈퍼바이저 방향을 재정렬하는 데 도움이 되었다. 내 이미지와 상호작용하면서, 나는 초보 치료사인 학생들에게 성급한 정신의학적 치료가 얼마나 위협적일 수 있는지를 깨달았다. 나는 학생들이 초보 치료사의 경험과 능력에 부합하도록 나의 기대치를 높여야 한다는 생각이 들었다. 그 이미지 속의 환자들은 나에게 침착하고 위협적이지 않은 것처럼 보인다. 그러나 초보 치료사의 환자에 대한 인식은 상당히 다를 수 있다. 슈퍼바이저가 학생과 맞서고 좀 더 상호작용을 하라고 강요하는 것은 생산적이지 못했다. 그녀가 기능하고 있는 수준에서 그녀를 지원하는 것과 그녀의 말수가 적은 것을 이해하는 것을 돕는 것은 슈퍼비전을 보다 생산적으로 사용하는 것이었다. 진정한 슈퍼비전 협업은 그 관계가 엄격하지 않은 안전한 장소가 될 때 이루어질 수 있다.

동화 과제

앞에서 이야기했듯이, 동화 과제는 내가 유용하다고 생각하는 것 중 하나다. 그것은 인턴들이 상상 렌즈로 그들의 이야기를 다시 이야기함으로써 은유를 통해 내담자에 대한 인식을 바꾸고 도전하도록 돕는다. 나는 슈퍼바이지들의 내담자 중 한 명이 주인공인 동화를 쓰고 그림으로 그릴 것을 요청한다. 학생들은 그 이야기들을 미술책 형태로 수업에서 발표한다. 이 과제를 통해 인턴들은 자기 내담자들의 한계와 도전에 주목할 뿐 아니라 강점, 능력, 회복력을 평가하여 새로운 시각으로 본다. 이야기를 만드는 것은 종종 슈퍼비전에 중요한 내담자에 대한 다른 반응과 역전이를 불러 일으킨다.

줄리 크라우스(Julie Krause)는 정신과 병원의 행동 건강 프로그램에서 일하는 인턴이었을 때 겁먹은 작은 거북이에 대한 동화를 쓰고 삽화를 그렸다. 그녀는 이야기를 담기 위해 작은 상자를 그렸다([그림 7-13]).

[그림 7-13] 겁먹은 작은 거북이 동화

줄리 크라우스

옛날에 겁먹은 작은 거북이가 거대한 산들 사이에 움푹 팬 계곡의 호수 근처에 살았어요.

거북이가 알지 못했던 것은 자신이 한때 가족과 함께 자신의 공간을 가진 집이 있는 행복한 어린 소년이었다는 것입니다.

어느 날, 그 소년은 숲속 깊은 곳을 헤매고 있었습니다. 그는 누군가가 자신의 이름을 부르는 것을 들었다고 생각했습니다.

실제로, 누군가가 그를 부르고 있었습니다……. 그것은 화가 난 외로운 마법사 원숭이였고, 소년의 삶을 질투하고 있었습니다.

그는 소년에게 기회를 주지 않았습니다. 그 소년은 갑자기 겁먹은 거북이로 변해 있었습니다. 원숭이는 거북이를 나무 위로 높이 데리고 올라가, 소년의 기억을 훔친 후에 산 너머로 내던졌습니다.

그가 소년에게 남긴 유일한 기억은 이것뿐이었습니다. 만약 그가 가장 높은 산에 올라갈 수 있다면, 그 소년은 자신의 삶을 되찾을 수 있을 것입니다.

몇 달 그리고 또 몇 달의 노력을 했지만 겁먹은 거북이는 포기했습니다.

알다시피, 그의 껍데기는 너무 무거워서 그가 그렇게 오랫동안 높이 올라갈 수 없었습니다.

그래서 거북이는 연못 옆에 누워서, 기억조차 할 수 없었지만 자기 삶을 그리워했기 때문에 눈물을 흘리며 울었습니다.

눈물이 연못으로 흘러 들어가자, 갑자기 물이 소용돌이치기 시작했습니다…….

물 밖으로 마법사 물고기가 나왔습니다. 그는 거북이에게 "왜 울고 있니?"라고 물었습니다. 거북이는 "내 껍데기가 너무 무거워. 집에 가기 위해 저 산에 올라갈 수가 없어."라고 대답했습니다.

그 물고기가 대답했습니다. "너는 이렇게 잘해 왔고, 오래 기다렸지만, 오늘까지 도움을 청할 생각은 전혀 하지 않았어. 나는 네가 산을 오르며 몸부림치는 모습을 지켜봤는데 나한테 껍데기를 고치게 해 주면 너는 집에 갈 수 있어."

휙

그러자 그와 함께 거북이의 껍질은 알루미늄으로, 모든 것을 운반할 수 있을 만큼 강했지만, 산을 넘어갈 수 있을 정도로 가벼운 것이 되었습니다.

거북이는 물고기에게 감사를 표현하고 집으로 돌아갔습니다 …… 수개월의 등반이 필요했지만, 마침내 거북이는 그의 마당으로 건너갔습니다. 그는 다시 소년이 되었습니다!

그러자 그를 그리워했던 가족이 달려와 소년을 끌어안고 울었습니다.

그날 이후로 소년은 정말 도움이 필요할 때 다른 사람들에게 물어보는 것을 배웠습니다. 마침내 그의 삶이 다시 시작될 수 있었습니다.

끝

그녀의 동화를 돌아보며, 줄리는 이야기 속에서 함께 일했던 환자뿐만 아니라 그녀 자신까지도 동일시할 수 있다고 말했다.

자라면서 나는 나 스스로 매우 많은 것을 느꼈어요. 나는 스스로 자신에게 필요한 것을 돌보는 법을 배웠어요. 나는 뒷전에서 지내는 경향이 있었지요. 좋은 학생이었고, 많은 문제를 일으키지 않았습니다. 그래서 그 이야기를 쓰고, 그 이야기를 읽고 나서 나에 대해서 이런 것을 깨닫게 된 것이 흥미로웠어요. 나는 동화를 만들 때 그것을 몰랐어요. 환자에 관한 것 말고도 그건 나에 관한 것이 분명했어요.

나는 자라면서 어떤 것들은 남에게 말하지 않고 혼자만 간직했는데, 지금은 그렇지 않아요. 나는 사람들을 어느 정도 이해시켰습니다. 그러나 내가 만든 보호벽과 울타리가 있었고 나는 그들이 그곳에 있다는 것을 매우 분명하게 알고 있었어요. 나의 청년기에 나에게 매우 중요한 누군가가 내 인생에 들어왔습니다. 이 사람은 사람들을 믿는 방법을 보여 주는 데 도움을 주었어요. 그리고 그 벽들 중 일부가 무너지게 두었습니다. 그것은 나에게 큰 전환점이었고 내가 사람들과 교류하고 기능하는 방식이 되었어요.

나는 내가 고향으로 살았던 물리적인 장소를 본 적이 없어요. 심지어 오늘날에도 그곳은 고향이 아닙니다. 난 내 고향이 내 인생의 특정한 사람들과 함께 있다는 걸 깨달았어요. 그것은 물리적 장소가 아닙니다. 또한 그것은 동화 이야기에 대한 흥미로운 반응이기도 합니다. 거북이 그 자

> 체가 정말로 자신의 집이고, 항상 그렇게 될 것 같아요. 난 항상 그렇게 될 거라고 생각해요. 밤에는 잠을 잘 수 있는 공간이 있습니다. 하지만 그곳이 반드시 내 집은 아닙니다.
>
> (줄리 크라우스, 개인적 대화, 2015년 7월 2일)

줄리의 동화는 우리가 모두 공감할 수 있는 문제를 제기한다. 주인공은 신뢰와 취약성의 문제를 다루면서 상실과 두려움에 직면한다. 절망에 빠졌을 때 도움을 요청하고, 도움 받으며 회복력을 찾고, 부담을 줄이고, 집에 갈 수 있게 된다. 줄리의 이야기 속에 담긴 메시지는 자만과 신뢰의 균형을 잡고 도움을 요청하는 것이다. 일단 작은 거북이가 무거운 껍질로 자신을 무장하는 것을 멈추고 손을 뻗어 묻자 그는 필요한 지지를 얻을 수 있었다. 이것은 슈퍼바이지와 슈퍼바이저 모두에게 좋은 교훈이다. 지원을 요청하고 자원을 공유하는 것은 우리 모두에게 부담을 줄여 줄 수 있다.

서비스 과제

대학원 치료사 양성 과정 동안, 나는 학생들에게 인턴십에서 경험한 서비스를 제공해 달라고 요청한다. 이것은 현장 슈퍼바이저와 동료들에게 학생들이 내담자와 함께 일하는 방식을 직접 경험하게 해 준다. 나는 양성 과정에 참여한 사람들이 이끄는 이러한 종류의 참여가 다른 사람들에게 자기 일에 자신감을 느끼도록 도울 수 있음을 발견한다. 이로 인해 종종 협업과 시연이 강화되는 경우가 많다. 그것은 또한 취업을 준비하는 졸업생을 위한 유익한 도구로서, 문자 그대로 다른 사람들에게 자신이 일하는 방식을 보여 줄 수 있게 해 준다. 학생들은 원래의 현장에서 아이디어를 개발하고 토론과 피드백을 받기 위해 수업에 가져오며, 이후에 그것을 자신의 현장에서 구현한다.

현장 경험은 동료들이 미술 기반 지침에 참여하고, 치료 사례를 논의함으로써 이미지 기반 작업에 참여하도록 돕는 기회다. 나는 학생들에게 내담자들과의 일을 간결하게 설명하고, 참가자들이 매체와 함께 작업하도록 시간을 절약하며 그들의 경험에 관해 이야기하고 질문하도록 조언한다. 지금은 미술치료 또는 다른 치료 접근법에 대해 강의를 할 때가 아니다. 나는 참가자들이 나중에 읽을 수 있도록 참고목록과 기사 유인물을 제공하는 것을 추천한다.

서비스를 계획하고 있는 사람들은 그들이 달성하고자 하는 것에 대해 생각해야 한다. 그들은 미술 기반 미술치료 실천의 가치에 대한 공감을 얻기 위해 다른 사람들이 어떻게 일하는지 이해할 수 있도록 돕기를 바라는가? 서비스 중에는 치료 집단이 아니라는 것을 기억하는 것이 중요하다. 지금은 개인적인 문제에 대해 동료를 탐색할 때가 아니다. 참가자들이 개방적이고 편안하게 느끼도록 해야 한다. 이러한 이유로 위협적이지 않은 미술 기반 미술치료 경험적 지침을 선택해야 한다. 제어가 쉬운 매체뿐만 아니라, 더 느슨하고 더 감각적인 매체를 포함한 다양한 매체를 제공한다. 참가자들에게 편안한 느낌의 매체를 선택하도록 권장한다. 사람들은 종종 그들의 어린 시절부터 미술 매체를 다루고 있다. 일부는 보호를 받고 안심할 필요가 있다. 참여 여부를 선택할 수 있도록 허용하라. 그들은 대개 선택할 것이다. 유연성이 있어야 한다는 것을 기억하라. 이 경험은 모든 질문을 허용하고, 늦게 오거나 일찍 떠나야 하는 참가자에게 숙박 시설을 제공해야 한다.

서비스를 계획할 때 할당된 시간이 얼마나 되는지 고려해야 한다. 근무 일정을 잡는 방법과 직원에게 일정 정보를 전달하는 방법을 알아봐야 한다. 참석 계획을 세울 수 있도록 사람들에게 충분히 알려야 한다. 낡은 셔츠나 앞치마와 같이 가져와야 할 것에 대한 특별한 지시사항을 전달한다. 계획을 세우기 위해 얼마나 많은 사람이 참석할 것인지 결정하도록 노력하라.

공간에 대해 생각하라. 그 공간에는 몇 명의 인원이 수용되는가? 어떤 매체가 실현 가능한가? 책상과 싱크대가 있는가? 어떤 종류의 매체를 편안하게 사용될 수 있는가? 매체를 가져와 가구를 배치하거나 미리 공간을 확보할 수 있는가? 당신은 참가자들이 경험의 일부로 공간을 확보하는 것을 도와주기를 원하는가? 참가자들은 종료 후에 어디에서 청소하는가? 사용 가능한 자원으로 쉽게 청소할 수 있는 매체를 선택하라. 참가자는 과정에 참여함으로써 당황하거나 옷을 망가뜨리는 위험을 감수해서는 안 된다.

서비스를 설계할 때, 어떤 사람이 참여할 것인지 생각한다. 참가자들이 일하는 곳에서 가지고 있는 힘, 특권 및 기관을 고려한다. 인턴으로 일하는 어떤 분야의 사람들에게도 서비스가 제공될 수 있다. 당신은 한 분야의 사람들을 초대할 계획인가 아니면 학제 간 모임을 할 계획인가? 다른 분야의 사람들이 당신의 작품을 그들의 관점에서 어떻게 볼 수 있는지를 반드시 다루어야 한다. 당신은 그들이 당신이 작업하는 방식에 대해 무엇을 이해하기를 원하는가? 내담자들과 함께하는 당신의 수련이 그들에게 가치 있을 것인가? 사회복지사는 간호사와 달리 환자 문제에 대해 다른 우려를 가질 수 있다. 사회복지사는 당신이 치료계획의 문제를 해결하기 위해 어떻게 은유를 사용하는지 또는 당신의 작업이 협력 프로젝트를 통해 대인관계 기술을 어떻게 구축하는지에 대해 정보를 원할 수도 있다. 간호사는 당신이 매체를 가지고 작업할 때 어떻게 안전을 보장하는지 알고 싶을 수도 있다.

만약 당신이 다양한 분야의 사람들을 받아들인다면, 그들은 어떻게 협력할 것인가? 정신건강의학과 레지던트가 다른 과의 직원들과 함께 이미지를 제작하는 것을 편하게 느낄 수 있을까? 마지막으로, 정리는 종결의 중요한 부분이라는 것을 기억해야 한다. 근무 중에 그 중요성을 간과하지 말아야 한다. 관련된 사람이 정리를 통해 그리고 질문에 답하고 구두로 토론을 함으로써 서비스에서 상징적으로 떠날 준비가 될 수 있도록 돕는다.

내가 동료들에게 현장에 참여하도록 요청한 자기 경험 연습은 다음과 같다. 자신의 이미지 제작하기, 파트너를 찾아 말없이 함께 이미지 발전시키기, 내담자가 자기 일이 성공적이라고 느끼는 자신의 이미지 제작하기, 점토로 상징적으로 문제를 만든 다음 해결책 만들기 등이다. 이 모든 미술 기반 미술치료 경험은 모든 사람들에게 그들의 작품을 반영하는 매체, 이미지, 은유와 관련된 것을 다룰 기회를 준다. 그것은 그들이 미술 기반 미술치료 수련의 가치를 볼 수 있도록 도와주는 유용한 방법이다.

나는 학생 치료사들이 그들의 참여 활동을 창조할 때 이것들과 다른 요소들을 고려하도록 권장한다. 나는 이 과제가 그들에게 전문적인 치료사로서의 미래 역할에 추가적인 학제 간 수련이 되고 생산적인 경험이 되길 바란다.

내담자와 치료사 작품 전시

시카고 예술연구소의 현장작업 슈퍼비전에서 특이하고 귀중한 부분은 단체 미술 전시회(Art of Connection Exhibition)에 참여하는 것이다

(Vick, 2000). 전시회에 대한 모든 실행 계획은 슈퍼비전 시간 외에 진행된다. 우리가 수업 중에 탐색하는 본질적인 요소는 치료적 관계 내에서 창의성 사용이다. 이 전시회에는 다양한 배경의 내담자들과 인턴들의 미술작품이 포함되어 있다. 내담자가 전시회에 참여하는지 여부는 내담자 치료의 일부로 간주되며 치료목표에 통합된다. 그들의 참여에는 전시회에 적극적으로 참여하는 것이 포함될 수 있다. 치료사와 내담자가 협업해서 만든 작품도 전시될 수 있다. 때때로 슈퍼바이지는 내담자의 적극적 참여나 이미지 없이 전시회에 참여할 수 있으며, 자신이 관계를 이해하고 있는 방법을 탐구하고 전달하는 반응 미술을 공유할 수 있다. 일부 내담자는 전시회 개회식에 참석한다. 또 다른 내담자는 그렇지 않다.

전시회의 임상적 · 윤리적 측면은 슈퍼비전에서 논의하는 치료 구성요소의 미묘한 차이이다. 내담자의 작품이 전시회에 전시되든지 또는 치료의 관계와 문제를 탐색하는 슈퍼바이지의 반응 미술이 초점이 되든지, 우리는 임상 감독의 일부분으로 이미지 작품 전시회 참가 및 공개에 대한 사전 동의에 대해 논의해야 한다. 우리는 내담자가 자신의 작품을 보여 주고 행사 개회식에 참석함으로써 혜택을 볼 수 있는지를 탐색한다.

나는 단체 미술 전시회의 개회식에서 주거 약물 남용 프로그램에서 온 두 명의 남자 청소년들로부터 그들의 치료를 위해 법원에서 치료명령을 내렸다는 말을 듣게 되었다. 그들은 전시된 자신의 작품들을 보면서 한 소년이 다른 소년에게 오늘이 자신의 인생 최고의 날이라고 말했다.

결론

수련 중인 치료사는 여러 수준에서 자신에게 도전하는 환경으로부터 강렬한 경험을 한다. 수련 과정에서 길러진 기술은 치료 전문가의 전문적인 실습을 위한 토대가 된다. 대학원 수련 과정에서 제공되는 미술 기반 미술치료 슈퍼비전은 학생이 이론을 실제로 적용할 때 내담자와 함께 일하는 초기 만남에서 학생을 지원한다. 이미지를 활용하여 이해를 심화시키고 그들의 경험을 다른 사람에게 전달하는 것은 슈퍼비전을 지원하는 공동 작업의 중요한 자원이다.

이미지를 슈퍼비전에 통합하는 방법은 무제한으로 보인다. 각 슈퍼바이저는 슈퍼바이지와 그들 내담자의 요구 사항을 평가하여, 올바른 수련을 지시하고 집중하도록 도와야 한다. 미술 기반 미술치료 슈퍼비전은 우리의 관심을 끌기 위한 문제를 제기할 방법으로 이미지를 제공한다. 우리는 수련 동안 치료 문제의 탐색 및 의사소통을 지원하기 위해 사용되는 다양한 미술 기반 과제를 논의했다. 이제 우리는 대학원의 미술 기반 미술치료 슈퍼비전에 우리의 관심을 돌릴 것이다.

참고문헌

Allen, P. B. (2005). *Art is a spiritual path*. Boston, MA: Shambhala.

Corey, G., Corey, M., & Callanan, P. (2011). *Issues and ethics in the helping professions* (8th Ed.). Belmont, CA: Brooks/Cole, Cengage Learning.

Fish, B. J. (1989). Addressing countertransference through image making. In H. Wadeson, J. Durkin, & D. Perach (Eds.), *Advances in art therapy* (pp. 376–389). New York, NY: John Wiley & Sons.

Kahn, M. (2002). *Basic Freud: Psychoanalysis for the 21st century*. New York, NY: Basic Books.

Lachman-Chapin, M. (1983). The artist as clinician: An interactive technique in art therapy. *American Journal of Art Therapy, 23*(1), 13–25.

McNiff, S. (1989). *Depth psychology of art*. Springfield, IL: Charles C. Thomas.

Moon, B. L. (1998). *The dynamics of art as therapy with adolescents*. Springfield, IL: Charles C Thomas.

Perry, B. (November, 2008). *Applying the neurodevelopmental model of therapeutics of performance arts therapies*. Master class presented at the meeting of the American Art Therapy Association, Cleveland, OH.

Perry, B., & Szalaviz, M. (2006). *The boy who was raised as a dog and other stories from a child psychiatrist's notebook*. New York, NY: Basic Books.

Vick, R. M. (2000). Creative dialog: A shared will to create. *Art Therapy: Journal of the American Art Therapy Association, 17*(3), 216–219.

Chapter 08 

대학원 미술 기반 미술치료 슈퍼비전

초보 치료사는 대학원에서 받은 슈퍼비전과 그곳의 지지적 환경 없이 모든 차원의 치료 강도를 경험한다. 대학원 슈퍼비전은 치료사의 실습에 특별한 초점을 맞춘다. 초보 치료사가 수련하는 동안 가능했던 업무를 능가하는 일들이 생긴다. 전문성 개발의 단계에서 초보 치료사는 내담자에게 더 많은 책임을 진다. 이제 그들은 기관의 감독 아래 일하고, 학문적 지원 없이 그곳의 정책과 절차를 따르게 된다.

이 장은 미술치료 초보 치료사가 업무에서 받은 도전들을 연구하면서 만든 미술 기반 미술치료 성찰들을 다루고 있다. 이 치료사들은 임상적 만남이 일시적인 '학문적' 어려움으로 여길 수 있는 상대적으로 안락한 대학원에서 벗어나, 서로 다른 수준의 개입과 책임을 지는 '현실 세계'로 들어왔다. 대학원 수련기의 슈퍼비전과 같이, 대학원 슈퍼비전은 다면적이다. 그것은 임상 작업의 개념화 및 감독에 초점을 맞추며, 치료의 질을 보장함과 동시에 그것이 전달되는 치료 체계를 반영한다. 그것은 또한 슈퍼바이지의 개인적인 이해와 그들의 업무 관리를 지원한다.

초보 치료사의 슈퍼바이저는 행정과 임상 감독이라는 이중적인 역할을 유지한다. 일부 현장에서는 현장 슈퍼바이저의 관리 책임이 일정, 프로그램 및 업무량에 중점을 두어 초보 치료사가 자신의 임상 업무의 복잡성을 보다 독립적으로 다룰 수 있도록 하는 일차적인 역할을 할 수 있다. 일부 다른 현장에서는, 초보 치료사가 자신의 업무에 대한 직업 특유의 미묘한 차이에 대한 피드백을 제공할 수 없는 다른 분야의 슈퍼바이저를 만날 수 있다. 이런저런 이유로 많은 치료사는 그들의 기관 밖에서 추가 슈퍼비전을 찾는다. 많은 초보 치료사가 현장 외에 외부 슈퍼비전을 겸한다.

근무하는 기관 외부에서 슈퍼바이저를 구하는 초보 치료사는 수련 중 쌓은 관계나 인맥으로 얻은 정보, 슈퍼바이저 업무에 대한 지식, 그리고 슈퍼바이저의 전문적인 강연 및 출판물을 통해 대학원 슈퍼바이저를 선택한다. 어떤 치료사는 수련 중에 함께 일했던 슈퍼바이저를 다시 찾는 반면, 어떤 치료사는 자신의 일을 위해 다른 전문가로 옮겨 간다. 그들의 선택은 슈퍼바이저의 경험과 접근 방식, 그리고 그들이 찾고 있는 형식의 유형에 따라 결정된다. 초보 치료사가 집단이나 개별 대학원 슈퍼비전 중 그 어디로 가든, 그들의 실습 영역에 대한 슈퍼바이저의 전문지식을 살펴보는 것이 현명하다.

그들의 분야에서 면허와 자격증을 구하고 있는 사람들은 그들의 수련영역에서 면허를 받은 전문가들로부터 슈퍼비전을 받는다. 기관 밖에서 슈퍼바이저를 선택하는 초보 치료사는 집단이나 개별 슈퍼비전을 선택한다. 집단 슈퍼비전은 학생 치료사가 수련하는 동안 경험한 것과 유사한 형식을 제공한다. 초보 치료사는 다른 사람의 도전과 경험에 귀를 기울임으로써 혜택을 받는다. 집단 슈퍼비전의 비용은 종종 그러한 선택을 하게 하는 추가적 동기가 된다. 개별 슈퍼비전은 초보 치료사의 업무에 대한 회기의 초점에 강화할 기회를 제공한다. 슈퍼바이지의 실습에 대한 세부 사항을 다루기 위해 더 많은 시간을 조정할 수 있다. 많은 초보 치료사가 대학원 슈퍼비전에서 집단 슈퍼비전을 시작하고 나중에 그들의 업무가 심화되거나 동료 집단이 이동함에 따라 개별 슈퍼비전으로 옮긴다.

행정 · 임상 감독 외에도, 대학원 슈퍼비전의 내용은 초보 치료사의 전문적 성장과 발전에 초점을 맞춘다. 어떤 사람은 직업을 구하거나 입사를 수락하기 전에 조언을 구하러 온다. 그 시점에서 우리는 구직 전략과 면접에 대한 접근법을 탐구한다. 우리는 근무 시간이 유연한지, 추가 근무 시간에 대한 보상 시간이 주어지는지 아닌지, 기관이 면허 비용을 지급하는지, 아니면 외부 회의 및 수련에 대한 보상이 있는지 등 어떤 직책을 수락할 때 기대치를 명확히 하는 것의 중요성을 논의한다. 이미 고용된 사람은 임상 업무를 개념화하고 처리하는 데 도움을 얻는다. 새로 고용된 치료사는 또한 자신의 실습의 경계와 한계를 명확히 하고 확립하고자 지원을 청한다. 그들의 전문적 발전을 목적으로, 나는 슈퍼바이지가 네트워킹 기회를 찾고 전문 협회 참여를 지원하도록 돕고, 위원회에서 활동하도록 격려하며, 프로그램과 회의에 참석하도록 돕는다. 만약 그들이 관심이 있다면, 나는 그들의 일을 발표하고 출판하기 위한 그들의 노력을 돕는다.

나는 초보 치료사의 대학원 개별 슈퍼비전의 사례를 제시하고 있는데, 이는 주로 이 수준의 전문적인 지원을 제공하기 때문입니다. 초보 치료사들은 내담자들과 그들이 일하는 체계에 따라 진중하고 집중적이며 맞춤화된 관심을 기울여야 하는 도전에 직면한다. 나는 집단 환경 내에서 시간을 공유함으로써, 종종 개별 치료사의 고유한 관심사를 다룰 충분한 시간이 없다는 것을 발견한다.

치료사는 동료로부터 중요한 지지를 받기 때문에, 나 또한 전문가가 추가적인 자원으로서 지역 및 국가 전문 협회에 참가하도록 권장한다. 이것은 그들이 서로 다른 업무를 더 잘 공명하며, 영감을 얻고, 개인적이고 전문적인 지지를 얻을 기회를 제공한다.

미술 기반 미술치료 슈퍼비전 동안 우리는 매체들을 가지고 일하고, 토론하는 동안 우리 스스로 기반을 다지거나, 실습과 관련된 문제들을 탐구하기 위해 여러 주에 걸쳐 이미지를 제작해 낸다. 나는 초보 치료사가 자신이 제기한 우려를 살피기 위해 반응 미술을 작업할 것을 제안할 때가 있다. 그러나 대부분의 이미지는 우리의 논의 내용에 반응하여 슈퍼비전 중이나 후에 유기적으로 나타난다.

기반을 다지기 위한 매체 작업

대학원 슈퍼비전은 공간, 시간, 의례에 대한 세심한 주의를 통해 뒷받침된다. 나는 초보 치료사가 가져오는 내용을 담을 수 있는 매력적이고 창의적인 공간을 만들기 위해 노력한다. 나는 우리의 만남의 시작, 중간, 끝을 가지도록 확실히 보장하면서, 다른 사람의 일정에 대해 존중하도록 시범을 보였으며, 정시에 회기를 시작하고 종료한다. 나는 의도적으로 매주 같은 방식으로 슈퍼비전을 시작하고 끝낸다. 각 회기가 시작될 때 나는 커피나 차를 제공하고 요청된 자료를 준비한다. 끝날 때, 우리는 매체를 정리하고 다음 약속을 정하고 비용을 지급하고 문까지 함께 간다. 치료사의 실습에 대한 논의는 이러한 시작과 마침의 의례에 의해 이루어진다.

대학원 슈퍼비전에 대한 작업의 깊이 때문에, 토론에 기반을 둔 이미지 활용은 수련 과정보다 훨씬 더 가치가 있다. 이미지 제작은 우리의 두뇌를 진정시키는 데 도움을 줄 수 있는 감각적인 경험을 제공하고, 우리가 종종 충격적이고 개인적으로 어려운 매체를 탐구할 때 우리의 주의를 집중할 수 있게 해 준다. 슈퍼바이저와 슈퍼바이지는 회기의 내용과 도전에 관련하여 이야기하면서 그들 스스로를 다루고 안정시키기 위해 끊임없이 매체들의 조합을 찾아간다. 기반을 다지기 위한 매체 사용은 구슬을 분류하는 것에서부터 손가락 뜨개질과 점토 작업까지 구성이 다양할 수 있다. 이러한 매체 사용은 슈퍼비전을 지원하지만 슈퍼비전의 중점은 아니다.

슈퍼비전의 대화를 지원하기 위한 매체를 다루는 방식은 슈퍼바이지뿐만 아니라 슈퍼바이저에게도 중요하다. 슈퍼바이저로서 내가 매체들을 다루는 방법은 내가 함께 작업하는 사람들에 대해 그들의 활용을 모델링한다. 때때로 나는 토론에 대한 나의 주의를 끌기 위한 배경으로, 형식화된 표현을 염두에 두지 않고 매체를 사용한다. '슈퍼바이저의 미술작품'([그림 8-1])에서 볼 수 있듯이, 몇 주 동안 이미지 작업을 다루는 경우도 자주 있다. 붓이 종이를 가로지르는 것을 느끼고 물감이 흐르고 스며듦을 보는 것이 나를 안정시켜 주면서, 슈퍼바이지가 나타내는 내용에 관여하고 슈퍼바이지와 그의 이야기에 집중한다. 매체의 활용은 나의 지속적인 관심을 뒷받침한다. 나는 시간이 지남에 따라 종종 이미지 작업을 한다. 나는 때때로 슈퍼비전 회기가 시작되고 끝날 때까지 같은 그림 작업을 지속적으로 그리면서, 치료사들 각자의 공간을 연속적으로 유지하는 것을 돕는다. 한 작품의 흐름 속에서 내가 다음 슈퍼바이지의 작업에 초점을 맞추면서 혼란 없이 재결합할 수 있다. 슈퍼비전이 시작되면, 나는 앉아서 진행 중인 내 이미지 중 하나를 다시 작업하기 시작하거나, 감각 자원으로서 다른 작품들과 함께 작업하기 시

[그림 8-1] 슈퍼바이저의 미술작품
바바라 피시

작한다. 내가 매체를 집어 들고 그들과 함께 작업하기 시작할 때, 그 슈퍼바이지는 종종 내 행동을 반영한다.

찬스 라미레즈(Chance Ramirez)는 정신과 병원에서의 그녀 업무와 관련된 이야기를 하면서, 아크릴 물감을 리드미컬한 형태로 붙여 가며 꼬투리들을 조심스럽게 유지하여 '무제'([그림 8-2])라는 작품을 만들었다. 그녀는 신체적으로 구속을 받는 환자가 매일 참여해야 하는 혼란스러운 병동에서 대인관계의 복잡하고 어려운 상황을 묘사했다. 찬스는 환자와 맺어진 연약한 자신의 관계를 그리면서 꼬투리를 부드럽게 다루었다. 그녀는 작업하면서 그들의 치료 업무와 병원 밖의 생활에서 직면했던 어려움에 대해 나에게 말했다. 찬스는 그 과정을 성찰했다.

> 내 마음에 드는 것은 병렬입니다. 나는 이 부드럽고 연약한 꼬투리들을 다루고 내 일의 일부인 연약하지 않고 공격적인 것에 관해 이야기하고 있어요. 내가 그림을 그릴 때는 무엇을 하는지 몰랐어요. 난 그냥 말하며 내가 여기에서 찾은 것으로 작업을 했어요. 병원에서는 환자들이 오가고, 그런 다음 또 오지요. 내가 느끼는 이런 모든 주기처럼 내가 어려운 상황에 있다고 느끼지만 그러면서도 어떻게든 변화하려고 노력해요.
>
> (찬스 라미레즈, 개인적 대화, 2015 년 6월 17일)

[그림 8-2] 무제

찬스 라미레즈

아드리엔 루이스(Adrienne Lewis)도 그녀가 슈퍼비전에 가져온 내용을 뒷받침하기 위해 매체를 사용했다. 그녀는 가정폭력단체에서 여성, 아동과 함께 한 일의 세부 사항을 논의하면서 '슈퍼비전 중에 그린 드로잉'([그림 8-3])처럼, 색연필로 추상적인 이미지를 그렸다. 우리가 그녀의 내담자들이 마주한 복잡한 상황에 관해 이야기할 때, 그녀는 노트에 색연필로 율동적인 선들을 그렸다. 아드리엔은 그녀가 슈퍼비전에 온

[그림 8-3] 슈퍼비전 중에 그린 드로잉

아드리엔 루이스

전히 참여하는 데 그림이 어떤 도움을 주었는지 설명했다.

> 내가 미술작업을 할 때는 즉각적인 무언가가 필요한데, 특히 쉼터의 실제적인 일에 관해 이야기할 때 더 그래요. 색연필을 사용하면 마음이 진정됩니다. 이런 방식의 드로잉은 그다지 핵심적이지 않고 진정되지 않는 일, 처리하기에 괴롭거나 불편하거나 어려운 일들을 이야기할 때 중심을 잡을 수 있는 침착한 여유가 생기지요. 쉼터 체험과는 정반대입니다. 나에게는 그것이 필요하다고 생각해요.
>
> (아드리엔 루이스, 개인적 대화, 2015년 6월 9일)

매체에 접근하는 치료사의 방식이 자신의 행동 방식을 반영할 수가 있다. 이는 줄리 루드윅(Julie Ludwick)이 치료용 승마센터 내 미술치료 프로그램에서 진행한 자기 업무에 관해 이야기하면서, 매체를 다루는 방식이다. 줄리와 나는 그녀가 대학원 수련 동안 프로그램을 구상하고 발전시켰던 것처럼 슈퍼비전에서 함께 작업했다. 우리는 그녀가 그 프로그램을 시행하기 위해 고용되었을 때 그녀의 대학원 과정 동안 계속 함께 일했고, 결국 그녀는 인턴들과 대학원 미술치료사들을 맡아 슈퍼비전을 했다.

줄리는 다양한 이슈를 가진 참여자들을 만난다. 뇌성마비, 외상성 뇌손상을 포함한 신체 장애부터 사회적 의사소통 및 자폐 스펙트럼 장애와 같은 지적 장애 및 의사소통 장애에 이르기까지 다양하다. 많은 내담자는 효과적으로 움직이고 다른 사람들과 의사소통하는 능력에 어려움을 겪는 장애를 가지고 있다. 강점 기반 접근법으로 줄리는 그녀의 내담자들의 사회적 · 정서적 성장과 자존감을 뒷받침하기 위해 그들이 매체에 적응하도록 돕고 미술에 기반한 의사소통 도구를 개발한다.

줄리는 미술가들의 '제3의 손'(Kramer, 1986) 역할을 하면서 움직임이 제한적인 내담자들과 함께 이미지를 제작하고, 그들의 방향에 따라 손을 옮겨 가며 매체를 다루도록 안내한다. 미술가가 된 내담자는 말없이 눈과 손가락을 사용하여 글자판과 다른 적응 의사소통 방법을 통해 소통하고, 과정에 대한 자신의 의도를 밝히고 자신의 미술가적 진술을 명확하게 표현한다.

줄리는 참여자들 일 외에도 새로운 슈퍼비전 일과 학생 치료사와 초보 전문가의 학습을 지원하는 전문적 업무를 맡게 되었다. 이 도전은 줄리 자신의 실습을 반영할 수 있는 새로운 기회를 제공했다.

줄리는 내담자와 당면한 과제, 일하는 체계, 새로운 슈퍼바이저로서의 그녀의 역할을 주제로 토론하면서 슈퍼비전 동안 '펴져 가는 덩굴손'([그림 8-4], 판 16)을 작업했다. 여기서 그녀의 이미지 제작 과정은 몇 주 동안 계속되었고, 그녀는 수채화, 가위, 딱풀을 사용하였다. 시간이 지나면서 그녀는 복잡한 수채화를 그렸다. 일단 그것이 완성되자, 그녀는 그림을 작은 조각으로 자르고 새로운 이미지로 형태를 재구성했다. 줄리는 자신의 업무를 탐구하기 위해 창작, 해체, 재구성하는 과정을 통해 '펴져 가는 덩굴손'을 만들었다. 그녀는 그것에 대해 창의적 작업을 위해 안전한 공간과 경계를 만드는 것이라고 설명했다. 그녀는 그것을 명료히 하기 위해 재정비했다. 줄리는 이렇게 꼼꼼한 방법으로 작업함으로써 그녀가 이미지 제작 과정을 이용하여 자신의 기반을 세우고, 우리 토론에 집중하도록 도왔다. 줄리는 작업을 하면서 문제 해결, 그리고 내담자와 자신의 경력에 대한 접근 방식 재구성을 이야기했다.

[그림 8-4] (판 16) 퍼져 가는 덩굴손

줄리 루드윅

임상 내용 탐색에 사용되는 반응 미술

임상 문제를 수용하거나 조사할 의도로 제작된 이미지는 다른 역할을 한다. 우리는 슈퍼비전 내용을 탐구하고 공감과 이해를 보여 주기 위해 이미지 작품으로 눈을 돌린다.

메리 우스드로우스키(Mary Usdrowski)는 주(State) 정부의 병동에 근무하는 치료사로서 행동 문제가 있는 남자 청소년의 그룹 홈에서 일한다. '벽'([그림 8-5])은 허물어지고 있는 대인관계 벽 뒤에 서 있는 그녀의 내담자 중 한 명을 표현한 그림이다. 그녀가 한쪽 모퉁이를 둘러보는 동안 그녀의 내담자는 다른 쪽 구석에서 조심스럽게 그녀를 지켜본

[그림 8-5] 벽

메리 우스드로우스키

다. 한때 강력했던 벽은 현재 붕괴 조짐을 보이므로 희망과 위험을 동시에 안고 있다. 메리는 우리가 그 청소년의 행동 의미에 관해 이야기할 때 이 작품을 그렸다. 그녀는 이미지를 그리면서, 변화에 대한 그의 저항이 왜 종종 반항이나 공격의 형태를 취하는지 이해하려고 애썼다. 우리의 작업은 행동에는 의미가 있으며 저항에 대한 작업이 내담자의 요구를 어떻게 충족시키는지 이해하는 것임을 메리가 기억하도록 도왔다.

[그림 8-6] 위탁가정의 내담자
프레데리카 말론

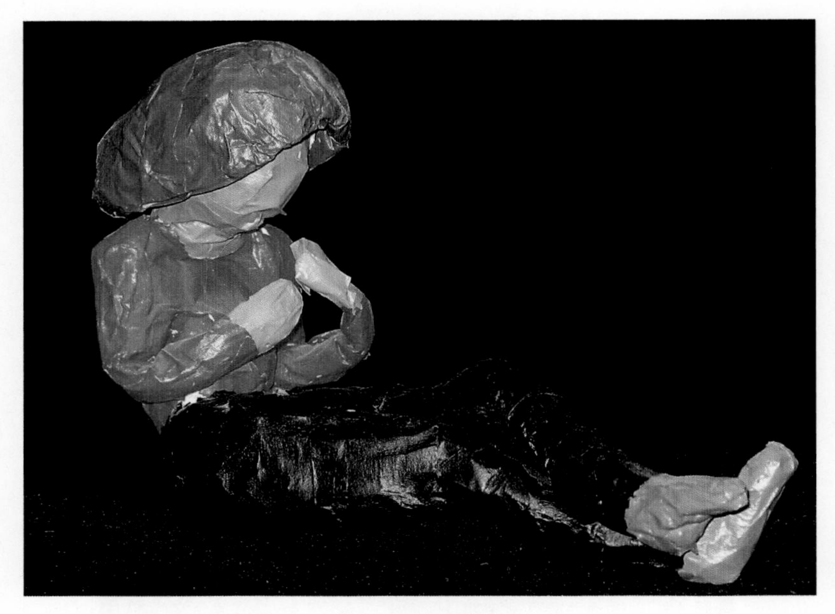

[그림 8-7] 자화상
프레데리카 말론

프레데리카 말론(Frederica Malone)은 대학원 수련 동안 슈퍼비전을 함께 했고, 지역사회 기반 기관에서 아동과 가족을 위해 일하던 대학원 과정 동안 나를 계속해서 만났다. 몇 주 동안 그녀는 자기 일의 양상들을 이야기하면서 천천히 두 개의 작은 조형물을 만들었다. '위탁가정의 내담자'([그림 8-6])와 '자화상'([그림 8-7])은 마스킹 테이프와 알루미늄 포일에 칠을 하여 한번에 만들어진 형태이다.

프레데리카는 작품 인물들을 성찰하며 나이에 비해 몸집이 작은 일곱 살 소녀에 관해 이야기했다. 이 소녀는 학대와 방임으로 신체적 · 정서적 발달에 방해를 받아 제대로 성장하지 못했다. 프레데리카는 최근 남동생 둘과 한 위탁가정에 지내면서 치료를 받게 된 이 아동을 만났다. 이 위탁가정은 아동에게 현재 필요한 것과 그녀의 정신적 외상 및 방임에 대한 영향에 대처하기 위한 적절한 지원, 양육 또는 치료를 제공하지 않았다.

프레데리카는 위탁모가 정기적으로 예정된 치료 서비스를 위해 그녀를 사무실로 데려오지 않았기 때문에 그 집에서 아동을 만났다. 프레데리카는 위탁모를 가혹하고 게으르다고 묘사하면서, 위탁모는 단지 '수표 모으기'를 위해 위탁가정을 운영하는 것 같다고 명확하게 말했다.

> 이것은 양육에 대한 비지원적인 생각에 맞춘 감정적인 반응이 아니에요. 사실, 나는 양육의 양면성에 관해 이해하려고 애쓰고 있지만, 이 사례에 대한 나의 관점은 내가 그 가정에서 관찰한 것에서 비롯됩니다. 위탁모는 자신과 친가족의 사진으로 둘러싸인 거실 벽 중앙에 모든 위탁가정 면허증들 중 많은 것들을 액자에 넣어 두었어요. 그러나 그 당시 내 내담자와 내담자의 동생들을 포함하여 위탁가정 아동들이 위탁모의 집에서 잘 지낸다는 어떤 증거도 볼 수 없었어요. 그녀는 그 면허증들을 마치 트로피처럼 전시했어요. 그러나 그녀 집에 있는 위탁가정 아동들의 보살핌에 대하여 어떠한 자부심이나, 적어도 그녀가 자신의 친가족에 가지고 있는 것과 같은 긍지는 보이지 않았어요.
>
> 내가 집에 있는 동안 위탁모는 그녀의 시간 대부분을 자기 방에서 보냈고 낯선 사람들이 뒷문으로 드나들었어요. 이 소녀의 동생들은 항상 구석에 앉으라는 말을 들었어요. 나는 소녀의 방에 들어갈 수 없었어요. 소녀는 거실의 가구 위에 앉는 것이 허용되지 않았어요. 나는 가구에 앉을 수 있었지만, 그 소녀는 식당의 딱딱한 의자나 바닥에 앉아야만 했어요.
>
> (프레데리카 말론, 개인적 대화, 2015년 3월 17일)

프레데리카는 다른 사람들과 마찬가지로 그 가정에서의 위탁모의 위험하고 부적절한 행동뿐만 아니라 태만함을 보고했다. 이로써 세 명의 아동들은 결국 다른 위탁가정으로 옮겨졌다.

프레데리카가 이 조형물들을 만드는 동안, 그녀는 나에게 그 아동에 대한 자신의 감정을 말했다. '위탁가정의 내담자'([그림 8-6])는 소녀를 세심하게 묘사하여 제작된 작품이다. 프레데리카는 셔츠에 핀 꽃과 바지의 다듬은 장식, 그리고 구슬로 장식된 부드럽게 땋은 머리 모양을 만들어 그 모습에 세심한 주의를 기울였다. 프레데리카는 '자화상'([그림 8-7])에 대해 성찰하면서, 자신의 역전이에 대한 감정을 정리한 것을 설명했다.

> 돌봄의 질에 대한 나의 인식은 내가 내담자에게 어떻게 접근했는지를 알려 주었어요. 그것은 비록 내가 창조한 반응 미술을 통해서라 할지라도, 내 안에서 더 타당한 경험과 어떤 인정을 소녀에게 주고 싶은 나의 욕망이 커졌어요. 이 작품은 소녀가 아직도 그 걱정스러운 집에 머물 때와 관련되어요. 나는 소녀의 잠재력처럼, 그녀가 가질 수 있는 것을 보호하길 [나는 원했어요]. 왜냐하면 그 와중에도 우리는 무슨 일이 일어날지 몰랐기 때문이지요. 만약 소녀가 그 집에 머물렀다면 이 소녀에게 어떤 위험이 닥칠까요? 만약 소녀가 그 집에서 나온다면, 소녀는 결국 어디로 갈까요? 그래서 나는 소녀를 위해 할 수 있는 것과 도울 수 있는 것을 지키고 싶었어요.
>
> (프레데리카 말론, 개인적 대화, 2015년 3월 27일)

프레데리카는 슈퍼비전에서 이 내담자와의 그녀의 치료 작업을 성찰하기 위해 반응 미술을 사용했다고 설명했다.

> 나는 내가 느끼고 있는 것을 꺼내어 이미지에 담고, 그것을 직시하고, 그것을 목격하고, 그것에 대해 질문할 수 있을 때 [도움이 된다]고 생각해요. 왜냐하면 가끔 단지 내 머릿속에서만 그런 생각이 들 때면 그 주변을 다 보지 못할 수도 있기 때문이지요. 당신의 관점과 내가 더 깊이 들어가기 위해 당신이 목격한 것을 보는 것은 슈퍼비전에 정말 도움이 됩니다. 그리고 내가 그것을 어떻게 결부시키는지, 혹은 내가 온전히 결부되지 않더라도, 그것과 연결하려고 시도하는 것을 보세요. 당신과 같은 공간에서 그것을 창조하는 과정조차도 그것을 더 안전하게 느끼게 합니다. 만약 내가 문제를 해결하려고 노력한다면, 어떠한 도움과 피드백을 받는 것이 더 안전하다고 느낄 거예요. 내가 그것에 좌절한다면, 당신은 그 과정에서 나를 지지하고 나에게 아이디어나 피드백을 줄 거예요.
>
> (프레데리카 말론, 개인적 대화, 2015년 3월 27일)

프레데리카가 아동복지 제도에서 치유하고 성장하기 위해 애쓰면서 우리는 내담자를 지원하는 어려운 작업에 참여하는 동안 프레데리카는 자신의 이미지를 활용하였다. 아동과 치료적 관계를 유지하는 것 외에도, 프레데리카는 서비스, 그리고 소녀와 그녀의 남동생들을 위한 더 적절한 양육을 옹호했다. 그녀의 조형물들은 프레데리카가 자신의 내담자들을 위한 작업이자 또한 자기 내담자들과의 작업을 지원하면서, 자신의 역전이를 인식하고 이해하는 것을 도왔다.

베스 엔터킨(Beth Enterkin)은 '분노 괴물'([그림 8-8])을 그렸을 때 가정폭력을 경험한 사람들을 위한 프로그램에서 일하는 치료사였다. 그녀의 내담자는 자기 집에서 폭력을 목격하고 난 후, 여동생과 어머니를 향해 폭발적이고 공격적인 행동을 한 일곱 살 소년이었다. 그는 베스와 함께 자신이 겪노한 것에 관해 이야기하는 동안, 자기 내면의 분노를

[그림 8-8] 분노 괴물
베스 엔터킨

묘사하기 위해 '분노 괴물'이라는 인물을 그렸다.

나중에, 베스는 슈퍼비전에서 '분노 괴물'([그림 8-8])을 재현했다. 베스가 그 소년이 자신의 분노와 두려움을 표현하는 새로운 방법을 찾도록 도울 수 있는지 우리가 탐구할 때, 그녀는 괴물의 발치에 웅크리고 앉아 있는 소년을 상징하는 형상을 덧붙여 그렸다. 베스가 그 내담자를 다시 만났을 때, 베스는 그가 그녀와 다른 사람들과의 치료에서 어떻게 느꼈는지 표현함으로써 어떻게 '분노 괴물'을 관리할 수 있는지에 대해 생각해 보라고 그에게 격려했다.

이 내담자와 그와 같은 다른 사람들과 일하면서, 베스는 자신의 기관에서 혁신적인 외상 치료 집단을 개발하게 되었다. 그것은 어린 소년들이 집에서 목격한 가정폭력에 대한 그들의 감정을 처리하는 것을 돕기 위해 고안되었다. 이런 식으로 그들의 경험을 이야기함으로써, 그녀는 그들이 될 수 있는 남자, 아버지, 남편에 대한 의식적인 선택을 할 수 있도록 도왔다.

비록 베스의 내담자가 이미지를 통해 그의 분노를 표현할 수 있었지만, 그것은 위협적인 작품이 아니었다. 그것은 항상 그렇지만은 않다. 치료에서 만들어진 이미지는 맥락을 벗어나 회기 밖에서 볼 때 오해받을 수 있는 강력하고 깊은 개인적인 작업에서 나온다. 도식적이고 폭력적인 이미지는 외상을 경험한 사람과 함께 작업할 때 흔히 볼 수 있다. 나는 초보 치료사와 함께 사적인 미술과 공적인 미술의 차이점을 이야기한다. 사적인 미술은 치료 과정에서 다뤄지는 민감하거나 폭력적이거나 도발적인 문제를 나타내는 작품이다. 이 이미지들은 그들이 묘사한 상처 입힐 수 있는 자료를 보호하기 위해 치료사가 회기에서 매우 잘 보관한다. 치료에서 구체적 표현을 뒷받침하는 이런 방식은 종결을 지원하는 일종의 봉쇄의 한 형태가 될 수 있다. 공적인 이미지는 치료 이상의 상호작용을 위해 만들어진다. 이러한 것들은 회기에서 매체를 다루거나 치료를 넘어서는 감정과 문제를 의사소통하기 위해 제작될 수 있다. 치료사와 내담자 모두 공공의 이미지를 공유하는 것이 안전하다는 것에 동의해야 한다.

회기의 내용을 담고 있는 이미지를 신중하게 평가하는 것이 중요하다. 테러리즘과 공공장소에서의 증가하는 폭력에 대한 반응으로, 많은 학교와 다른 기관들은 총기와 다른 무기들에 대한 '무관용 정책'*을 채택했다. 내부 사람들의 안전을 보장해 주기를 희망하며 참여자들은 프로그램 입장 시 금속탐지기와 마주한다.

내가 슈퍼비전을 한 치료사는 그녀의 내담자가 느끼는 폭력을 안전하게 탐구하고 표현하는 데 도움을 주고, 내담자가 회기에서 무기를 만드는 매체를 사용하는 것을 이해하기 위해, 슈퍼비전 중에 반응 미술로 '검'([그림 8-9], 판 17)을 그렸다. 그녀는 거주 기관에서 사회적 · 정서적 장애가 있는 아동들을 위한 치료를 제공했다. 학대와 방임으로 외상을 경험한 아동 중 다수는 자신의 갈등을 공격적으로 표출했다. 그러나 이 내담자는 자신의 분노를 행동으로 표출하지 않고 내면화시켜 공격적 환상들을 즐겼다. 그는 내성적이었다. 그는 후드티를 입고 검은 옷을 입은 죽음의 신(Grim Reaper)처럼 보였다. 비록 그는 위협적으로 보이고 싶은 것처럼 행동했지만, 공격적이지는 않았다.

이 열네 살 소년은 실패한 위탁가정에서 거주 기관으로 옮겨 온 상태의 피해자였다. 그는 도서관 책에서 발견한 중세 무기에 관심이 있었다. 내담자는 학교에서 돌아와서 그의 프로젝트에 사용할 밧줄, 체인, 플라스틱, 금속 조각을 발견했다. 그는 무기로 만들기 위해 그것들을 알루미늄 포일과 미술실에 있는 다른 매체들과 결합하여, 강력 접착테이프로 함께 고정하였다.

치료사는 자신의 임상적 지혜와 결정의 안정성을 확신하여 소년이 자신의 공격적인 감정을 이런한 방식으로 표현할 수 있도록 허용했다.

*zero tolerance, 제로 관용 정책, 범법자에 대한 처벌을 대단히 엄격하게 가하는 정책—역자 주

[그림 8-9] (판 17) 검
익명

매체를 안전하게 사용하는 그의 능력을 평가하면서, 그녀는 그 기관에 안전하게 보관할 수 있거나 없는 작품들에 대해 치료팀과 직원과 밀접하게 협력했다. 그녀는 기관 감독자와 그것들을 점검한 후에, 그의 방에 부드러운 것들을 몇 개 두게 했다. 그녀는 대부분의 무기를 자신의 사무실에 보관했다. 이러한 개입이 가치 있다는 것을 팀에게 이해시키기는 쉽지 않았다. 치료사는 이러한 작업 방식을 뒷받침하는 근거를 논의했다.

> 무기를 만드는 것은 그에게 매우 중요했어요. 그 내담자는 신체적 학대와 끔찍한 대우를 받은 과거사가 있어요. 그는 이에 대해 분노에 찬 생각과 감정을 가지게 되었지요. 그는 그런 내용이 받아들여지고 그것을 처리할 수 있는 관계에서 자신의 내면에 있는 일종의 이미지를 표현할 필요가 있었어요. 그가 다른 상호관계에서 그 이야기를 꺼냈을 때 그는 외면당했고 그것은 나쁘다고 들었어요. 우리의 작업은 나는 그의 일부분인 그의 진짜 생각과 감정을 받아들이도록 도전을 했어요. 그것은 그가 나쁜 생각을 하므로 나쁜 아이가 아니라는 것을 느끼게 해 주었어요.
>
> (익명, 개인적 대화, 2015년 7월 24일)

내담자는 치료를 받으러 올 때마다 검, 철퇴, 새총, 채찍 그리고 그 밖의 무기들을 만들었다. 그가 만든 이미지는 항상 다른 사람을 해치는 것은 아니었다. 그는 또한 자기 보호를 위한 방패를 만들었다. 치료사는 무기를 만드는 것이 때때로 그가 강하다고 느끼게 하고, 자기 통제감을 느끼도록 돕는다는 자신의 생각을 말했다. 이 프로젝트들로 신체적 안전을 보장하기 위해서, 치료사는 종종 작품들이 위험해지는 것을 막기 위해 그가 강력 접착테이프나 더 부드러운 어떤 것과 함께 사용한 재료 중 일부를 떼어 내거나 보완해야 했다. 매우 복잡하고 민감한 이 작품을 뒷받침하는 토대는 그들이 치료적 관계에서 발전시킨 신뢰 위에 세워졌다. 치료사는 그들이 함께 작업한 초기에 이해를 구했다고 말했다.

> 그가 자기 방에 자신이 만든 무기를 보관할 때, 절대 그 누구에게도 위협적인 방법으로 사용하지 않겠다는 데 동의했어요. 그는 결코 그것을 남용하지 않았어요. 그래서 우리 사이에는 그가 사물을 올바른 방법으로 사용하는 것에 대한 신뢰가 있었어요.
>
> (익명, 개인적 대화, 2015년 7월 24일)

치료사는 그가 무기를 만드는 것이 중요하다고 생각하는 이유를 설명했다.

> 비록 그 무기들이 폭력적인 이미지였지만, 나는 그가 공격적일 것이라고 결코 느끼지 못했어요. 그는 그 모든 것을 자기 안에 간직하고 있었어요. 이러한 작품들을 만드는 것은 그가 아무도 해치지 않고 이 생각들을 밖으로 내보낼 수 있다는 느낌을 주는 데 도움이 되었어요. 나는 이 작업이 실제로 그들에게 행동하지 않고 그들을 붙잡아 두거나 통제하는 데 도움이 되길 바랐어요. 만일 내가 그에게 무기를 만들도록 내버려 두지 않았다면, 그러한 감정은 용납할 수 없고 그것을 이야기하거나 밖으로 내보내는 것은 안전하지 않다는 메시지를 그에게 주었을 것입니다.
>
> (익명, 개인적 대화, 2015년 7월 24일)

내담자가 기관을 떠나기 전에, 치료사와 내담자는 그의 모든 무기를 사진으로 찍었다. 왜냐하면 그가 대부분의 무기를 보관하는 것이 안전하다고 생각하지 않기 때문이다. 그들은 그 사진들을 그가 다음 위탁가정에 가져간 책 속에 정리했다.

> 우리의 작업은 그 자신의 내면에 있는 폭력적인 이미지를 살피고 자신

> 을 보호하는 방법을 배우는 것에 대한 것입니다. 우리는 그가 만든 미술 작품에 폭력을 포함함으로써 그가 자신의 힘을 느낄 수 있도록 돕기 위해 일했습니다.
>
> (익명, 개인적 대화, 2015년 7월 24일)

치료사는 슈퍼비전 중에 자신의 작업을 논의하면서 '검'([그림 8-9], 판 17)을 그렸다. 그녀가 그린 이미지는 자기 개입의 힘을 설명하고 내담자가 자기 생각과 감정에 대한 통제력을 지지하기 위해 노력하는 데 도움이 되었다. 그녀의 슈퍼바이저로서 나는 동의했다. 나는 내담자가 조용히 앉아서 그것에 대해 생각하는 것보다 차라리 총 조각품을 만들어 자신의 감정을 처리하도록 하고 싶다. 만약 우리가 우리의 내담자가 자기 안에 가지고 있는 무섭고 공격적인 생각을 표현하도록 돕지 않는다면, 그들이 그것들을 이해하고 안전하게 관리할 수 있다는 어떠한 희망을 가지게 될까?

실리 카르도네(Seeley Cardone)는 위탁가정 내 아동을 지원하는 기관의 가정 내 상담사로서 첫 직장 생활에 대한 내용을 슈퍼비전으로 가져왔다. 그녀의 내담자 중 한 명은 양어머니와 오랜 기간 동안 관계가 불편한 열두 살 소녀였다. 그 내담자의 '롤러코스터 에피소드'로 결국 그녀는 입원하게 되었다. 실리의 작업은 그 소녀의 정서적 폭발을 줄이고 양어머니와의 안전한 애착을 지원하는 데 초점을 맞추었다. 병원에 입원해 있는 내담자를 찾아간 실리는 차에 앉아 '무제'([그림 8-10])를 그렸고 자신이 느끼는 좌절과 실망을 표현했다. 나중에 그녀는 그것을 슈퍼비전에 가지고 왔다.

> 나는 그 병원 방문이 어떨지, 그리고 정신병원에 입원하는 것이 어떨지

예상했어요. 그녀가 병원에서 얼마나 편안해 보이는지, 그리고 그녀가 이 사건을 퇴행으로 받아들이지 않는 것을 보고 나는 놀랐어요. 그녀는 우리가 방문하는 동안 내내 웃었고 철이 없었어요. 나는 그녀가 얼마나 아픈지에 대해 몰랐습니다. 나는 그곳으로 들어가 계획을 세우고 '상황 해결'을 하고 싶은 마음이 간절했고, 그녀가 내 도움 제의를 받아들이지 않거나 도움을 받고 싶어 하지 않는 것에 화가 났어요. 젊은 치료사인 내게는 너무 혼란스러운 상황이었어요.

(실리 카르도네, 개인적 대화, 2015년 7월 31일)

실리는 병원 방문에 대해 상충하는 감정을 담아내기 위해 반응 그림을 그렸다. 그림을 슈퍼바이저에게 가져왔을 때, 그녀는 자신의 내담자에 대한 자신의 감정을 이야기했다. 우리는 그 아동의 과거사와 애착

[그림 8-10] 무제

실리 카르도네

문제, 그리고 그 소녀가 왜 그렇게 행동했는지를 이해하기 위해 치료를 포함한 그녀의 현재 관계에서 그것들이 어떻게 대인관계로 나타날 수 있는지 논의했다. 우리는 이러한 행동 패턴이 얼마나 방어적이었는지, 어린 소녀의 일생에 걸쳐 어떻게 발전했는지를 깊이 생각했다. 마지막으로, 우리는 실리의 구원 환상에 관해 이야기했고 그녀가 자신의 기대를 수정할 수 있도록 도왔다.

우리가 일하는 체계와 관련된 문제를 파악하고 탐색하기 위한 이미지 활용은 이주 여성과 아동을 위한 쉼터에서 일했던 미술치료사가 만든 작품인 '무제'([그림 8-11], 판 18)에 드러난다. 그녀는 우리가 작업에 관해 이야기하면서 엽서 크기의 수채화지에 다채롭게 줄무늬를 그렸다. 그녀가 색 줄무늬로 종이를 채운 후, 치료사는 그녀의 생각과 우리의 대화의 파편들을 써서 그 줄무늬들을 덮었다. 그녀는 우리가 성폭력

[그림 8-11] (판 18) 무제

산게타 라비찬드란

전담 기관에서 일하면서 직면했던 조직적인 문제, 힘의 사용, 슈퍼바이저의 도전을 주제로 토론하는 동안 꾸준히 작업했다.

초보 전문가인 에리카 몰리나(Erika Molina)는 직업적 성장과 만족을 더 약속한다고 생각했던 학교에서의 새로운 직업에 대한 실망감을 이야기하면서 자신의 개인적 상징인 '갈까마귀'([그림 8-12])를 분필로 스케치했다. 그녀는 그림을 그리며 슈퍼비전에 관한 상황을 이야기하면

[그림 8-12] 갈까마귀

에리카 몰리나

서, 다른 근무처를 찾기 시작할 의사를 분명히 했다. 이런 방식으로 활용되는 미술 기반 미술치료 슈퍼비전은 슈퍼바이지가 전문적으로 지나온 경로를 도표로 만들면서 그들의 미래를 구상하는 데 도움이 되는 상상적 지침들을 제공한다.

라이언 노블(Ryan Noble)은 슈퍼비전에 와서 입원환자 정신병동의 치료사 직책을 위한 면접을 하는 동안 보았던 아동에 대한 '창문'([그림 8-13])을 그리기 시작했다. 시설을 둘러보던 중, 그는 복도 끝을 내다

[그림 8-13] 창문
라이언 마이클 노블

보는 한 어린 소년을 보았다. 몇 달 후, 라이언은 그 이미지가 자신에게 어떻게 도움이 되었는지를 성찰했다. 그는 그것을 직면함으로써 그의 역전이와 해로움의 접촉에 대한 경험을 탐색하는 데 도움이 되었다고 말했다. 그 그림은 또한 그의 걱정에 대하여 다면적으로 의사소통을 하게 했다.

> 나는 곧 부임할 슈퍼바이저와 함께 엘리베이터에서 내리고 있었는데, 창문 앞에서 헝클어진 머리에 헐렁한 수술복을 입고 있는 그의 실루엣을 보았어요. 나는 그의 모습이 자주 눈에 띄었는데도 인터뷰 과정을 계속 이어 나간 기억이 납니다. 그곳에 무언가가 있다는 것을 알 수 있었지만 그것을 느낄 수 없었어요. 내가 병원을 나왔을 때의 그 충격은 내 뼈, 내 세포 같은 것에 남아 있었어요. 그곳과 슈퍼비전 사이의 어딘가에서 이것이 나의 다음 그림이 되리라는 것을 알았어요. 머릿속에서 그것을 계속 보고 몸으로 느끼고 있었습니다.
>
> 비록 내가 아버지일지라도, 아동들과 함께 일할 때 나는 내 어린 시절에 대해 더 많이 성찰하고 있다는 것을 압니다. 이 작품은 전이를 도왔어요. 내가 이 아동과 어떻게 행동하고 있으며 그것이 내 양육과 어떻게 관련되어 있는가? 무엇이 적절한가? 내 역할은 무엇인가? 이 아동은 나에게 어떤 문제를 제기하는가?
>
> 나는 당신이 실제로 그 경험을 간직하고 있기에 미술 기반 미술치료 슈퍼비전을 좋아합니다. 미술 작업은 우리의 정신에서 자극을 제거하고 그것을 다시 언급할 수 있는 방법이에요. 그것은 우리가 그것을 볼 수 있도록 하여 슈퍼비전에서 명백하게 하는 데 도움이 됩니다. 난 정말 구체적인 것을 만드는 걸 좋아해요. 특히 감정들을 표현하길 좋아합니다. 그것들은 층층이 쌓여서 부드럽게 사라집니다.

이미지는 내가 말로만 그 경험을 회상해야 하는 것보다 그 경험에 더 많은 말과 감정을 부여하도록 도와줍니다. 그것은 내가 자극을 제거하는 데 도움을 줄 뿐만 아니라 우리 앞에 그것을 내어 놓을 수 있는 구체적인 방법을 줍니다.

내가 이 작품을 만들었을 때, 병원에서 그 자리를 맡기로 하는 데 도움이 되었어요. 그때부터 나는 그 이미지를 발표에 사용했고 내 인턴들과 공유했습니다. 그것은 내가 임상적으로 직면하는 것을 처리하는 데 도움이 될 뿐만 아니라 다른 사람에게 내가 나의 일을 어떻게 경험하는지에 대해 전달하는 전문적인 자원입니다.

(라이언 노블, 개인적 대화, 2015월 6월 30일)

라이언은 시간이 지남에 따라 이미지의 유용성을 보여 주었다. 이 작품은 그가 병원에서 일하기 전부터 역전이를 인지하는 데 도움을 주었고, 그가 그곳에서 일하기로 하고 그의 환자와 명료한 관계를 맺을 수 있게 하였다.

원격 슈퍼비전

원격 슈퍼비전은 지역 슈퍼비전을 보완하거나 그들의 실무 분야의 전문가에게 현지에 접근 기회가 없는 사람들을 지원할 수 있다. 원격 슈퍼비전은 고려가 필요한 복잡한 문제들을 가져온다. 그것은 내담자의 비밀을 보장하기 위해 HIPAA(Health Insurance Portability and Accountability Act, 미국 의료정보보호법)를 포함한 주법 및 연방법에 따라 동의서를 제공해야 한다. 원격 슈퍼비전에 참여하기로 동의하기 전에, 슈퍼바이저와 슈퍼바이지 모두 전문 자격 증명을 신청할 때 원격 슈퍼비전 시간의 적격성에 대해 명확히 이해해야 한다.

먼 거리에 있는 슈퍼바이지와 일할 때, 우리는 인터넷을 통해 내담자 정보를 보내지 않는다. 우리는 비밀을 보장하기 위해 화상 회의 동안 문제를 논의한다. 이메일과 화상 회의의 활용은 작품을 반영하기 위해 반응 미술을 공유할 때 도움이 된다. 슈퍼바이지는 슈퍼비전 전에 반응 미술을 하고 우리가 온라인에서 만날 때 함께 볼 수 있도록 그들의 이미지 작업을 이메일로 보낸다.

초보 치료사가 졸업하고 다른 지역에 배치되면서, 어떤 사람은 직업 개발에 대한 도움과 자신의 직무 찾기에 대한 지원과 방향을 찾기 위해 슈퍼비전으로 눈을 돌린다. 켈리 리들(Kelly Riddle)은 석사 과정을 졸업하고 다른 주(state)로 이사했다. 얼마 지나지 않아 우리는 그녀가 지적 장애를 가진 성인을 위한 지역사회 기반 프로그램에서 일하면서 미술치료에 대한 원격 슈퍼비전을 시작했다. 몇 달 후에 그녀는 자신이 다시 이사할 것을 알았다. 새집에서 그녀는 '무제'([그림 8-14])를 그렸다. 그녀는 우리의 슈퍼비전 비디오 통화 전에 나에게 그 이미지를 이메일로 보냈다. 우리가 함께 그림을 보면서 켈리는 그녀의 구직 활동과 그녀를 흥분하게 한 잠재적인 직위에 대해 토론했다. 그녀가 서 있는 땅은 다채롭지만, 그녀는 다음에 무엇이 올지 확신하지 못하고 가능성을 가려내는 데 관심이 있었다. 켈리의 이미지 활용은 다음 것을 탐구하고 그녀를 진정시켜 집중하는 데 도움이 되었다. 창조적인 탐험에 참여함으로써, 그녀는 다음 직업을 찾기 위해 노력하면서 상상하는 자신의 선택지를 보기 시작했다.

만성 정신질환을 앓고 있는 성인에게 서비스를 제공하는 다른 주의 정신과 병원에서 일하는 미술치료사 엘리사 헤켄도르프(Ellissa Heckendorf)

[그림 8-14] 무제

켈리 리들

는 환자들과의 작업을 탐구하기 위해 반응 미술을 사용했다. 우리는 비디오 슈퍼비전을 하는 동안 온라인으로 그녀의 반응 미술을 살펴보았다. 그녀는 자신의 환자 중 한 명을 어떻게 보았는지 되돌아보기 위해 '텅 빈'([그림 8-15])을 그렸다.

이 환자는 여러 차례 창의력의 현저한 손실을 드러냈어요. 그녀는 반복적이고 구조화된 이미지를 그리고 그것들을 나눠 줌으로써 또래들과 소통할 수 있었습니다. 그녀가 그린 이미지는 항상 같았고 환자는 편안하게 느끼는 표면적 수준의 소통으로 이야기했어요. 이 환자가 소통하려고 애

[그림 8-15] 텅 빈
엘리사 헤켄도르프

쓰는 것을 보고, 환자의 입원진료기록을 읽음으로써 나는 공허한 느낌을 받았습니다. 이 이미지는 내가 말로 표현하는 데 어려움을 겪었던 감정을 묘사하는 데 도움을 주었고, 환자가 어떤 경험을 했을지 더 깊게 이해하게 해 주었어요.

(엘리사 헤켄도르프, 개인적 대화, 2015년 6월 27일)

엘리사가 슈퍼비전을 받기 전에 나에게 보낸 반응 미술 작품들은 그녀의 환자들과의 작업에 대한 우리의 논의의 출발점이 된다. 그것들은 그녀의 실무에 대한 우리의 공유된 의사소통과 이해를 추가하는 은유적인 진입점을 제공한다.

케이트 배링턴-워드(Cate Barrington-Ward)는 뉴질랜드에서 노인 요양 시설에서 일하는데, 그곳에서 그녀는 초보 슈퍼바이저다. 그녀는 우리의 예정된 비디오 슈퍼비전 직전에 나에게 '무제'([그림 8-16])를 이메일로 보냈다. 케이트는 처음으로 슈퍼비전에 도전하고 있었다. 그녀는 팀에 있는 두 여성을 위한 초보 슈퍼바이저일 뿐만 아니라 그 기관에 새로 온 사람이었다. 그녀의 그림은 응집력 있는 팀을 구성하려는 첫 번째 슈퍼바이저로서의 그녀의 딜레마를 이해하는 데 도움을 주었다. 우리가 비디오 통화 중에 상황을 탐색하면서 우리의 논의를 시작하고 방향을 잡았다.

그녀의 작품은 뉴질랜드에서 한 달 동안 열린 크리켓 월드컵 토너먼트의 맥락에서 이루어졌다. 이번 대회는 거주자 프로그램을 위한 한 주의 주제였다. 그녀가 속한 팀의 슈퍼바이저로서 케이트는 직원들에게 프로젝트에 열정적으로 참여하도록 노력하고, 현재 상황에 초점을 맞추어 거주자들의 방향을 잡는 데 도움을 주었다. 케이트의 노력은 슈퍼바이지들의 저항으로 좌절되었다. 그녀의 그림은 크리켓 경기에서 나온 투구장 울타리 뒤에 팔짱을 끼고 서서 얼굴을 찡그리고 있는 슈퍼바이지들을 표현했다. 두 여자 옆, 투구장 울타리 뒤에, 케이트는 "NO I IN TEAM(나는 팀에 없어)."이라고 썼다. 그녀는 그 기관의 거주자들을 머리 위로 우글거리는 나비들로 묘사했다.

케이트와 나는 슈퍼바이지들이 그들만의 팀을 만들기 위해 일하는 동안 그들에게 접근할 방법을 의논했다. 나는 그녀가 직원들의 강점과

[그림 8-16] **무제**

케이트 배링턴-워드

기술을 인정하면서 그들에 대한 그녀의 기대를 명확히 하고, 프로그램의 목표와 그들이 어떻게 거주자 서비스를 지원하는지를 검토하자고 제안했다. 우리는 그녀가 슈퍼비전한 사람들이 그 프로그램에 더 많이 참여하도록 도울 수 있는 방법과 프로젝트에 더 나은 열정과 참여를 도울 방법에 대해 이야기했다.

결론

대학원 슈퍼비전은 그들의 경력의 관문에서 초보 치료사를 지원한다. 그들의 초기 경험은 그들이 전문가 무대에 진출하면서 형성된다. 미술 기반 미술치료의 대학원 슈퍼비전에 사용되는 이미지는 작업에 대한 깊은 성찰에 도움이 되며, 문제 해결을 위한 수단과 치료 실습의 복잡성에 대한 통찰력을 제공한다.

초보 치료사는 종종 자신의 직업적인 정체성을 확립하기 위해 노력하면서 대학원에서 자신의 직업으로 전환하면서 복잡한 감정을 경험한다. 많은 사람이 자신의 임상 업무에 대한 지원을 구하는 것 외에도, 학생들이 전문가로 쉽게 전환하도록 슈퍼비전 하고, 자격증과 면허의 자격을 위한 대학원 과정을 문서로 만든다. 교사, 슈퍼바이저, 멘토로서, 나는 치료 공동체의 일부로서 효과적으로 일하려는 그들의 실습과 노력에 전문가들을 지원하기 위해 일한다. 나는 내가 슈퍼비전하는 사람들이 전문 협회나 회의에 참여하고 자신의 일과 글을 출판하도록 권장한다.

일단 치료사가 전문적인 자격을 얻게 되면, 많은 사람은 추가적인 지원에 접근하고 새로운 도전에 대해 협력하기 위해 그들의 슈퍼비전 관계를 유지한다. 치료사는 복잡한 내담자와 협력하고, 체계적인 문제를 탐구하고, 새로운 프로젝트를 개발하는 것에 대한 슈퍼비전을 계속 모색하고 있다. 그들은 종종 자신의 슈퍼바이저 역할을 맡거나 직업의 변화를 고려할 때 나에게 협조를 구한다.

우리는 대학원 수련과 대학원 작업에서 미술 기반 미술치료에 반응 미술을 사용하는 것에 대해 살펴보았다. 다음 장에서는 이러한 이미지 활용을 미술치료를 제공하는 사람들 이상으로 확대하여 관련 분야에서 일하는 사람들을 위한 미술 기반 미술치료 슈퍼비전의 사용을 보여 준다.

참고문헌

Kramer, E. (February, 1986). The art therapist's third hand: Reflections on art, art therapy, and society at large. *American Journal of Art Therapy, 24*(3), 71–86.

Chapter 09

학제 간 미술 기반 미술치료 슈퍼비전

이미지를 만들고 성찰하는 것은 미술치료를 넘어서 학업에 종사하는 사람들에게 성찰과 의사소통의 귀중한 기회를 제공한다. 이 방법은 치료적 통찰을 얻기 위해 노력하는 모든 분야의 사람들에게 유용하다. 상담사, 사회복지사, 심리학자 및 기타 임상가들은 더 깊은 의미로 내담자를 알기 위해 그들의 창의력에 의지해야 할 수도 있다. 또한 미술 기반 성찰(art-based reflection)은 광범위한 수련 없이 내담자와 함께 작업하는 보조치료사들에게도 유용할 수 있다.

치료 경험 과정에서 내가 매체 사용을 제안하고 지원할 때, 다른 전문가들은 통찰력이 깊어지고 의사소통을 명확하게 할 수 있는, 예기치 않은 자신의 자원을 발견한다. 이 장에서는 내가 의료 및 사회 서비스 전문가들을 위해 제공해 온 학제 간 미술 기반 미술치료 슈퍼비전과 상담의 일부를 설명한다. 나는 다양한 사람들과 함께 일했고, 문제를 명확히 하며 치료상의 우려를 전달하기 위한 이미지의 가치를 증명했다. 나는 첫 임상 경험을 하는 간호학과 학생, 간호학과 학생인 베테랑 간호사, 그리고 주거 보호 아동과 함께 일하는 다양한 정신건강 전문가들의 자문 및 수련 회기들의 작업 사례를 통해 다른 사람들의 반응 미술을 촉진하고, 해로움의 접촉(harm's touch)에 대한 나의 생각을 공유한다. 나는 이러한 현장에서 어떻게 이미지 제작을 구축하는지 제시할 것이다. 임상적 관심을 탐구하고 전달하는 데 도움이 되는 슈퍼바이저의 반응 미술 역할도 여기서 논의된다.

학생 간호사

반응 미술의 사용과 해로움의 접촉이 미치는 영향을 계속 연구하면서, 나는 일리노이 대학교의 간호대학에서 공부하는 간호사와 함께 작업할 기회가 있었다. 반응 미술의 사용은 그들의 첫 번째 임상 슈퍼비전 세미나의 일부였다.

다양한 환경에서 일하는 간호학과 학생은 상담사와 다른 치료사들처럼 개인적이고 전문적인 도전에 마주한다. 많은 간호학과 학생이 엄청난 업무량, 그들 책임의 심각성, 그리고 고통받는 사람들을 돌보는 것에 대한 감정적인 도전과제에 대한 불안과 압도된 압박감을 느낀다. 어떤 간호학과 학생들은 슈퍼바이저와 직장에서 다른 사람들에게 도움을 구하고 찾는다. 여전히 다른 사람들은 충분한 지지 없이 그들의 수련을 경험하며 간호학과 학생으로서 첫 만남에서 그들이 독립적으로 일할 것으로 기대받는다고 느낀다.

간호대학 교수 슈퍼바이저인 제럴딘 고먼(Geraldine Gorman)과 함께 나는 초빙교수로 그 학기 내내 격주로 열리는 간호사들의 임상 후 회의에 참석했다. 우리가 매주 만난 두 명의 간호학과 학생들은 현장실습에서 자신들의 작업을 보여 주었다. 나는 학기 초에 그들의 발표에 대한 나의 이미지를 제작하여 반응 미술을 만드는 과정을 소개했고 해로움의 접촉에 대한 개념을 탐구했다. 초기 수업 후에 우리는 매주 각자 집으로 가서 그것이 제시된 자료의 도전을 우리가 어떻게 이해했는지 보여 주기 위해 반응 미술을 만들었다. 나는 집단의 다른 사람들과 함께 내 이미지 작품을 다음 수업에서 공유했다.

나는 호스피스 프로그램에서 일하는 간호학과 학생이 자신의 아버지가 돌아가시는 과정에서 가족에게 편안함을 제공했다고 말한 것의 반응 미술 작품으로 '호스피스 돌봄'([그림 9-1])을 그렸다. 간호학과 학생은 자신의 경험과 관련된 나의 작품에 감동했다. 그는 가족과 함께 앉

[그림 9-1] **호스피스 돌봄**

바바라 피시

아, 그들이 기다리는 동안 그 공간을 지키고 있었을 때, 시간이 멈춘 것 같았다고 말했다. 나의 이미지를 통해, 이렇게 힘든 순간에 가족을 돌보는 간호사라는 존재가 얼마나 중요했는지를 되돌아보고 내 느낌을 공유했다.

나는 간호학과 학생의 작업에 대한 나의 이해를 보여 주기 위해 '실어증'([그림 9-2])을 그렸다. 이 작품은 연속적으로 보여지며 그 결과를 바

[그림 9-2] 실어증

바바라 피시

꾸는 동기가 되는 요소가 있는 이미지로 구성되어 있다. 그림의 첫 번째 구성은 의사소통 장애로 고군분투했던 한 여성의 머리맡에 서서 그에게 이야기하는 그녀의 능력에 영향을 미치는 간호학과 학생을 보여주었다. 환자는 커튼 뒤에 숨어서, 학생 간호사는 그녀를 잠시 힐끗만 볼 수 있다. 학생 간호사는 벽에 걸린 시계 옆에서 그가 해야 할 일들의 목록을 들고 서 있다. 나는 그가 발표하는 동안 설명했던 환자와 함께 빠르고 효율적으로 작업해야 한다는 압박감을 나타내기 위해 이 상징들을 그렸다. 다음 그림은 커튼을 올린 상태와 같은 그림을 표현하며, 환자와 학생 간의 자유로운 의사소통이 이루어지도록 그렸다.

나는 그림을 그리면서, 어떻게 그 학생이 자신의 작품을 집단에 제시했는지 생각해 보았다. 그는 학생 간호사로서의 수많은 책임감 때문에 시간에 쫓기는 느낌과 여성 환자가 자신에게 필요한 것을 이야기할 단어를 찾기까지 얼마나 오래 걸렸는지를 묘사했다. 나는 그녀가 의사소통을 하기 위해 애썼을 때 틀림없이 겪었을 좌절감에 대해 생각했다. 그 그림은 내가 커튼 뒤에 있는 환자의 것뿐만 아니라 학생의 고군분투에 대해 공감할 수 있도록 도와주었다. 그것은 또한 다른 수업의 학생들뿐만 아니라 그것을 경험한 학생들에게도 그 만남에 대한 나의 이해를 전달할 수 있도록 도와주었다.

'그 아래'([그림 9-3])는 다른 학생 간호사가 동료의 경험에 대한 그의 이해를 보여 주기 위해 만든 작품이다. 그림은 환자가 자신의 돌봄에 대해 의사소통하는 데 사용할 수 있는 문구를 나열한 '실어증 훈련'이라는 제목의 병원 워크시트로 구성되어 있다. 여기에는 "안경 찾는 것 좀 도와줄 수 있을까요?" "당신이 준 약 때문에 가려운 것 같아요." "내가 환자 변기를 사용하는 동안 문을 닫아 주세요." 등이 포함되어 있다. 실어증을 증명하기 위해, 학생 간호사는 모호한 진술을 연필로 가려서,

[그림 9-3] 그 아래

익명

의사소통을 방해하는 구문과 연결되지 않은 단어만 남겼다. 학생 간호사가 다른 사람의 경험을 되새기기 위해 집에서 만든 이 작품은, 이미지로 강력하게 소통하기 위해 미술적인 훈련을 받을 필요가 없다는 것을 증명한다.

학생 간호사들은 동료들을 위한 피드백으로, 우리가 만날 때마다 그들의 이미지를 가져와서 탁자 위에 펼쳐 놓았다([그림 9-4]). 그들의 작업 강도, 그리고 실질적인 담론과 문제 해결의 필요성 때문에, 그 이미지에 대한 우리 수업의 토론은 간략했다. 하지만 그 이미지는 계속 존재했고 그 학기 내내 지원되었다. 학생 간호사들의 반응 미술은 그들이 그들의 초기 간호 경험을 공유하면서, 서로의 문제에 대한 그들의 이해와 공감을 하는 데 도움을 주었다.

[그림 9-4] 학생 간호사의 반응 미술

익명

이미지 작업은 많은 학생 간호사에게 도전이었다. 그들 중 대부분은 어렸을 때부터 그림을 그리지 않았다. 미술 매체들은 그들에게 생경하게 느껴졌고 잘 표현하면서 작업하는 것이 어려웠다. 일부 학생들은 자기 비판적이었고 자신들이 완성한 작품에 대해 수줍어했다. 그럼에도 불구하고, 그들 중 많은 학생들은 바쁜 일정에도 그들의 작업을 반영하기 위해 수업 외에 시간을 사용하도록 요구받는 것을 감사히 여겼다고 보고했다. 그들은 또한 다른 사람들이 이미지를 통해 그들의 작품을 반영하는 것을 중요하게 여겼다고 말했다. 학기 말 비공식 설문 조사에서, 그들 중 몇 명이 그 과정에 대해 언급했다. 한 사람은 "동료들의 사려 깊음에 겸허한 기분이 들었어요. 그저 '유감이야'—시간이 지나면 말은 지루해진다—같은 형태가 아닌 것으로 공감을 보고 느낀다는 것이 너무 신선했어요."라고 말했다. 또 다른 사람은 "문제나 이슈가 해결되지 않더라도, 이것은 어떤 것에 스며들게 하고 감정 표현을 허락하게 하는 배출구였어요. 그것을 실현하기 위해 무언가를 만드는 것이 도움이 된 것 같아요."라고 설명했다.

베테랑 간호사 창의력 강화 프로젝트

나는 학제 간 미술 기반 미술치료 슈퍼비전을 제공할 다른 기회가 있었다. 그중 하나는 일리노이 대학교 정신건강의학과에서 일하고 있을 때 있었는데, 그곳에서 나는 베테랑 간호사의 창의력 강화 프로젝트를 개발하기 위해 한 대학의 간호학과와 장애연구 프로그램에 협업했다. 이 프로그램은 '교육 및 학습 우수성 위원회(Council for Excellence for Teaching and Learning: CETL)'의 보조금으로, 간호학과 학생들이었다가 베테랑 간호사가 되어 돌아온 이들을 지원했다. 이 집단은 매주 만나 시각 미술, 창의적 글쓰기, 공연을 하며 베테랑 간호사들에게 일반 학생 생활에 재적응하는 것에 대한 스트레스를 발산하는 수단을 제공했다.

나는 이 작업을 지원하기 위해 미술 기반 미술치료 슈퍼비전을 했다. 여기에 참여한 지도자들 중에는 간호대학의 임상 교수인 제럴딘 고먼, 이 대학의 장애연구 프로그램 교수로 활동했던 공연예술가인 캐리 산달(Carrie Sandahl), 간호대학 학생 간호사인 스테파니 이젤(Stephanie Ezell), 시카고 예술연구소(Art Institute of Chicago)의 미술치료학과 학생인 엘리사 헤켄도르프(Elissa Heckendorf)와 내가 있었다. 슈퍼비전에서 우리는 계획적이고 지속적인 반영 작업을 하는 동안 각자 선호하는 표현 양식을 선택했고, 시각적 이미지와 창의적 글쓰기를 통해 우리의 아이디어에 대한 논의를 심화시켰다.

베테랑 간호사들은 지역사회와 지원을 찾기 위해 집단에 왔다. 우리는 일관되고 예측 가능한 형식, 창의적 표현을 위한 비판단적인 토론의 장과 간식을 제공했다. 우리는 내가 4장에서 설명한 오픈 스튜디오 과정(Allen, 2005)을 이용하여 시간을 구조화했다. 모든 모임은 우리의 목적을 쓰는 것으로 시작되었다. 우리는 미술 제작, 창의적 글쓰기 그리고 공연 기회들을 제공하기 시작했고, 우리의 목격자 글쓰기를 쓰고 읽는 것으로 끝냈다. 각 참여자는 자신의 글쓰기를 집단과 공유할 것인지 아니면 비공개로 할 것인지를 선택했다.

우리는 우리의 창의적 작업을 의도적으로 표현하고 조력자 모임에서도 목격자를 규정했다. 시간의 제약으로 인해, 그 모임은 우리가 기대했던 것만큼 자주 열리지는 않았다. 조력자들은 베테랑 간호사들의 경험을 정확하게 함축할 수는 없지만, 참여자들과 함께 창의적인 작업에 참여하는 것은 베테랑 간호사들을 공감하는 데 도움이 되었다. 한 조력자는 다음과 같이 말하면서 자신의 체험 과정을 성찰했다. 그 경험은 "대단히 평등하며 공동체에 고무적이었어요." 또 다른 사람은 자신의 경험에 대한 미술작업에 더 많은 시간을 투자하기를 바란다고 했다. "반응 미술을 했을 때 우리에게 도움이 되었어요. 우리는 우리 자신의 피로도나 시간이 부족할 것을 걱정하지 못했어요."

나는 집에서 '베테랑들의 둥지'([그림 9-5])를 만들었고, 우리가 함께 만든 집단에 대한 나의 감정을 표현하기 위해 그것을 우리의 조력자 모임에 가져왔다. 나는 몇 번이고 되풀이하면서 내 목적을 쓰는 것으로 그 작품을 만들기 시작했다: 나는 공동체에서 창의성을 위한 공간을 보유하고 있다. 나는 그 보고서를 인쇄하고, 잘라내고, 풀칠하여 가느다란 조각에 붙였다. 다음으로, 나는 주 단체에 왔던 베테랑 간호사들을 나타내기 위해 알루미늄 포일을 꼬아 모델링하여 사람들을 만들었다. 나는 조심

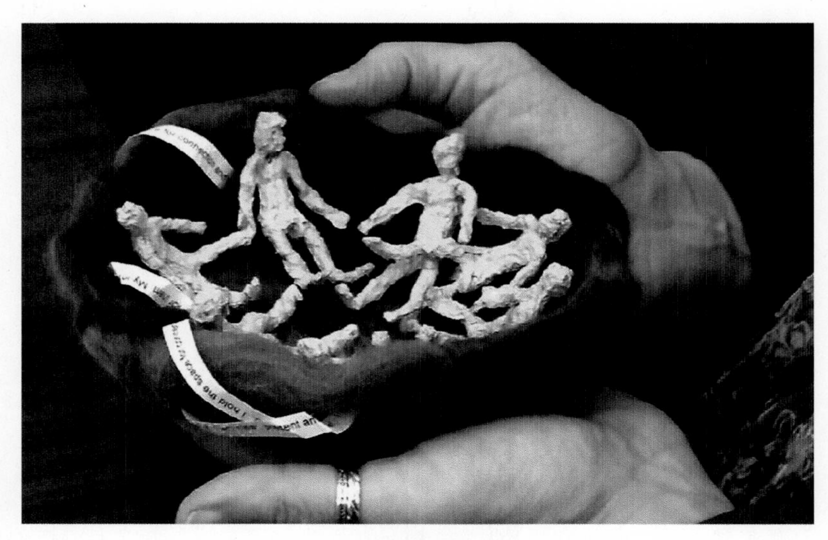

[그림 9-5] 베테랑들의 둥지
바바라 피시

스럽게 각각의 그림들을 마스킹 테이프 조각으로 덮었다. 나는 그것들을 그릴까 생각했지만 그렇게 하지 않기로 하고, 그들의 획일적인 형태를 유지하도록 했다. 나는 여러 가지 색깔의 부드러운 양털로 움직이는 형태의 둥지를 만들어, 나의 문자로 된 의도를 쓴 글을 전체에 엮어 넣었다. 펠트 바늘로 둥지를 안전하게 한 후, 나는 작은 베테랑 간호사들을 보금자리에 부드럽게 꿰매서, 조심스럽게 제자리에 고정했다.

나는 이 작품을 그 학기 말에 만들었는데, 우리가 함께한 작업이 어느 정도 진척되고 집단이 잘 자리를 잡은 후였다. 그것은 내가 나의 경험을 표현하는 데 도움이 되었다. 베테랑 간호사들이 학생 생활로 다시 돌아왔을 때 그들을 위한 안전 공동체를 만드는 동안, 우리는 학문적 협력과 지원을 위한 안전 공간도 만들었다. 나의 반응 미술은 우리가 베테랑 간호사들을 지원하기 위해 작업했던 것처럼, 우리가 성취한 것뿐만 아니라, 우리가 받은 것을 토론하도록 자극했다.

주거 보호 기관에서의 미술 기반 미술치료 슈퍼비전

나는 일리노이 대학교에서 일하는 동안 정신건강정책 프로그램을 구성하는 학제 간 팀의 일원이었다. 이 집단은 주(state)의 보호를 받는 아동들의 돌봄 질을 향상하기 위한 주거 치료 프로그램을 평가, 지시, 감독하는 임무를 맡았다. 그 집단의 일원으로서, 나는 아동복지 훈련 센터를 개발하고 구현하는 것을 도왔다. 이 프로젝트의 임무는 5일제 집중 프로그램을 진행하는 아동보호 사업가와 중간 간부, 심리학자, 사회복지사, 상담사, 표현 예술 치료사, 행정가 등 광범위한 전문가들을 가르치고 조언하는 것이었다.

나의 역할은 아동들과 그들 행동에 있을 수 있는 의미들이 직면하고 있는 문제의 본질을 깊이 이해시키기 위해서 이미지와 이야기 전개를 참여자들에게 제시하는 것이었다. 청소년들이 제작한 이미지를 보여주는 것뿐 아니라, 내가 그들과 함께 작업한 작품에 대한 반응 미술과, 참여자들이 그들의 작업에 대해 어떻게 느끼는지 소통하고 탐구할 수 있도록 돕기 위해 나는 이미지 제작 회기를 촉진했다. 다학제적인 집단은 미술작품 만들기와 토론을 통해 그들의 경험을 처리했다.

사회복지사, 치료사, 상담사, 심리학자, 시설 관리자들이 이미지 제작에 참여했다. 그러나 이 프로그램에 참여한 대다수의 사람들은 중간 간부들이었다. 많은 사람들이 수년 동안 공식적인 수련이나 슈퍼비전을 받지 않고 직접 치료 경험을 했다. 서비스의 변화와 외상 정보에 근거한 치료의 필요성이 증가함에 따라, 모든 분야의 직원들은 작업량을 관리하고, 안전을 유지하며, 거주자들과 효과적으로 기능하기 위해 애썼다. 이러한 이미지의 사용은 그들이 그들의 작업에 대한 감정을 표현하는 데 도움을 주었다.

내가 수련을 제공하는 과정은 똑같았다. 나는 종이, 연필, 마커, 파스텔 분필 그리고 오일 파스텔을 제공했고, 모두에게 그들이 작업할 때 어떻게 자기 자신을 보았는지에 대한 이미지를 제작해 달라고 부탁했다. 나는 지시사항을 설명했으며, 미술적 기술에 대한 기대는 없고 어떤 시도라도 성공적일 것이라고 했다. 나는 미술 작업에 대해 논의할 시간이 있을 것이고 이미지가 완성된 후 그 과정이 어떻게 느껴졌는지 말할 것이라고 했다. 나는 그들이 원하지 않으면, 작업에 대해 이야기하지 않아도 된다고 알려 주었다.

내 동료들과 나는 수련 중인 그들과 함께 이미지를 그렸다. 지시를 따르는 초기의 침묵 후에는 보통 긴장된 웃음소리가 났다. 그리고 수련 중인 사람들이 한 명씩 재료를 선택하고 그림을 그리기 시작했다. 작업하면서 일행은 조용해졌다. 참가자들이 주변을 돌며 이야기를 나누기 시작하여 나는 우리가 그림과 그 과정에 대해 논의할 준비가 되었다는 것을 알았다. 나는 모든 사람에게 우리가 그것들을 볼 수 있도록 벽에 테이프로 그들의 이미지 작품을 붙이라고 했다. 그런 다음 우리는 그들의 경험에 관해 이야기했다.

'오늘 나는 어떤 모자를 썼지?!'([그림 9-6])는 모든 "모자들", 또는 아동보호 담당자가 업무 과정에서 떠맡게 될 것으로 예상되는 역할과 책임을 제시한다. 여기에는 경찰관, 소방관, 예술가 그리고 광대가 포함된다. 다음 그림 '어떻게? 왜?'([그림 9-7])는 다른 직원이 그녀의 손을 다섯 방향으로 뻗고, 고객, 휴대전화, "해야 할 일" 목록, 심리학 책으로 재현되는 책임에 둘러싸인 그녀의 모습이 그려져 있다. 또 다른 사람은

[그림 9-6] 오늘 나는 어떤 모자를 썼지?!

익명

[그림 9-7] 어떻게? 왜?

익명

[그림 9-8] 무제

익명

제목이 없는 그림인 '무제'([그림 9-8])를 그렸다. 그것은 그의 거대한 머리에서 솟아 나오며 일하는 곳인 거주 요양 시설들과 함께, 몸이 없는 그의 얼굴을 보여 주었다. 그는 페이지의 네 귀퉁이에 자기 작업의 역할, 즉 "집행자', "문제 해결사", "보조자", "긍정적인 남성 영향력"을 썼다.

시설 관리자는 '무제'([그림 9-9])를 그려, 안에 있는 단어와 상징을 가리키는 화살표가 달린 커다란 상자를 들고 있는 자신을 막대기처럼 표현했다. 여기에는 "안전", "미래", "결과", "DCFS", 그리고 수련, 내담자, 직원, 돈, 시간, 기관 정책 책자를 나타내는 이미지뿐 아니라 거주자 특

[그림 9-9] 무제
익명

권 위원회도 포함된다. '무제'([그림 9-10])는 최근 내담자 중 한 명으로부터 공격을 받은 여성 치료사가 그렸다.

이미지에 대한 대부분의 논의는 함께 앉아 그림을 그리는 작은 테이블에서 참가자들 간에 이루어졌다. 수련 집단이 50명 이상으로 구성되어 있어 더 큰 집단으로서의 이미지에 대한 광범위한 논의는 불가능했다. 우리가 그 경험에 대해 함께 토론했을 때, 모든 사람은 참여자들의 작업에 대해 의견을 말하도록 요청받았다. 말수가 적은 사람들은 강요받지 않았지만, 많은 사람이 자신이 만든 이미지뿐만 아니라 그것들을 만드는 것에 대해 어떻게 느꼈는지에 대한 이야기도 했다. 토론 여부와

[그림 9-10] 무제

익명

관계없이, 그 이미지들은 강력했고, 참여자들은 그 과정에 대한 긍정적인 피드백을 했다.

이 경험은 참여자들이 직면했던 도전들을 표현할 수 있도록 돕는 것 외에도 수련 과정을 지원하는 강력한 팀 구축 요소가 되었다. 그들의 투쟁을 나타내는 이미지들을 묘사하면서, 그들은 고립감을 줄이며, 서로를 공감했다. 아동 장애의 본질, 치료를 위한 전략, 그리고 어떻게 팀이 서로를 이해하고 지원하는지를 다루면서, 수련하는 동안 계속된 생산적인 논의를 시작했다.

자문

아동복지센터 수련의 최종 구성요소는 정식 수련이 끝난 후에 이루어졌다. 우리는 참여자들을 다시 그들의 기관으로 데려갔고, 지속적인 자문과 슈퍼비전을 제공하며, 임상적 맥락 내에서 이를 성찰함으로써 학습을 공고히 하도록 했다. 몇 달 동안 우리는 직원들이 수련을 경험하는 동안 우리가 제시한 아이디어를 구현할 수 있도록 도왔다. 이 일을 하는 동안, 나는 주거 보호와 병원 보호 중인 청소년들과 함께 일하는 사람들이 맞닥뜨리는 현실적 도전에 직면했다. 반응 미술은 내가 본 것을 유지하기 위해 필수적인 도구가 되어, 내가 이러한 환경에서 청소년들과 함께 일하는 다른 사람들을 지지할 수 있도록 도와주었다.

때때로 나와 함께 일하는 사람들과의 강렬한 상호작용은 나를 숨 막히게 한다. 나는 무서웠고, 겁먹었고, 이 과정에서 일하는 동안 눈물을 흘렸다. 내가 이미지를 통해 이러한 상호작용을 생각했을 때, 그 미술 작업은 나 자신의 개인적 성장을 위한 것일 뿐만 아니라 치료에도 귀중한 정보를 가져왔다. 공격적이며 충동적이고 위험한 행동을 하는 청소년을 위한 기관의 자문위원으로 일할 때 나는 '격노'([그림 9-11], 판 19)를 그렸다. 내가 소녀들이 사는 쉼터로 들어가자, 젊은 여자가 나에게 달려와 자기 집에서 나가라고 하면서, 내 얼굴에 대고 외설적인 욕을 외쳐 댔다. 그녀의 행동은 시간이 지나도 변하지 않았다. 내가 무엇을 해도, 그녀는 내게 소리를 질렀다. 나는 대답을 하며 움츠러들었다. 우리 사이의 역동을 이해하려고 애쓰는 동안 나는 그녀의 적개심에 대한 두려움을 억누르기 위해 이 작품을 그렸다.

그 이미지는 뾰족한 이를 가지고 불타는 듯한 붉은 배경 속의 젊은 여성과 그녀의 입에서 날아오는 칼들을 나타내고 있다. 나는 그녀와 마주칠 때마다 겁을 먹었다. 내가 느낄 수 있는 것은 그녀에게서 나오는

[그림 9-11] (판 19) 격노

바바라 피시

분노뿐이었다. 내가 그녀의 슬픔을 이해하고 그녀의 눈에서 떨어지는 눈물을 볼 수 있도록 돕기 위해서 그림 그리기와 이미지 작업이 필요했다.

그 그림을 그린다고 해서 우리의 상호작용을 완화되거나 나를 위협할 수 있는 그녀의 능력이 약화되지는 않았다. 하지만 그것은 내 존재에 대한 그녀의 반응에 내가 어떤 영향을 미칠지를 깨닫는 데 도움이 되었다. 우리의 만남을 되돌아 보면서 나는 이 페이지에 있는 이미지에 초점을 맞추었다. 나는 내가 원하는 대로 오고 갈 수 있는 특권을 가진 백인 여성이다. 나는 그녀의 집으로 걸어가고 있었다. 왜 그녀는 내 존재가 도움이 되기를 바라기는커녕 안전하기만을 바랐을까?

그림을 보면서, 나는 소녀의 상황을 생각했다. 그녀는 오랜 학대와 방임, 비행의 과거사를 가지고 있어 주 정부의 보호를 받고 있었다. 그녀는 자신의 경험을 통해 먼저 공격하는 것이 자신을 보호하는 가장 안전한 방법이라는 것을 터득하게 되었다. 비록 나는 그녀의 경험을 충분히 알 수는 없었지만, 그녀에 대한 그림을 그림으로서 내가 처음 본 것 이상으로 그녀의 분노가 복잡했다는 것을 고려할 수 있는 공간을 마련하는 데 도움이 되었다. 나는 보다 치료적이고 인간적인 환경의 기관을 만들기 위해 노력하면서 그녀의 처지를 이해하고 그녀의 공간을 존중하기 위해 작업했다.

그 당시에, 나는 이 작품을 아동 보호 직원들과 함께 작업하기 위한 도구로 활용했다. 그것은 그녀와 함께 작업하려고 노력했던 직원들뿐만 아니라 그 소녀에 대한 나의 공감을 키우는 데 도움이 되었다. 나는 이 그림을 치료사들과 계속 공유하여 성찰 수련을 지원하고 공격성, 행동의 잠재적 의미, 그리고 그것에 대한 우리 자신의 반응을 관리하는 방법에 대한 이해를 증진하기 위해 슈퍼비전을 했다.

또한 나는 병원 프로그램의 자문위원으로 일했는데 그곳에서 아동 · 청소년 · 청년을 치료하는 다양한 분야의 직원들을 위한 수련과 슈퍼비전을 제공했다. 그 일의 일부로서 나는 환자 관리를 개선하기 위한 권고안을 제시하면서 병원 관리자들과 정기적으로 만났다.

병원에서 자문하는 동안, 나는 직원들이 자원과 지지, 슈퍼비전 부족의 어려움을 겪고 있다는 것을 알았다. 이것은 치료보다는 스트레스를 많이 주는 환자와의 상호작용으로 이어져 있었다. 직원들은 종종 환자의 행동을 외상에서 살아남기 위해 만들어진 고착화된 패턴 대신, 의도적인 것으로 이해했다. 이 장소에서 나는 나의 이미지를 사용하여 나의 일을 이끌고, 나의 우려에 대해 직원들과 소통하였다. 나는 병원에서 일어난 사건에 대한 반응으로 '조종 안 함'([그림 9-12], 판 20)을 그렸다.

[그림 9-12] (판 20) 조종 안 함

바바라 피시

이 그림은 내가 나의 이미지를 사용하여 해로움의 접촉이 미치는 영향을 관리할 뿐만 아니라 직원과 함께 어떻게 나의 작업을 명확히 하고 지원하는지를 보여 준다.

내가 병원에 있는 여자 청소년 병실로 걸어 들어갈 때, 나는 간호사와 다른 여러 정신건강의학과 직원들이 있는 조용한 방의 열린 문을 통과해 몇 걸음 떨어진 바닥에 앉아 환자에 대한 이야기를 하는 것을 우연히 들었다. 거리를 두고 들려오는 그들의 목소리는 긴장되고 답답한 상태였다. 그 소녀는 바닥에서 나사를 발견하고 그것을 허벅지에 자해로 생긴 피 묻은 상처 속으로 깊숙이 밀어 넣었다. 그녀는 새로 붕대 감는 것을 조용히 기다리는 동안, 자신의 상처를 응시하며 앉아 있었다. 이것은 그녀에게는 새로운 행동이 아니었다. 자해는 그녀의 치료계획에 기록되어 있는 문제였다. 그녀는 반복적으로 병원에 입원했고, 그녀의 행동은 항상 똑같았다.

직원과 간호사들은 환자의 계속되는 자기 파괴적인 행동에 대해 좌절하고 분노했다. 그녀를 더 세심하게 지켜보지 못한 것에 대해 직원 측의 묵시적인 태만이 있었다. 그들은 “자해” 치료에 필요한 추가적인 조사와 서류 작업에 지쳐 있었다. 그들의 좌절감은 그녀가 어떻게 “그녀에게 더 많은 관심을 기울이도록 우리를 조종하며 자해하는 것을 반복했는지”에 대해 이야기할 때 명백해졌다. 결국 그들은 그녀가 “관심을 추구”한다고 말했다. 나는 직원들에게 그녀에 관해 이야기하는 것을 환자들이 들을 수 있다는 것을 상기시키면서, 그녀의 정신질환 증상과 그녀가 입원하게 된 주된 이유로 그녀의 행동을 재구성하려고 애썼다. 직원들은 환자가 조종하려 한다고 주장하면서, 내 의견을 무시했다.

초보 치료사는 노련한 직원들의 냉담한 태도에 충격을 받거나 물러날 수 있다. 이러한 직원 중 일부는 소진됐을 수도 있지만, 그 태도들은 종종 정신질환에 대한 현실적 평가, 고착된 상습적 패턴, 그리고 환자와 이 제도 안에서 일하는 사람들 모두의 제한된 자원이다. 환자의 증상에 대한 행동적 징후에 대한 정확한 평가와 소진과 좌절감을 구별하는 것은 슈퍼비전에서 논의해야 하는 주제다.

내가 조용한 방에 있는 소녀의 옆에 앉았을 때, 내가 본 것은 직원들의 인식에서 기대했던 것과는 전혀 달랐다. 나는 패배하고 슬픈 멍한 시선의 아이를 보았다. 소녀를 돌보는 사람들의 대화 내용과 그녀에 대한 나의 시각 차이에서 나는 충격을 받았다.

내가 그 소녀 옆에 앉아서, 간호사가 벌어진 상처에 붕대를 대어 주기를 기다리고 있을 때, 나는 내가 해로움의 접촉을 경험하고 있다는 것을 알았다. 나는 직원들의 거친 접근과 환자의 필사적이고 가슴 아픈 상황 사이에서 불안감을 조성하는 불일치를 조정하려고 노력했다. 직원들의 좌절감은 이해했지만, 그들은 소녀의 정신질환, 그리고 무엇이 그녀가 자신에게 그런 폭력을 가하도록 했는지를 이해하지 못하는 것이 분명했다.

나는 며칠 동안 집에서 '조종 안 함'([그림 9-12], 판 20)을 그렸다. 그림은 조용한 방에 앉아 있는 환자가 눈물 대신 나사못을, 그녀의 눈에서 다리의 상처로 떨구는 모습으로 묘사되었다. 이 작업은 나에게 그 끔찍한 목격을 담을 수 있는 장소를 마련해 주었고 그 경험에서 가치와 효용을 찾을 수 있게 했다. 비록 그 환자가 가장 고통받았지만, 내 그림은 우리 모두가 화 났다는 것을 깨닫게 해 주었다. 직원들은 환자의 계속되는 행동으로 인해 자신들이 어떻게 그녀를 관찰했는지에 대한 조사가 늘어나고 추가 작업을 많이 하게 되었기 때문에 좌절했다. 나는 환자의 관리가 걱정되고 직원들이 나의 피드백을 받아들이는 것을 꺼리는 것 같아 좌절하고 화가 났다. 우리는 모두 무력감을 느꼈고 자신을 해치려는 그녀의 욕구로부터 환자를 보호해야 하는 도전에 직면했다.

나는 이 상황에서 그렇게 제한적인 영향을 미치는 것에 대한 무력감에서 나의 분노가 시작되었다는 것을 깨달았고, 직원들이 비슷한 반응을 보인다는 것을 알 수 있었다. 나는 그 상황에 대한 나의 반응을 누그러뜨리면서 그들 중 몇몇이 그들의 감정을 누그러뜨리는 것을 도울 수 있었다. 나는 소녀의 증상에 관한 의미와 그녀에게 어떻게 치료적으로 반응해야 하는지에 대한 논의를 진지하게 하면서 직원들에게 내 그림을 보여 주었다. 그것은 우리가 자해하는 사람들의 행동 기저에 있는 역동을 토론하는 데 도움이 되었다.

이 환자는 자신에게 공허함을 남겼던 학대를 견디고 있었다. 그녀는 살아남기 위해 자기 감정을 몇 번이고 차단하면서, 그것들을 감당하기 위해 자신을 해쳤다. 자해는 그녀의 감정적인 고통을 무감각하게 하고 해리적인 혼란에서 자신을 되찾기 위한 필사적인 시도였다. 그 소녀의 학대 내력은 혼란스러운 대인관계 갈등과 뒤엉킨 인생의 장을 만들었다. 많은 아동들은 부정적인 관심이 전혀 주의를 기울이지 않는 것보다 더 낫다는 것을 일찍 배운다. 이 그림은 소녀의 행동이 교활한 것이 아니라 그녀 내면의 고통을 나타내는 것일 수도 있다는 것을 직원들이 고려하는 데 도움이 되었다. 그것은 그녀와 함께 작업하는 그들의 접근을 유연하게 하는 데 도움이 되었다. 나는 그녀의 "조종"이 생존을 위한 한 방법이었고, 외부에 목적이 있는 것이 아니라 내적으로 지독하게 불행한 정신을 달래기 위한 것이었다고 설명했다.

결론

학제 간 미술 기반 미술치료 슈퍼비전은 신선한 눈으로 작업을 성찰할 기회를 제공한다. 창의력과 상상력의 사용은 임상 작업에 대한 새로운 관점을 제안한다. 다른 사람의 실습을 지도하는 슈퍼바이저들은 그들 자신의 이미지 그림이 치료에 대한 개념화 및 의사소통을 위한 귀중한 도구가 된다는 것을 알 수 있다. 실습을 성찰하기 위한 반응 미술의 사용을 지원하는 것은 임상적 성찰에 새로운 차원을 가져온다. 반응 미술은 탐구와 의사소통을 위한 도구다. 이것은 경험에 대한 이해를 심화시키고 그것을 공유하는 방법을 제시할 수 있다. 이 실습의 효용성은 참여자들이 미술에 기반한 성찰에 참여하려는 의지에 달려 있다.

미술적 훈련은 미술작품을 만들고 배우기 위한 필수조건은 아니다. 하지만 이러한 경험을 촉진하는 사람들은 성공적인 실습을 지원하기 위해서 그들이 제공하는 매체와 이미지 제작 과정에 익숙해져야 한다. 내가 이 장에서 제시한 많은 이미지는 정규적으로 창의성 수련을 받지 않은 사람들이 만들었다. 많은 사람은 그들의 미술적 능력에 대해 자신이 없었다. 그 이미지들과 자료들은 그들의 관심사를 탐구하는 기반을 제공했다. 간호학과 학생들은 교실 밖에서 그들의 경험에 대한 반응 미술을 만들었고 그들의 작업을 토론하기 위해 다시 가져왔다. 간호학과 학생이었던 숙련자들은 학업 스트레스를 관리하고 공감대를 형성하기 위해 이미지를 집단으로 만들었다. 반응 미술은 조력자들을 지원했고 우리가 해로움의 접촉을 관리하도록 도왔다. 사회복지 전문가들은 그들을 수련할 목적으로 워크숍 동안 이미지를 만들어, 주거 보호 분야에서 일하는 어려움을 토로했다. 나는 내 임상 과정을 지도하고 다른 사람들에게 학제 간 지원과 슈퍼비전을 제공하기 위해 내 이미지 작업을 사용하였다.

내가 미술 기반 미술치료 슈퍼비전을 맡아 했던 학제 간 작업에서 나는 장기적 관계를 맺을 기회가 없었다. 사회복지 분야에 종사하는 사람들과 함께 수련하는 동안, 나는 두 시간 미만 동안 약 50명의 사람과 함께 작업했다. 간호학과 학생들과 정신건강 전문가들이 수행한 작업의 측면을 탐구하기 위하여 이미지를 사용하도록 촉진함으로써 그들의 업무를 새로운 방식으로 볼 기회를 제공했다. 그들은 자신들의 작품을 통해 실습을 성찰하며 그것에 대한 감정을 서로에게 표현할 수 있었고, 그들의 우려가 공통적이었다는 것과 서로에게 지지가 된다는 것을 발견할 수 있었다.

참고문헌

Allen, P. B. (2005). *Art is a spiritual path*. Boston, MA: Shambhala.

Chapter 10

종결

훌륭한 종결보다 더 중요한 것은 없다. 이는 다른 중요한 관계에서와 마찬가지로 치료와 슈퍼비전에서도 마찬가지다(Wadeson, 1989; Wilson, Riley, & Wadeson, 1984). 종결은 우리가 다음 단계로 전환하는 것을 지지하면서 상호작용하는 것을 돕는다. 이 장에서는 미술 기반 미술치료 슈퍼비전에 대한 우리의 논의를 마치려 한다.

종결을 지지하기 위해 치료를 검토하는 것과 마찬가지로, 우리가 근무하던 곳을 검토하는 것도 도움이 될 것이다. 우리는 시간, 공간, 절차의 사용을 염두에 두고 미술 기반 실습의 공간을 창조하는 것에 관해 이야기했으며, 슈퍼비전에서 이미지를 활용하기 위한 전략을 탐색하였다. 우리는 슈퍼비전에서 힘의 사용을 살펴보고, 해로움의 접촉을 처리하고 이해하며 관리하는 방법을 고려했다. 우리는 대학원 실습 동안 초보 치료사와 슈퍼바이저들이 경험한 작업과, 초보 슈퍼바이저가 직면한 책임의 일부뿐만 아니라 전문성 개발의 초기 단계를 탐구했다.

우리는 실습에 대해 다른 사람들과 공유하며 조사하고 의사소통하기 위해 미술 기반 미술치료 슈퍼비전에서 다양한 반응 미술의 활용을 탐구했다. 우리는 창의적인 아이디어를 자극하고 실제로 반응 미술을 활용하도록 장려하기 위해 대학원 교육과 대학원 실습에 반영하는 데 사용되는 슈퍼비전 과제의 예를 살펴보았다. 우리는 치료를 제공하고 광범위한 사용을 옹호하는 다른 사람들을 위한 자원으로서 학제 간 미술 기반 미술치료 슈퍼비전에서 이미지를 사용하는 예를 논의했다. 이제 우리는 치료의 마지막 단계와 슈퍼비전에서 종결을 위한 이미지 사용으로 눈을 돌릴 것이다.

종결은 치료의 최종 단계에 대한 유감스러운 단어다. 우리가 치료 및 슈퍼비전의 관계를 끝내면 개인 경험에서 오는 특수한 감정은 내담자, 치료사 및 슈퍼바이저 모두에게 반향을 일으킨다. 치료, 슈퍼비전 및 대인관계는 의도적으로 종결에 초점을 맞추는 것이 도움이 된다. 미술 기반 미술치료 슈퍼비전에서 그려진 이미지는 치료 종결의 실습을 위한 경험적 예의 기능을 하면서 유사한 경험의 가치를 확인하는 작업 과정을 반영하는 수단이 된다.

그것이 단 한 번의 상호작용으로 끝나든, 몇 년 동안 지속한 치료 관계의 끝이든, 의식적인 관심은 경험에 대한 우리의 인식을 심화시킨다. 초보 치료사는 자신이 단기 치료에 참여하든지 아니면 장기 치료에 참여하든지 관계없이 중요한 종결 단계에서 지원 혜택을 받는다. 슈퍼비전에서 종결을 의식적으로 반영하는 것은 슈퍼바이지가 자신의 작업 단계의 중요성을 인식하는 데 도움이 될 수 있다.

종결은 종종 혼란을 일으키며, 과거 상실의 반복뿐만 아니라 현재의 관계로부터 무언의 감정과 해결되지 않은 이슈들을 남긴다. 때때로 우리는 사려 깊은 종결을 촉진할 기회가 있고, 때로는 그렇지 않다. 시간이 지남에 따라 치밀하게 치료의 종료를 계획하든, 아니면 갑작스럽게 하든 간에, 슈퍼바이지는 슈퍼비전의 종결에 대해 논의하며 도움받는다.

미술 기반 시선을 통해 종결을 보는 것은 초보 치료사가 생산적인 종결의 가치를 인식하는 데 도움 줄 수 있다. 치료 과정과 슈퍼비전 과정에서 생성된 이미지를 검토하면 슈퍼바이지들이 과거 작업에 대한 성찰의 중요성을 직접 배울 수 있다. 또한 슈퍼바이지가 자신의 내담자에게 작별인사를 할 수 있는 능력을 갖추지 않은 상태로 그들을 떠나도 그들 자신의 종결을 처리하고 받아들이는 데 도움을 줄 수 있다.

내담자가 치료를 떠나는 방법은 무궁무진하다. 여기에는 논의 없이 종료하거나, 마지막 약속을 취소하거나, 다른 기관으로 이전하는 것을 포함한다. 어떤 경우에는 내담자가 입원하거나 사망한다. 또한 치료 과정을 신중하게 계획하고 종결에 주의를 기울일 기회도 있다. 이 일에 의도적으로 초점을 맞추면 이전의 가치에 대한 우리의 인식을 심화하는 데 도움이 된다.

나는 몇 년간의 치료 후에, 자신의 소지품을 쓰레기봉투에 넣고, 새로운 집을 위해 주거 보호기관을 떠나는 청소년들을 본 것을 기억한다. 그들은 문밖으로 나가면서 직원들에게 재빨리 작별인사를 했다. 작별인사의 중요성과 의례를 종결시키는 데 가치가 있다는 것을 인식하면서, 나는 치료 종결을 돕기 위해 기관에서 실습을 개발하는 것을 도왔다. 이것 중 하나는 미술 기반 미술치료 종결 프로젝트였다. 아동이 가족과 재회하거나 위탁가정에 들어가기 위해 떠나기 한 달 전쯤부터 시작되었다. 청소년과 치료사는 기관 주변을 걸으며, 좋아하는 직원과 중요한 장소를 디지털 사진으로 찍었다. 내담자의 비밀유지에 관한 「미국 의료정보보호법」(Health Insurance Portability and Accountability, Act: HIPAA)을 염두에 두고, 그들은 다른 거주자들의 사진은 찍지 않았다. 그들은 걸어가면서 그 장소에서의 추억과 함께했던 일을 이야기했다. 치료사는 CD 안에 사진을 넣어 아동의 새집으로 가져갈 수 있게 했다.

중요한 관계에 관한 이 검토는 아동과 치료사 둘 다 그들의 치료 경험을 반영하고, 종결을 찾고, 종결을 향해 나아가는 것을 돕는다.

종결은 내담자와 슈퍼바이지에게 과거의 상실을 연상시킨다. 치료 종결에 수반되는 감정을 관리하는 것은 복잡할 수 있으나 슈퍼비전의 지원으로부터 혜택을 받을 수 있다. 슈퍼바이저와 슈퍼바이지의 이미지는 초보 치료사가 이 연구의 심오한 본질과 해로움의 접촉의 영향을 관리하기 위해 노력할 때 도움이 될 수 있다.

한 학생 슈퍼바이지는 입원 중인 호스피스 환자와 치료를 진행하면서 천사를 만들었다. '붙잡다'([그림 10-1])는 그녀가 슈퍼비전 수업에

[그림 10-1] 붙잡다

바바라 피시

서 자신의 작품을 제시한 후 그녀에게 피드백을 주기 위해 내가 제작한 이미지다. 나는 다음 주에 이 그림을 가져와서 그의 병으로부터 삶에서 멀어지는 동안 환자를 붙잡고 싶어 하는 그녀의 소망을 이해하는 데 그녀의 발표가 어떻게 도움이 되었는지 보여 주었다.

치료사 수련을 넘어 사용되는 반응 미술은 초보 전문가가 내담자와의 관계를 종결하는 것을 찾는 데 계속 도움이 될 수 있다. 대학원 슈퍼비전 중, 레베카 이스라일레비치(Rebecca Israilevich)는 의료 및 정신건강에 문제가 있는 환자를 위한 요양원에서의 일을 설명하면서 가방에서 작은 조립품을 꺼냈다. 그녀는 다발성 경화증 환자 이야기를 할 때 그녀의 작품은 우리의 중심에 있었다. 그 내담자는 침대에 누워 있어서 쉽게 말을 할 수도, 손을 쓸 수도 없었다. 레베카는 여성 환자의 머리맡에 앉아 구슬로 귀걸이를 만드는 것을 도왔다고 말했다. 레베카가 구슬을 철사에 꿰는 동안 여성 환자가 추가하고 싶은 구슬을 하나하나 보면서 구슬의 순서를 표시했다. 그들은 귀걸이가 완성될 때까지 이런 방법으로 함께 작업했다. 마침내 레베카는 귀걸이를 착용하고 거울로 그녀의 작업을 볼 수 있도록 도왔다. 레베카는 여성 환자에게 그 경험과 귀걸이를 착용한 경험을 어떻게 느꼈는지 물었다. 그녀는 레베카를 보았고 "희망을 주는(uplifting)"이라고 말했다.

다음에 레베카가 작업하러 갔을 때, 그녀가 소천했다는 것을 알게 되었다. 나중에 그녀는 함께 시간을 보내고 작별인사를 하기 위해 그녀의 반응 미술로 '희망을 주는'([그림 10-2])을 만들었다. 그녀는 이미지를 제작하여 슈퍼비전에 가져감으로써, 이야기를 나눌 수 있었고 그것을 목격할 수 있었다. 이것은 그녀가 이 내담자와 종결하는 데 도움이 되었다.

[그림 10-2] 희망을 주는
레베카 이스라일레비치

10~16세의 위탁 보호 아동 4명을 위해 가정 상담을 돕는 또 다른 초보 치료사는 그들과의 관계가 갑자기 종결되는 것을 반대했다. 그녀는 그들의 복잡한 상황을 이야기하면서 대학원 슈퍼비전 중에 '종결'([그림 10-3], 판 21)을 그렸다. 그 소년들은 뇌졸중으로부터 회복 중인 나이 많은 양어머니와 함께 살면서 사회적, 경제적으로 어려움에 시달리고 있었다. 종종 혼란스럽고 압도된 그녀는 소년들을 충분히 돌보고 그들의 복잡한 행동 문제를 다루는 데 어려움을 겪었다. "그녀는 그들을 사랑했지만, 돌볼 수 없었어요"(익명, 개인적 대화, 2015년 7월 24일). 몇몇 소년들이 입원한 후, 양어머니는 치료사와의 도움을 끝내기로 하고, 그들이 치료를 받았던 병원을 통해 보고되도록 선택했다. 이런 일은 갑작스럽게 일어났고, 치료사는 작별인사를 할 기회가 없었다.

[그림 10-3] (판 21) 종결

익명

왜냐하면 양어머니가 그들을 정말로 관리할 수 없었기 때문에, 치료사는 아마도 소년들이 그녀에게서 떨어져 다른 위탁가정에 들어가게 될 것으로 생각했다. 어느 쪽이든 그녀는 상황이 나빠질 것을 걱정했다. 현재 가정에서, 양어머니는 그들을 사랑했지만 혼란스럽고 무관심했다. 만약에 그들이 움직였다면, 치료사는 그들이 어디로 갈지 그리고 함께 지낼 수 있을지 궁금해했다.

> 그 그림은 그들을 놓아 주고 풀어 주는 나의 방식이었는데, 직접 그들을 만나지 않고 혼자 해야만 했어요. 그들은 내가 치료사로서 첫 기관에서 만난 첫 내담자들이었고, 첫 번째 치료였기 덕분에 특히 힘들었어요. 그들은 날아가 버릴 것이고, 거기서 나는 그것을 막기 위해 내가 할 수 있는 일이 아무것도 없었어요.
>
> (익명, 개인적 대화, 2015년 7월 24일)

치료사가 자신의 치료에 노력하고 도움을 줄 힘이 없는 상태로 남겨 둔 채 내담자들이 이동하는 경우가 종종 있다. 그녀는 내담자가 치료를 떠난 후 종결을 하기 위해 슈퍼비전에서 반응 미술을 사용할 수 있었다. 그 작업은 해결되지 않은 그녀의 문제에 대해 반영하고, 그들의 상황에 영향을 미칠 수 없다는 것을 인정하며, 그들을 놓아 주도록 했다.

나는 반응 미술을 사용하여 나의 슈퍼비전 경험의 깊이를 슈퍼바이지들과 공유한다. 내가 '슈퍼비전'([그림 10-4], 판 22)을 그렸을 때, 나는 시카고의 공립 초등학교에서 아동 미술치료 프로그램을 개발하면서 1년 동안 두 명의 초보 치료사들과 함께 일한 것을 되돌아보았다. 우리가 협력하면서 얻은 추진력 때문에 우리는 처음부터 프로그램을 개발하는 엄청난 과제에 참여하게 되었다. 이 작업에는 시카고 공립학교와의 계약, 프로그램 개발 및 도입을 위한 현장 교육 제공, 교사 및 학부모와의 상담, 재료 주문 및 유지 관리, 의뢰 요청, 학부모의 사전 동의 획득, 137명의 아동에 대한 집단 또는 개별 치료로부터 누가 혜택을 받을지 등 치료 우선순위를 평가하고 결정하는 것, 학년 동안 돌봄의 질을 감독하면서 부모 및 교사들과 의사소통하는 것 등이 포함되었다.

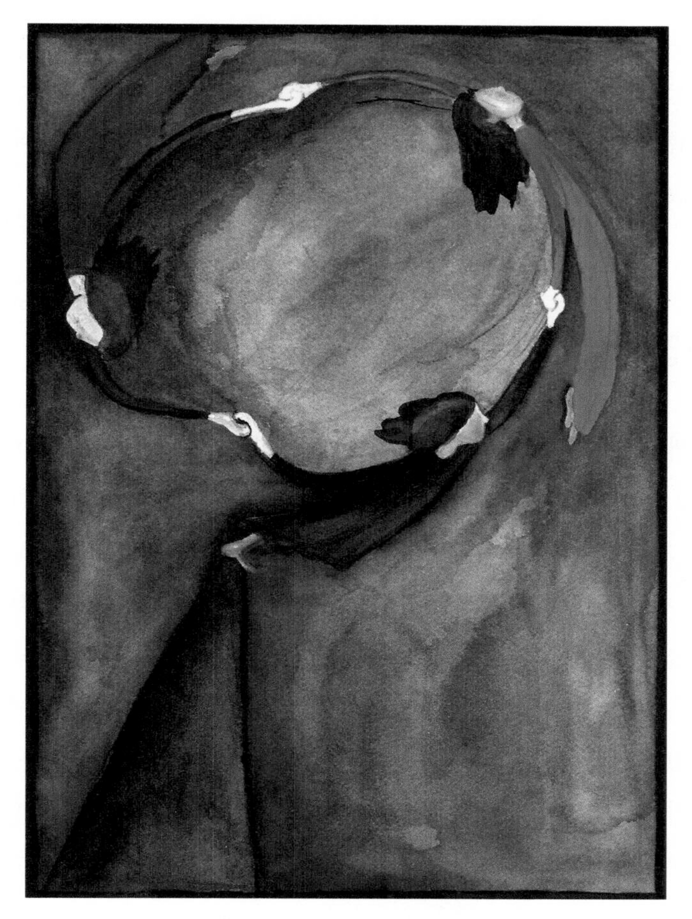

[그림 10-4] (판 22) 슈퍼비전

바바라 피시

작품을 그린 후, 나는 프로그램 종결에서 치료사에게 그것을 인쇄해 주면서 내가 그들과 일하는 것에 대해 어떻게 느꼈는지 표현했다. 이미지 안에서, 나는 새로운 모험의 절벽 위에 서서 그들을 지지하며 그들이 내게 돌아오는 에너지에 의해 균형을 잡았다. 이 초보 치료사들을 슈퍼비전하는 것은 나에게 영감을 주었고, 우리에게 무한한 창조적 자원과 그들이 가져다줄 잠재력을 상기시켜 주었다. 생산적인 슈퍼비전 관계는 성장과 학습에 관련된 모든 사람을 참여시키고 지원한다. 이 작품은 한 해가 끝나 함께 작업하고 마무리하며 앞으로 나아가는 데 도움이 되었다.

작업 검토

슈퍼비전에 있어 의사소통의 미묘한 차이와 계층적 차이를 뒷받침하는 것 외에, 우리가 만드는 이미지는 우리가 취급한 자료에 대한 실질적인 기록이다. 치료 종결 전에 내담자의 치료 과정을 재검토하는 것이 가치 있는 것처럼, 슈퍼비전의 경로에 반영하는 것이 중요하다. 반응 미술의 작품이 실제적인 대표작이다. 시간이 지남에 따라 슈퍼비전의 한 부분의 목적으로 만들어진 이미지를 검토하면 우리의 노력을 확인하고 우리의 유익함을 통합하여 새로운 통찰력을 얻을 수 있다.

이러한 슈퍼비전 검토 방법은 정신과 병원 프로그램에서 인턴으로 일하고 있는 학생 슈퍼바이지 준 돈들링어(June Dondlinger)의 성찰에서 볼 수 있다. 그녀는 병원에서의 실습에 대해 어떻게 생각하는지 표현하기 위해 인턴십 초기에 '곰'([그림 10-5])을 만들었다. 많은 학생 치료사들과 마찬가지로, 준은 인턴십을 시작했을 때 불안하고 걱정스러워했다. 그녀는 준비가 되어 있지 않은 감정으로 병원에 들어갔다. 병원 내 의료 모델에 열중하게 되면서, 그녀는 인턴십 밖의 자신의 삶의 신념이나 기술에 대한 준비가 되지 않은 느낌을 받았다. 그녀의 작품은 발바닥에 발톱과 이빨이 흩어져 있는 작은 나무 구조물에 서 있는 곰을 묘사했다. 준은 자기 작품의 의미를 다음과 같이 토론했다.

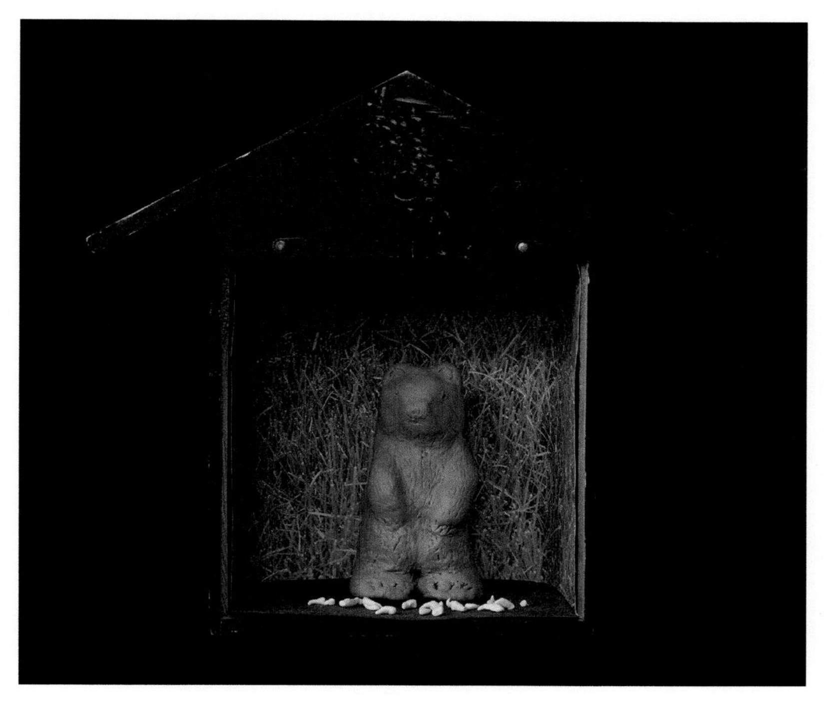

[그림 10-5] 곰
준 돈들링어

처음에 그 곰은 무능력함을 나타냈어요. 나는 새롭고 이상하고 이 제한적인 환경 속에서 이빨과 발톱의 혼란스러운 상실은 저항과 두려움에 관한 것이라고 느꼈어요. 나는 내가 생각하기에 가장 무서운 장소에 있는 어려움을 겪었어요. 그것이 정신 병원이었기 때문이 아니라, 내가 모든 사람이 나보다 우월하다고 인식한 곳에 있었기 때문입니다. 그 상황에 처한 것은 내게는 끔찍한 일이었지요. 그래서 만약 당신이 가장 두려워하고 있는 한 가지를 생각해 보면, 그리고 나에게 있어 사람들이 나 자신보다 더 똑똑하고 우월하다고 인식하는 사람들 주변에 있다면, 이제 막 배운 새롭고 복잡한 기술을 수행하는 것을 상상해 보세요. 이제 막 배운 것뿐

이니 그것은 여러분의 모든 관심과 절대적인 존재가 필요해요. 그것은 내게 불가능한 일로 보였으며, 지금까지 내 인생에서 가장 어려운 일이었어요. 어머니의 죽음을 간호하는 일은 잊어버려라. 세 아이를 갖는 것은 잊어버려라. 내 남편이 7개의 사업을 시작하도록 돕는 일은 잊어버려라. 과거, 현재 또는 미래, 어쩌면 그것보다 더 어려울 수도 있는데 내 인생에서 다른 어떤 것도 생각할 수 없었어요.

(준 돈들링어, 개인적 대화, 2015년 6월 10일)

그녀가 병원 일에 관여하고 성찰하면서 그녀는 곰에 대한 이해가 달라졌다.

그러다가 나중에 살펴보니 곰이 무능력한 것이 아니라 단순히 진화되어 있다는 것을 깨닫게 되었어요. 부드러워지면서, 반응적인 공격 수단을 잃었고, 다른 능력을 표면화하고 그것에 공평할 수 있게 되었어요. 이제 곰은 어려운 감정과 거리를 두는 원천이라기보다는 길잡이에 가까워요. 방어력에 대한 필요성을 없애면 다른 종류의 강점을 발휘할 수 있는 여지가 생겼어요. 공격도, 방어도 아닌, 이빨과 발톱이 필요 없는 내면의 진리죠.

(준 돈들링어, 개인적 대화, 2015년 6월 10일)

9개월간의 인턴십 중간에, 준은 자신의 전문성 개발 단계의 자신을 어떻게 보았는지를 보여 주는 성찰적 의미로 '날개 부러진 새'([그림10-6], 판 23)라는 작품을 만들었다. 이 이미지는 장식용 틴 케이스의 바닥에 채워진 라벤더 둥지에 앉아 있는 새를 나타낸다. 준은 그녀가 휴식을 취하고 오래된 상처를 치유할 수 있는 보금자리로서 슈퍼비전을 경험했다고 말했다. 그녀는 병원 체계, 계층 구조, 그리고 그 권력의 사용

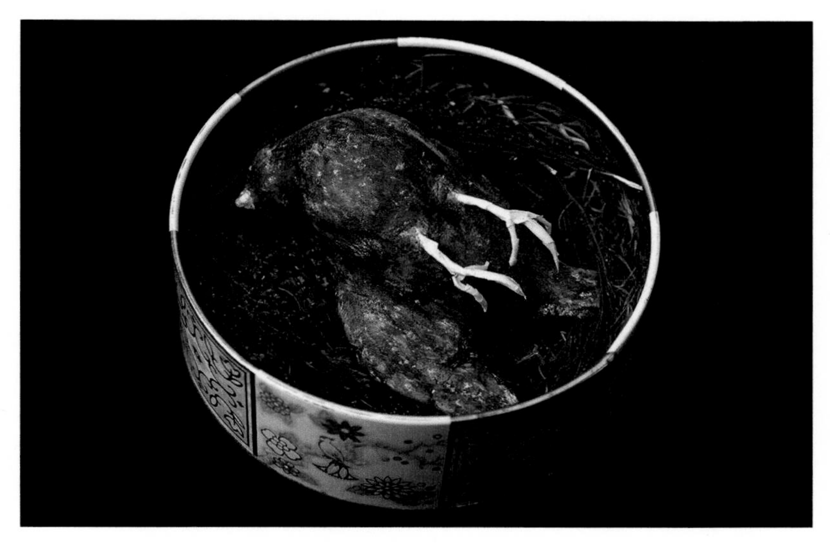

[그림 10-6] (판 23) 날개 부러진 새
준 돈들링어

을 탐색하는 동안 치료사로서의 자신의 능력을 성찰하기 위해 슈퍼비전 시간을 보냈다. 그녀는 병원의 중환자 분류와 임상 치료에 대한 접근법과 관련하여 환자에 대한 이해의 가치를 알아보기 위해 애썼다. 왜냐하면 그녀는 자기 자신에게 의지하는 데 익숙했기 때문에 그녀는 슈퍼비전에서 지원을 요청했다. '날개 부러진 새'는 그녀가 도움을 요청하는 것이 얼마나 어려웠는지 보여 주었다.

이것은 일종의 항복으로, 부러진 날개는, 투쟁하다 항복하고 도움받는 것이었어요. 그것은 나에게는 큰일이었어요. 나는 아직도 도움을 청하는 데 서툴러요. 먼저 날개가 부러졌다는 것을 인정하고 날 수 없다는 것을 인정하고, 당신이 처치하려고 하는 동안 누군가가 당신을 붙잡도록 허락합니다. 그곳은 매우 도전적인 곳입니다. 무력감을 느끼는 것에서 보는

> 것으로의 전환은 진화, 변화, 성장이 중추적인 역할을 했어요. 이것은 당신이 항복하지 않으면 아주 무서워서, 그 한계의 공간에 도달할 수 없으므로 내가 이 일에 항복할 수 있게 해 준 다른 힘이었습니다. 그것은 정말 무서워요. 만약 당신이 항복하지 않는다면 말이죠.
>
> (준 돈들링어, 개인적 대화, 2015년 6월 10일)

격렬한 치료 환경에서 일하는 것은 종종 개인적이고 전문적인 반응을 유발한다. 슈퍼비전은 치료사가 다른 치료 문제들로부터의 역전이를 해결하고 가장 적절한 지원의 형태로 그들을 안내하는 데 도움을 줄 수 있다. 그녀 자신의 치료법과 함께 사용되면서, 그녀는 자신의 과거와 현재의 경험과 그것들이 초보 치료사로서의 그녀의 실습에 어떤 영향을 미쳤는지를 되돌아볼 수 있었다. 이러한 인식은 그녀가 정신의학적 문제를 다루는 성인 환자를 위해 치료를 제공함에 따라 이해하고 더 효과적일 수 있도록 도와주었다.

인턴십이 끝날 무렵, 그녀는 자신이 꾸었던 꿈에서 '나무와 나무 사이의 공간'([그림 10-7])의 이미지를 제작했다. 그녀는 그것을 최종 반응 미술작품으로 슈퍼비전에 가져왔고, 반 학생들에게 자신의 꿈을 설명하면서 그것을 공유했다.

> [꿈속에서] 나는 중요한 협의회의 일원으로 부름을 받았으며 나무를 대신하여 발언하기로 되어 있었어요. 그 협의회의 다른 회원들은 모두 그들 자신의 특성에 대해 매우 잘 알고 있었고 매우 현명했어요. 내가 말할 차례가 되자 나는 이렇게 말했어요. "나는 나무 대표로 여기 있습니다." 그러자 나보다 나이가 많고 현명한 사람이 말을 가로막으며, "당신은 나무일 뿐만 아니라 나무 사이의 공간이기도 해요."

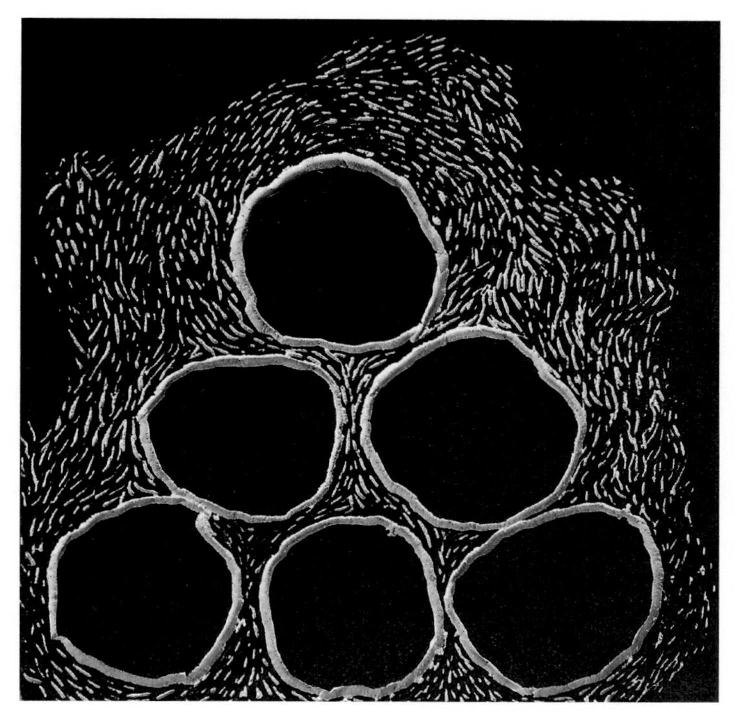

[그림 10-7] 나무와 나무 사이의 공간
준 돈들링어

[꿈속의 협의회는 나를 나무보다] 더 큰 것으로 보았어요. 나는 또한 나무 사이의 공간이었습니다. 그것은 협의회 차원에서 나를 받아들이고 또한 더 많은 것을 배우고 이야기할 수 있는 여지를 갖게 했어요. 그것은 나보다 나이가 많고 지혜로운 사람과 병원에 있었지만, 그보다 덜 무기력하고 다른 것을 느끼며 곰과는 다른 상황이었어요. 이 꿈은 다른 것보다 덜 느껴지는 것이 아니었습니다. 슈퍼비전을 통해 개인적인 일과 성장에 대한 반응으로서 나는 이렇게 말할 자신이 있었어요. "나는 나무를 아는 사람이다."

(준 돈들링어, 개인적 대화, 2015년 6월 10일)

이러한 것들을 그녀의 인턴십과 현장 슈퍼비전 수업 종결의 일부로서 반영함으로써 그녀가 떠맡은 개인적 · 직업적 어려움을 인정하는 데 엄청난 도움을 주었다. 그녀는 자신의 노력이 자신에게 얼마나 큰 영향을 끼쳤는지 보았다. 무력한 곰으로 시작해서 나무의 힘으로 끝내는 그녀는 자기 수용력을 발견하고 자신의 진정한 힘을 알게 되었다. 한계의 공간이라고 확인한 곳에 도착한 그녀는 완전히 새로운 방법을 정립하지 않은 채 예전에 알던 방법도 기꺼이 포기했다. 그녀는 이제 성장과 변화에 도전하며 새로운 상황으로 나아가는 데 필요한 불편함을 더욱 개방할 수 있었다. 슈퍼비전에 반영된 그녀의 이미지는, 치료사로서 작업의 한계점을 넘으면서, 그녀가 알지 못했던, 새롭게 발견된 자신과 자신의 내면에 접근하고 포용하는 데 도움이 되었다.

종결을 위한 여지 두기

내담자와 치료사 모두 자신의 작업을 끝내고 떠날 때마다 종결을 경험한다. 학생 치료사는 내담자가 치료를 끝내기 전에 종종 학업 일정에 따라 자신의 인턴십 임상지를 떠난다. 이런 종류의 종결은 치료사가 다른 자리로 옮기기 위해 직장을 그만둘 때도 발생한다. 이러한 모든 형태의 종결은 슈퍼비전에서 주의를 기울여야 한다.

우리가 3장에서 논의하였듯이, 의례는 중요한 것에 주의를 기울이도록 도움을 준다. 의례는 치료와 슈퍼비전의 종결 단계에 대한 우리의 공감대를 넓히고 심화하는 데 도움을 줄 수 있다. 치료 과정에 따라 단기간에 또는 정해진 시간 외에 내담자와의 종결 처리는 빠르게 발생할 수 있다. 의도적으로 종결에 초점을 맞추기 위한 시간을 허용하면, 내담자와 치료사는 중요한 문제를 치료 안으로 가져올 수 있는 여지를 가진다. 관련된 사람들은 관계를 끝내는 것이 달갑지 않을 수 있다. 그러나 시간이 지남에 따라 분노, 포기 및 상실감을 처리할 수 있어 해소 및 종결의 의미를 남길 수 있다.

주거 보호 시설에서 한 소년과 내가 함께 했던 의도적인 종결이 한 예다. 나는 그를 4년 동안 만났고, 그가 열 살이었을 때 나는 새로운 직장으로 옮겨 가기 위해 종결을 했다. 처음에 내가 다른 일을 하기 위해 이사한다는 말을 했을 때, 그는 별 반응을 보이지 않았다. 며칠 후, 그가 격렬한 폭발을 일으키는 동안 나는 그를 진정시키기 위해 그가 사는 작은 집으로 가야 했다. 나는 그가 직원들에게 물리적 구속을 받는 것을 발견했다. 그는 나를 쳐다보며 말했다. "당신이 떠나도 상관없어요. 내가 죽든 말든 상관없어." 그 후 몇 주 동안, 우리는 떠남을 다루었다. 처음에 그는 멀리 있었고, 그다음에는 화가 났고, 마침내 그는 슬퍼했다. 우리는 마지막 회기에 함께 호숫가를 걸으며 서로에게 작별인사를 했다.

우리는 슈퍼비전 수업 중에 치료사가 내담자와 현장 슈퍼바이저와 함께 치료의 종결을 다룰 수 있는 미술 기반 미술치료 방법을 탐구한다. 종결에 사용된 이미지는 과도기 대상(transitional objeet)의 역할을 하는 의미가 있을 뿐만 아니라 작업 과정을 회상하는 데 유용하다. 이 미술 작업은 정교한 협력 작품을 만들거나 단순히 카드를 만들거나 마지막 회기에서 만들어진 작품들을 교환하는 것을 포함할 수 있다. 이러한 종결에 사용된 이미지에 초점을 맞추면 경험에 관련된 모든 사람에게 좋은 작별인사가 될 가능성이 크다.

성 학대 생존 아동과 함께 병원에서 일하는 학생 치료사는 인턴이 끝나기 전에 각 아동을 위한 달력을 만들어 내담자를 떠날 준비를 했다. 그녀는 다채로운 종이로 나비를 만들어 달력에 붙이고 마지막 한 달 동안의 약속을 표시했다. 회기가 끝날 때마다, 그녀는 내담자에게 그날을 의미하는 나비를 주었다. 그달의 마지막 날, 작별인사를 할 시간이었을 때, 아동마다 나비를 한 움큼씩 가지고 있었고 달력은 텅 비어 있었다.

치료는 분명히 정의되어야 하는 경계를 가진 전문적인 관계다. 학생과 초보 치료사는 종종 자신이 떠나야 하는 내담자와 연락을 유지하기를 갈망한다. 이것은 세심한 주의가 필요한 슈퍼비전의 문제이다. 종결은 역전이나 다른 문제들로 가득 찬 시간이다. 초보 치료사가 이 결정의 결과를 고려하는 것은 중요하다. 내담자의 최선의 이익을 위해 연락을 유지하고 있는가? 기관의 정책은 무엇인가? 치료사에게 계속 연락하는 것이 가능한가?

치료가 끝날 때 내담자와 접촉을 끝내면 내담자는 치료 관계로부터 배운 것을 사용하여 치료 이상으로 적용할 수 있다. 같은 방법으로, 관계를 종료하는 것은 치료사가 다음 내담자에게 전적으로 헌신할 수 있게 된다. 초보 치료사가 치료 종결의 가치를 이해하도록 돕는 것은 슈퍼비전해야 하는 중요한 부분이다.

스페인어를 사용하는 한 슈퍼바이지가 그녀의 첫 인턴십을 떠나면서 내담자 중 한 명에게 자원봉사자로 계속 일하고 싶어 했다. 그녀는 스페인어를 하는 내담자와 좋은 관계를 맺고 있었다. 슈퍼바이지가 떠나면 그는 스페인어 서비스를 이용할 수 없을 것이다. 그녀는 인턴십이 끝나기 전에 기관으로부터 내담자를 만날 수 있는 허가를 받아 내 조언을 구했다.

나는 그녀에게 다음 인턴십 약속이 수반될 시간을 고려해 볼 것을 요청했다. 나는 그녀에게 다음 현장에서 만날 새로운 내담자들과 다가오는 학업 의무에 대해 생각해 보라고 격려했다. 나는 그녀에게 일주일에 한 시간 동안 내담자를 보기 위해 기관에 오는 데 걸리는 시간을 상기시켰다. 나는 그녀에게 기관에 있는 다른 내담자들이 이 한 명의 내담자에게만 일하는 것을 보면서 어떻게 느낄지 생각해 보라고 했다. 그녀가 시간을 내서 그들 모두에게 말을 걸었을까? 나는 그녀가 수련에서 이 점을 종결을 위한 자연스러운 시간으로 삼도록 격려했다. 나중에라도 내담자를 그만 만나야 한다면 그것은 그녀의 개인적인 이유 때문이지 학업 일정 때문은 아니라는 것을 상기시켰다. 그 상황은 두 사람 모두 처리하기가 더 어려울 것이다. 슈퍼바이지는 인턴십을 넘어서 내담자를 보지 않기로 결심했고, 그와 함께 그녀의 현장에 있는 다른 내담자들도 종결했다.

우리는 슈퍼비전의 종결에 주의를 기울임으로써 그것을 의식적인 초점으로 가져오고 그 의미를 인식하게 된다. 비록 학생은 수업과 학교 밖에서 다른 조합으로 재구성되는 지속적인 관계를 맺지만, 슈퍼비전에서 일어나는 모임에 대한 구체적인 집단화와 의도는 결코 같을 수 없을 것이다. 대학원 슈퍼비전을 끝낸 사람들이 그 관계를 끝낼 수도 있지만, 직업적인 동료나 친구로 넘어갈 수도 있다. 그러한 변화 이후, 나는 종종 슈퍼바이저로 남아 상담을 위해 치료사들과 정기적으로 만난다. 그런데도 그들이 슈퍼비전과 그에 수반되는 책임과 기대를 넘어서면서 관계는 변화한다.

경험적 방법의 사용은 슈퍼비전에서 종결을 지원함으로써 치료에서 종결에 따르는 과정을 제공한다. 슈퍼비전 과정에 점검을 제공하는 것 외에도, 이 단계를 기념하기 위해 만들어진 이미지는 종결 시점에 이르면서 작업의 가치를 인정하도록 돕는다. 치료사가 내담자와 함께 하는 일의 단계를 계획하고 성찰하는 것은 슈퍼바이지가 내담자와 함께하는 미술 기반 미술치료 종결에 대해 정보를 줄 수 있는 경험적인 학습을 제공한다.

이미지 제작은 나의 현장 슈퍼비전 수업에서 종결 의례의 핵심이다. 서로에게 우리는 마지막 작별인사를 하기 위해 수업시간 외에 이미지를 제작하여 우리의 마지막 만남을 준비한다. 우리가 이 작품들을 만들 때, 우리는 슈퍼비전에서 함께 경험했던 것들을 성찰한다. 마지막 수업이 끝나면 우리는 차례대로 이미지를 서로에게 보여 주면서 그 의미를 설명한다. 미술 기반 미술치료 의례는 내담자와의 작업을 검토하고, 우리의 관계를 인정하며, 함께 시간을 마무리하고, 작별인사를 하는 것을 돕는다.

엘리사 헤켄도르프는 밀랍으로 '슈퍼비전 둥지'([그림 10-8], 판 24)를 만들어서 그녀의 현장 슈퍼비전 수업에서 작별인사를 전했다. 그녀는

[그림 10-8] 슈퍼비전 둥지

엘리사 헤켄도르프

둥지에 학생들과 나를 대표하는 다양한 색깔의 일곱 마리의 밀랍 새를 앉혔다. 우리가 함께 마지막 집단을 끝낼 때, 엘리사는 각각의 슈퍼바이지에게 새를 주고 마지막 새가 남아 있는 둥지를 나에게 선물했다.

켈리 리들은 각 수업 동료들을 상징하기 위해 작은 사각형으로 구성한 '종결 퀼트'([그림 10-9])를 만들었다. 그녀는 마지막 회기가 끝날 때 그것들을 한 명 한 명에게 나누어 주었다.

[그림 10-9] 종결 퀼트

켈리 리들

종결은 슈퍼바이저가 슈퍼비전에서의 작업을 검토하기 위해 자신의 이미지로 눈을 돌리는 유용한 시간이다. 슈퍼바이저의 통찰력과 종결에 대한 가치를 넘어 미술 기반 미술치료 작품의 경험적 사례로 작용한다. 슈퍼비전 수업이 끝날 때 나는 7장에서 논의했던 반응 미술 과제를 고찰했다. 그 과제를 위해 학생들과 나는 각 학생의 사례 발표 후에 수업 밖에서 반응 미술을 만들어 그들에게 피드백을 주었다. 이 작품은 내가 학생들의 실습을 이해하고 그들과 함께하는 내 작업을 알리는 것을 도와준다. 그다음 수업을 시작할 때, 각 학생의 사례 발표를 통해 나타나는 치료의 문제와 미묘한 대인관계를 탐색하기 위해 작품을 보고 토론한다.

나는 과제를 위해 제작한 이미지에 일관된 형식을 사용한다. 나는 초반에 치료에서 표현의 창으로써 이미지를 보며 작업의 리듬을 반영하고 접근하기 위해 나의 이미지를 개발했다. 시간이 흐름에 따라 나는 이러한 모듈식 작품들을 슈퍼비전 과정을 성찰할 기회로 보았다. 학기말에 나는 나의 종결 일부로서 그 작품들을 돌아본다. 다음 예는 내가 이 이미지들로 어떻게 작업했는지, 더 나아가 그들과 교감하며 종결을 위한 수정된 의도를 가지고 작업했는지를 보여 준다.

학기 내내 진행된 학생들의 발표에 대한 반응으로 나는 6가지 이미지를 그렸다. '현장 반응 미술 합성물'([그림 10-10], 판 25)을 결합한 이미지는 우리가 함께한 슈퍼비전 작업을 시각적으로 표현한 것이다. 나는 학생과의 작업, 그들의 내담자와의 실습, 탐색한 장애물, 그리고 학기 내내 그들이 이루어냈던 변화들을 떠올렸다. 그림들을 하나의 작품으로 만들면서, 나는 각 학생과 슈퍼비전 집단 전체의 경험에 대해 생각했다.

나는 이 복합적인 반응 미술작품 조각과, 슈퍼바이저로서 자기성찰

[그림 10-10] (판 25) **현장 반응 미술 합성물**

바바라 피시

을 하는 연습의 일부와 같은 형식을 만들었다. 그것들은 학생들의 임상 작업과 슈퍼비전의 관계에 대한 통찰력을 얻게 한다. 이 작품들은 우리가 슈퍼비전에서 공유했던 경험을 담는 창문으로, 학생 슈퍼바이지들과 함께 나의 수년간의 일을 기록한 것이다.

우리는 미술 기반 미술치료의 의례로 함께 작업을 성찰하고 확인하며 슈퍼비전을 마친다. 이 과정을 위해 우리는 집단의 다른 구성원들을 위한 이미지를 제작하여 그것들을 서로에게 나눈다. 이러한 의례의 목적으로, 나는 각 슈퍼바이지에게 피드백에 대한 나의 시각적 기록을 인쇄해 현장작업 자료로 제시한다. 이것은 내가 슈퍼비전에서의 그들의 경험을 어떻게 목격했는지에 대한 확실한 기록을 제공한다. 미술 기반 미술치료의 성찰은 초보 치료사가 치료에서 종결의 한 부분으로 사용되는 이미지의 가치를 평가하는 데 도움을 준다.

슈퍼바이저로서 나는 슈퍼비전 과정을 성찰하기 위해 나의 반응 미술을 사용한다. 2학기 현장 슈퍼비전 수업이 끝날 때에 맞춰서 나는 처음 시작할 때 그린 그림을 돌아보았다. '슈퍼비전 시작'([그림 10-11], 판 26)은 집단이 어떻게 시작되었는지 기억하는 데 도움이 되었다. 학생과 내가 서로 처음 만난 첫 수업 후에 나는 이 작품을 만들었다. 나는 그들에 대해 알게 되는 것이 매우 기뻤고, 생산적인 작업에 대한 도전을 기대했다. 내가 그 이미지를 그렸을 때, 내 경험의 가장자리에 자리 잡은 우리 여정의 시작에 대해 생각했던 것을 기억한다. 나는 초보 슈퍼바이지들이 그들의 경험을 성찰하기 위해 이미지 작업으로 전환하는 길을 이끌어 가기를 희망했다. 다음 그림을 보면, 새들은 활기차고, 나선형으로 앉아 있다. 이 시점에서 보면, 나는 슈퍼비전 과정을 지원하기 위해

[그림 10-11] (판 26) 슈퍼비전 시작

바바라 피시

대인관계의 안전을 확립하라는 근본적인 가치를 인식하고 있다.

비록 나는 집단의 시작에 대해 어떻게 느끼는지 탐색하기 위해 이 작품을 만들었지만, 나는 그 당시 작품을 집단과 공유하지 않았다. 나는 몇 주 후에 그 작품의 의미를 인식하고 나서야 그것을 슈퍼비전 수업에 가져갔다. 그다음, 슈퍼바이지들에게 내가 우리의 과정을 성찰하기 위해 어떻게 반응 미술을 사용했는지 보여 주었다. 그리고 이 그림은 아직 관계가 형성되지 않았을 때 함께 연구하려는 의도에 사로잡혔던 시작의 순간을 생각하는 데 도움을 주었다.

결론

슈퍼비전 중에 개발된 반응 미술의 사용에 대한 깊은 이해는 치료사의 경력 전반에 걸쳐 도움을 준다. 반응 미술에 대한 초기 경험들은 그들이 치료사로서 어려움을 겪을 때 슈퍼비전에서 그것의 사용을 촉진하고 제공하여 치료를 지원한다. 미술 기반 미술치료 슈퍼비전에서 종결하는 데 사용되는 이미지는 공유된 여정을 포착하거나 목격된 경험을 보여 줄 수 있다. 이미지는 빠르게 만들어진 단순한 물체이거나, 돌 위에 개인적 지지가 있는 그림이나, 시간이 지남에 따라 설계 및 제작된 것보다 정교한 작품들일 수 있으며, 가능성은 무궁무진하다.

나는 다른 사람들을 지원하면서, 나 자신의 작업에 대해 더 많이 배운다. 나는 슈퍼바이저들이 통찰력을 함양하고, 의사소통을 지원하며, 미술 기반 미술치료 슈퍼비전 관계에 창의성을 불러일으키는 영향을 주기 위한 중요한 자원으로서 이미지 제작을 슈퍼비전에 포함시키도록 권유한다. 그것은 그들이 그들의 작업 과제에 직면할 때 슈퍼바이저와 슈퍼바이지를 지원한다. 이러한 것들은 초보 치료사의 불확실성, 해로움의 접촉으로 인한 풍화작용과 논쟁, 그리고 의미 있는 종결을 촉진하는 작업을 비롯해 다양하다.

졸업은 축하받을 시간이다. 그것은 종종 씁쓸한 반응을 가져오는 순간이기도 하다. 마지막 슈퍼비전 학기가 끝날 때, 학생 치료사들이 졸업하기 전에, 나는 학생 치료사에서 초보 치료사로의 전환을 기념하기 위해 그들 각자를 위한 작품을 만든다. 각각의 작품을 만들면서, 나는 각 슈퍼바이지에 대해 생각하고, 각자의 도전을 기억하고, 다가올 작업으로 순조롭게 전환하기를 희망한다.

나는 종종 나를 위한 상징의 목적으로 열쇠 부적을 만든다([그림 10-12]). 내가 주립병원에서 일할 때 썼던 해골 열쇠를 기억한다. 많은 생각과 감정이 자유로워지는 미술실 문틈 사이로 자물쇠를 돌릴 때 나던 상당한 소리를 아직도 느낄 수 있다. 이 열쇠는 초보 치료사가 자기 자신의 창조적인 자원을 발견하기를 바라는 희망을 품는 부적이다. 학생들이 수련 중 문을 닫을 때, 그들은 그들의 전문적인 삶과 직업에 대한 또 다른 기회를 열 수 있다. 나는 그들이 취업 면접을 보러 가거나 기관과 일하거나 전문적인 발표를 할 때 열쇠를 착용하거나 주머니에 넣는 것을 상상한다.

내가 이 책을 쓰기 시작했을 때, 나는 미술 기반 미술치료 슈퍼비전에 대한 나의 경험을 공유하고자 했다. 본문을 다시 살펴보면, 나는 내가 다른 사람들의 이미지와 이야기를 위한 공간을 확보하면서 얼마나 많은 것을 배웠는지에 대해 매우 놀랐다. 나는 매번 슈퍼비전을 도전할 때마다 우리 자신이 아닌 치료 상황을 이해하고 대처하는 것을 돕는다. 슈퍼비전은 직업적 · 개인적 성장을 위한 끝없는 기회를 제공할 뿐만 아니라 우리의 임상적 · 지각적 기술을 연마할 의무와 주의를 기울이고

[그림 10-12] 종결 부적

바바라 피시

공감할 수 있는 능력을 갖추어야 할 기회를 부여한다. 미술 기반 미술치료 슈퍼비전에 사용되는 반응 미술은 슈퍼바이저와 슈퍼바이지 모두에게 우리의 실무를 심화시키고, 서로 치료를 탐구하고 의사소통하며, 작품의 영향을 다루는 깊이 있는 방법을 제공한다. 나는 당신이 미술 기반 미술치료 슈퍼비전을 자신의 슈퍼바이저와의 관계에서 창의적 자원을 열어 주는 열쇠로 삼아 건강한 실습을 알리고 지원할 새로운 가능성을 열어 주길 바란다.

참고문헌

Wadeson, H. (1989). The art therapy termination process group. In H. Wadeson, J. Durkin, & D. Perch (Eds.), *Advances in art therapy* (pp. 433–451). New York, NY: John Wiley.

Wilson, L., Riley, S., & Wadeson, H. (1984). Art therapy supervision. *Art Therapy: Journal of the American Art Therapy Association, 1*(3), 100–105.

용어 정리

다음의 단어와 구절은 미술 기반 미술치료 슈퍼비전과 미술치료에 사용된다.

경고 의무(duty to Warn) 주(state) 법은 정신건강 전문가들이 폭력적으로 변할 수 있는 내담자에 대한 비밀정보를 공개하도록 의무화하고 있으며, 여기에는 제3자에게 그들의 안전에 대한 긴급한 위협이 있음을 경고하는 것을 포함. 이 법은 전문가가 "옳다고 믿는" 행동을 할 경우, 비밀을 유지하지 못한 것에 대해서 민형사상의 책임으로부터 보호를 해 주는 것

공간(space) 중요한 대인관계의 교류가 이루어지는 물리적 · 정신적 환경. 그것은 영향을 미치는 요소 중 보이는 것과 보이지 않는 것 모두를 지칭함.

공명하기(resonate) 공감을 불러일으키게 하는 것

과정(process) 이미지 제작을 위해 소요된 시간

내러티브 연구(Narrative Inquiry) 문어 또는 구어 이야기로 연구가 진행되

는 포스트 모던, 질적 연구 방법론

내러티브 치료(Narrative Therapy) 성별, 권력, 특권의 문제를 다루면서 여성주의 치료 철학에서 도출된 포스트모던 치료 모델. 이 방법은 주류 문화에 의해 소외되었다는 것을 밝히는 이야기를 가진 내담자들에게 힘을 실어 주기 위해 노력함.

단어 이미지(word image) 시나 산문에서 묘사된 단어를 이미지로 도출한 것

매체(media) 이미지를 제작하는 데 사용되는 모든 것. 전통적 및 비전통적 미술 자료로 구성됨.

목격(witnessing) 침묵, 이미지에 관심을 갖고 초점을 맞추는 것, 쓰인 것을 큰 소리로 읽는 것, 구두 담화 또는 퍼포먼스

목격자 글쓰기(witness writing) 이미지에 대한 상상적 참여를 포함하는 글쓰기 과정으로, 글을 쓰는 의도에 따라 무언의 목격자로서 다른 사람에게 글로 옮긴 것을 읽어 주는 것

미술(art) 심미적 세련미, 기술적 전문성 또는 그 관계 이외의 다른 사람들과 의사소통하는 능력과 무관하게 치료 및 미술 기반 미술치료 슈퍼비전의 맥락에서 만들어진 이미지

미술 기반 미술치료 슈퍼비전(art-based supervision) 수련 문제와 전문적 관심사를 탐구하기 위해 반응 미술을 기본 방식으로 사용하는 미술치료 슈퍼비전

미술치료사/치료사(art therapist/therapist) 미술치료사와 치료사는 상호 교환적으로 사용되는 용어. 미술치료사는 석사학위가 준비된 임상가를 말함. 미술치료 자격증명위원회의 등록 및 인증과 전문 규제 기관의 면허를 위해서는 슈퍼비전이 필요함. 미술치료사의 작업은 주로 전통적인 언어치료사의 작업과 유사함. 미술치료사는 광범위한 정신건강 영역에서 1차 치료사 및 사례 관리자로서 역할을 할 수 있음.

반응 글쓰기(response writing) 치료사가 자신의 작품을 포함하여 탐구하고 의사소통하기 위해 쓴 창의적인 글쓰기

반응 미술(response art) 치료사들이 그들의 작업을 담고, 탐구하고, 소통하기 위해 만든 미술

베테랑 재향군인 또는 퇴역 군인을 뜻하며, 직업 군인으로서 복무를 마치고 일반 사회로 복귀한 사람.

상상적 대화(imaginal dialogue) 더 깊은 통찰력을 얻는 방법으로 이미지와 직접 대화하는 이미지 참여 방법

슈퍼바이지(supervisee) 대학원에서 슈퍼비전에 참여하고 있는 치료사

역전이(countertransference) 치료사의 이전 관계에 기초한 내담자에 대한 치료사의 무의식적인 감정

의도(intention) 현재 시제로 쓰여진 진술서로 경험을 통해 탐구, 성취, 또는 배우고자 하는 것을 명확히 표현하는 것

의례(ritual) 사건이나 상황에 의미를 부여하기 위한 의도적인 행동

이미지(image) 어떤 종류의 생각, 느낌 또는 아이디어의 표현. 그것은 평면(2차원), 입체(3차원), 비디오 또는 새로운 미디어일 수 있음. 이미지는 시각적인 부분과 성능을 포함한 다양한 방식으로 나타내는 것

이미지 제작하기(image making) 과정과 작품에 동일하게 초점을 맞춘 이미지를 만드는 과정

이미지에 기반을 둔 공명(image-based resonance) 이미지가 다른 이미지나 이야기에 대한 반응으로 영감을 받고, 창조되거나 상기되는 것

이미지에 기반을 둔 서술(image-based narrative) 어떻게 만들어졌고, 왜 만들어졌는지, 그리고 그것이 제공했던 목적과 관련된 이미지의 이야기. 그것의 맥락과 의미는 예술가가 묘사하는 이미지의 인생 이야기와 직접적인 참여를 통해 결정됨.

이미지와의 대화하기(talking with the image) 미술가가 자신의 이미지와 대화를 나누는 적극적 상상과 목격자 글쓰기 과정의 일부이며, 일반적으로 경험을 글로 옮겨 적음.

이미지의 인생 이야기(image's life story) 영감을 불어넣는 것으로 시작하여 현재로 끝나는 이미지의 역사

인턴(intern) 수련 기간 동안 현장 업무 및 현장 슈퍼비전에 참여하는 대학원생

자기 위로(self-soothe) 치료사나 내담자를 진정시키고 인정시키기 위해 무언가에 참여하는 것. 우리 의도의 정확성에 따라, 자기 위로는 스트레스를 받는 동안 명료성을 유지하거나 기분 전환과 회피의 수단으로 사용될 수 있음.

작품(product) 치료 또는 슈퍼비전의 창작 과정을 통해 만들어진 대상

저항 역전이(counterresistance) 저항이 강한 내담자의 거리 두기 행동이 불러온 치료사의 무의식적 거리 두기 태도 및 그에 따른 행동

적극적 상상(active imagination) 융(Jung)이 개발한 탐구 방법으로 이미지 작업에 참여하고 글쓰기 및 이미지 제작을 통해 처리하는 방법

참조(referencing) 다른 사람의 미술작품에 영감을 받거나 자신의 작품에 포함시키는 것

처리(processing) 이미지를 제작한 경험과 작품에 대한 성찰과 토론

학생(student) 임상에서 슈퍼비전하에 있는 수련생

해로움의 접촉(harm's touch) 우리가 목격한 것에 의해 우리가 어떻게 영향을 받는지를 설명하는 독창적인 개념. 대리 외상과 같은 임상적 증상이 아니고, 위험뿐만 아니라 유익함을 제공하는 상징적인 경험

환자/내담자(patient/client) 치료적 서비스를 받는 사람을 나타내기 위해 상호 교환적으로 사용되는 용어

찾아보기

인명

내용

저자 소개

바바라 피시 박사(Barbara J. Fish, PhD, ATR-BC, LCPC)는 30년 이상 슈퍼비전, 임상, 교육 및 관리 경험을 가진 치료사이며 임상 상담사다. 그녀는 교수로서, 시카고 예술학교(School of the Art Institute of Chicago)와 아들러 심리전문대학(Adler School of Professional Psychology) 및 시카고에 있는 일리노이 대학교(University of Illinois at Chicago, UIC)에서 대학원생들을 슈퍼비전했다.

바바라는 표현 미술치료사, 상담사, 사회복지사, 심리학자, 간호사 및 환경 전문가를 비롯한 다양한 전문가를 위해 개인 실습 및 현장 방문을 통해 슈퍼비전을 제공했다. 이러한 임상가들은 병원, 주간 치료, 학교, 재택 및 지역사회 기반의 환경에서 근무한다. 그녀는 새로운 프로그램을 개발하고 잘 정립된 기관에서 일하는 사람들을 슈퍼비전하며, 일상적인 임상 요구 사항에 초점을 맞추고, 전문적 자격 증명을 위해 일하는 동안 그들을 지원하며, 지속적인 실습을 강화하고, 자신의 슈퍼비전 기술을 향상시킨다.

바바라는 그녀의 반응 미술 사용에 관해 저술하였으며, 예술에 기반을 둔 연구에 대한 그녀의 관심을 미술을 기반으로 한 슈퍼비전에 초점을 맞추어 혼합시켰다. 그녀는 최근에 시카고 대학교 출판부에서 숀 맥니프(Shaun McNiff)의 연구로 편집된 예술 문헌인『연구로서의 미술: 기회와 도전(Art As Research: Opportunities and Challenges)』에서 '그림연구: 친밀함과 깊이에서의 기회' 장을 저술했다. 그녀는 길포드 출판사(Guilford Press)가 발간하고 패트리샤 리비(Patricia Leavy)가 편집한『예술기반 연구 핸드북(Handbook of Arts-Based Research)』에서 '드로잉과 그림연구' 장을 저술하여 출판하였다.

역자 소개

정여주

독일 쾰른대학교 치료교육대학 지적장애인의 교육과 재활 전공(교육학 박사)

『미술치료의 이해』(3판, 학지사, 2023), 『노인 미술치료』(2판, 학지사, 2018),

『어린왕자 미술치료』(학지사, 2015) 外 역서와 논문 다수

현) CHA의과학대학교 미술치료대학원 원장

한국미술치료학회 이사

수련 감독 임상 미술 심리상담사(SATR)

박인혜

CHA의과학대학교 일반대학원 의학과 임상미술치료 전공(박사 수료)

장정자

CHA의과학대학교 일반대학원 의학과 임상미술치료 전공(임상미술치료학 박사)

현) 국방부 소속 전문상담관

가정폭력피해자 보호시설 미술치료사

조정은

CHA의과학대학교 일반대학원 의학과 임상미술치료 전공(박사 수료)(24년 2월 졸업 예정)

현) 삼육서울병원 정신건강의학과 미술치료사

홍우리

CHA의과학대학교 일반대학원 의학과 임상미술치료 전공(박사 수료)

현) 삼성서울병원 소아청소년과 완화의료팀 소담누리 자문위원 및 미술치료사

명지대학교 자연캠퍼스 미래교육원 강사

우리 미술심리연구소 소장

미술 기반 미술치료 슈퍼비전

-이미지를 통한 치료적 통찰력 수련-

ART-BASED SUPERVISION

-Cultivating Therapeutic Insight Through Imagery-

2020년 10월 20일 1판 1쇄 발행
2024년 2월 20일 1판 2쇄 발행

지은이 • Barbara J. Fish
옮긴이 • 정여주 · 박인혜 · 장정자 · 조정은 · 홍우리
펴낸이 • 김진환
펴낸곳 • (주) 학지사
04031 서울특별시 마포구 양화로 15길 20 마인드월드빌딩
대표전화 • 02)330-5114 팩스 • 02)324-2345
등록번호 • 제313-2006-000265호

홈페이지 • http://www.hakjisa.co.kr
인스타그램 • https://www.instagram.com/hakjisabook/

ISBN 978-89-997-2214-1 93180

정가 17,000원

역자와의 협약으로 인지는 생략합니다.
파본은 구입처에서 교환해 드립니다.

이 도서의 국립중앙도서관 출판시도서목록(CIP)은 서지정보유통지원시스템 홈페이지(http://seoji.nl.go.kr)와 국가자료공동목록시스템(http://www.nl.go.kr/kolisnet)에서 이용하실 수 있습니다.
(CIP 제어번호: CIP2020039209)

[그림 3-3] (판 1) 옮겨 가다
산게타 라비찬드란

[그림 3-5] (판 2) 양말 동물들 만들기
에밀리 앨버리, 바바라 피시, 줄리 크라우스, 리 앤 릭티, 애슐리 멜렌테즈, 켈리 리들

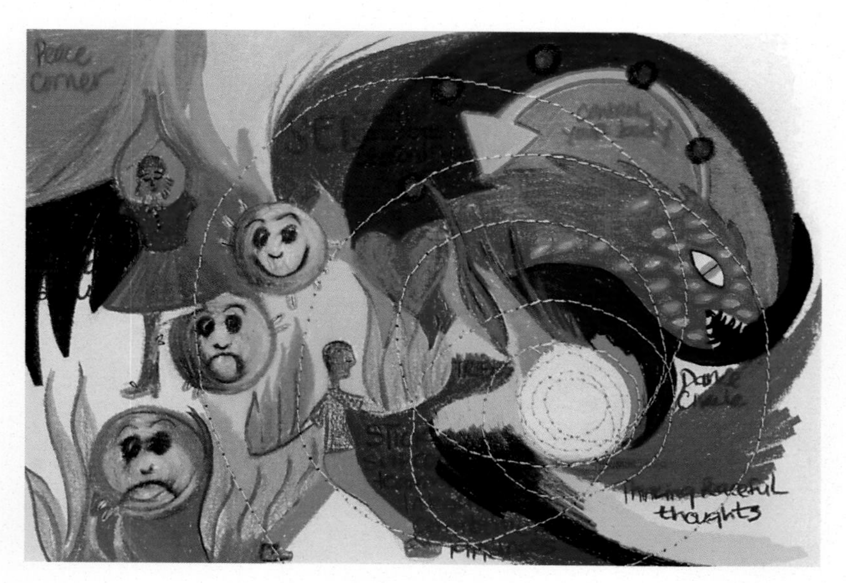

[그림 4-1] (판 3) 첫날
켈리 리들

[그림 4-6] (판 4) 토네이도
바바라 피시

[그림 5-2] (판 5) 사라진
바바라 피시

[그림 5-4] (판 6) 들이쉬기와 내쉬기
리사 토머스

[그림 6-5] (판 7) 꿈
켈리 리들

[그림 6-10] (판 8) 9월 11일
바바라 피시

[그림 6–11] (판 9) 9월 11일
메리 앤 턴넬

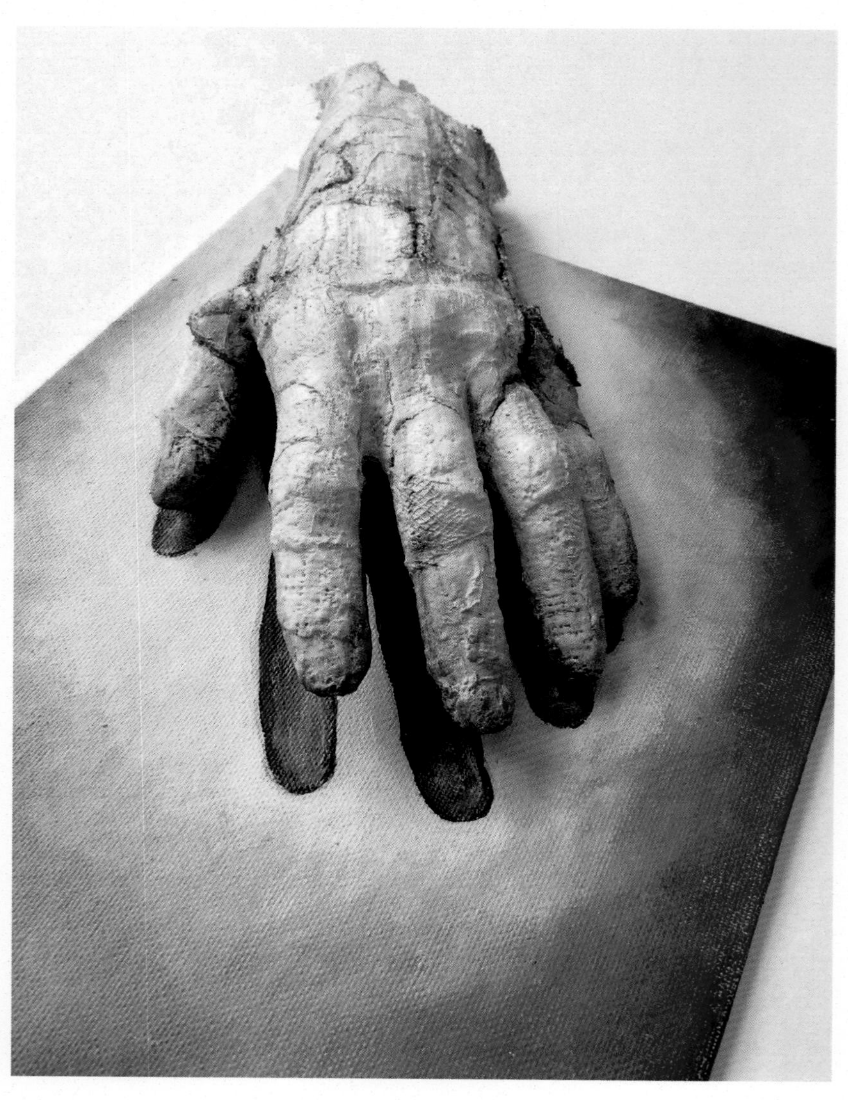

[그림 6-13] (판 10) 해로움의 접촉
리 앤 릭티

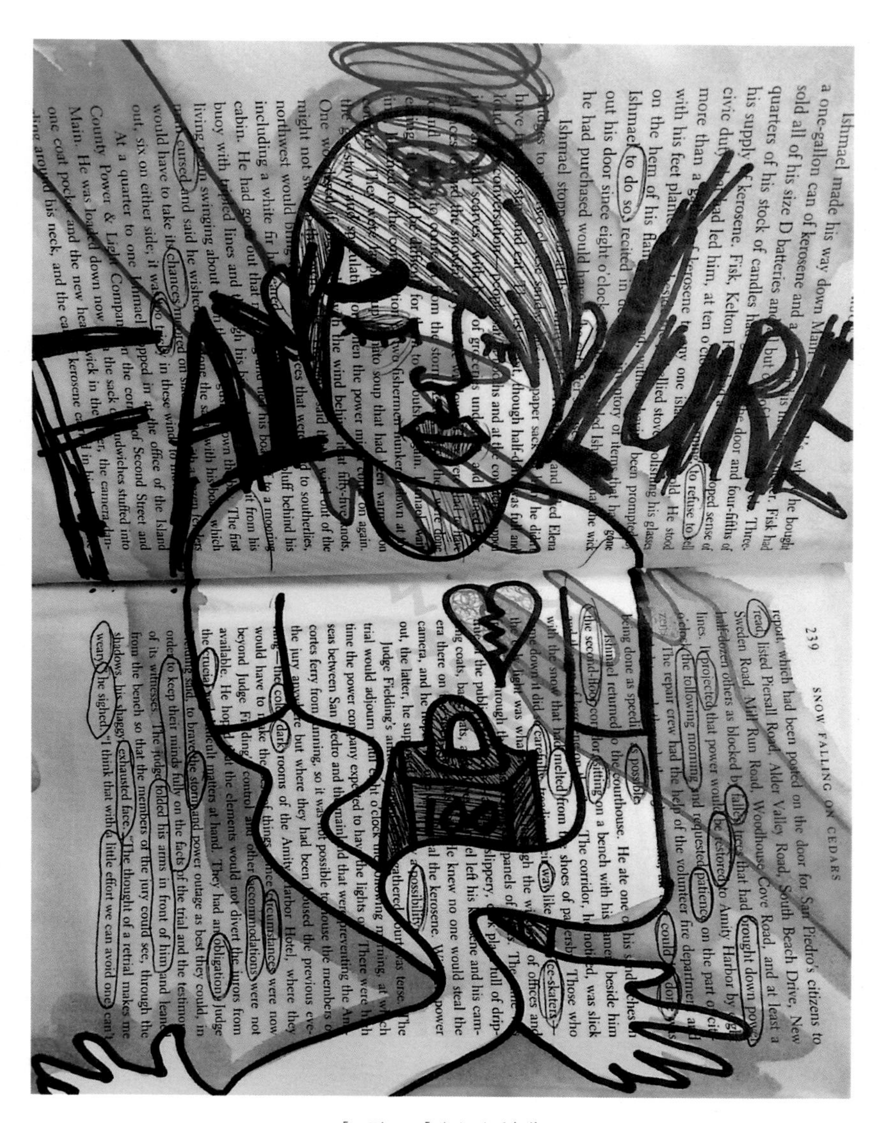

[그림 7-5] (판 11) 실패
노엘 킹

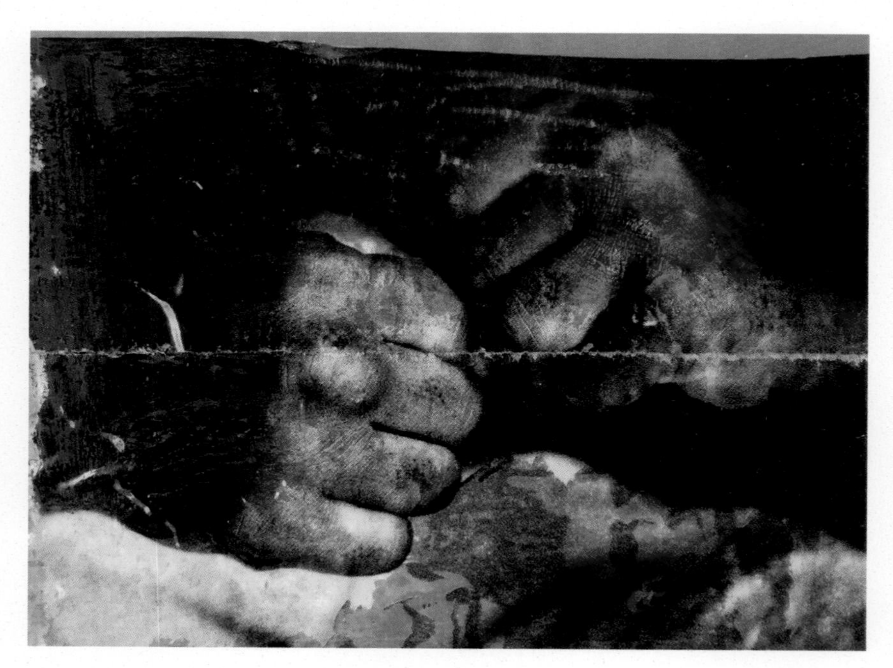

[그림 7-7] (판 12) 주먹
리 앤 릭티

[그림 7-9] (판 13) 집단에 대한 반응 미술
켈리 리들

[그림 7-10] (판 14) 현실
젠 커크패트릭

[그림 7-11] (판 15) 말하는 외상
엘리사 헤켄도르프

[그림 8-4] (판 16) 퍼져 가는 덩굴손
줄리 루드윅

[그림 8-9] (판 17) 검

익명

[그림 8-11] (판 18) 무제

산게타 라비찬드란

[그림 9-11] (판 19) 격노
바바라 피시

[그림 9-12] (판 20) 조종 안 함
바바라 피시

[그림 10-3] (판 21) 종결
익명

[그림 10-4] (판 22) 슈퍼비전
바바라 피시

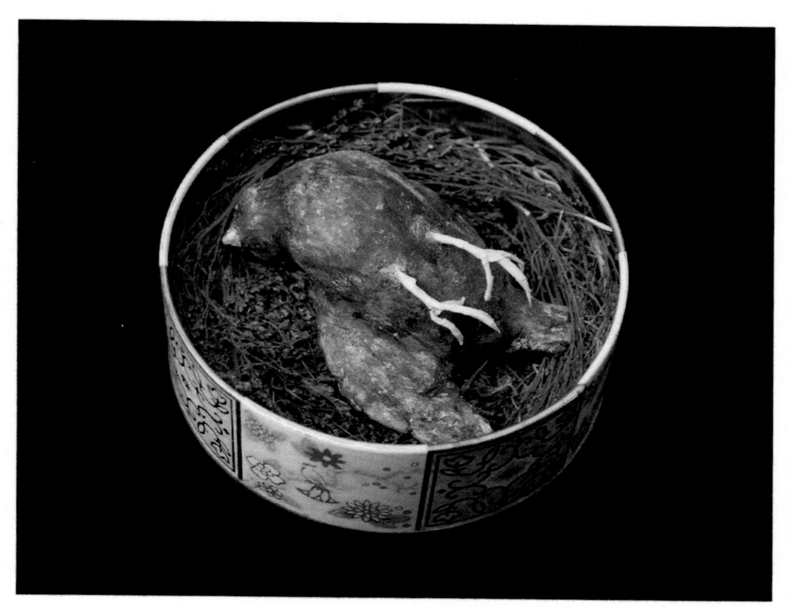

[그림 10-6] (판 23) 날개 부러진 새
준 돈들링어

[그림 10-8] (판 24) 슈퍼비전 둥지
엘리사 헤켄도르프

[그림 10-10] (판 25) 현장 반응 미술 합성물
바바라 피시

[그림 10-11] (판 26) 슈퍼비전 시작
바바라 피시